国家出版基金项目
NATIONAL PUBLICATION FOUNDATION

中国符号学丛书 ◎ 丛书主编 唐小林 赵毅衡

符号与传媒
Semiotics & Media

探求其普遍规律的著作。
系统地对游戏活动的整体进行研究,
本书是迄今为止第一本从符号学与叙述学的基本原理出发,
没有游戏的社会是病态的。
没有游戏的人生是无趣的,
人类的发展亦离不开游戏的作用。
游戏离不开人的参与,

游戏学:符号叙述学研究

Ludology: A Semio-Narratological Study

宗争 著

四川大学出版社

责任编辑:王　冰
责任校对:陈　蓉
封面设计:米迦设计工作室
责任印制:王　炜

图书在版编目(CIP)数据

游戏学：符号叙述学研究 / 宗争著. —成都：四
川大学出版社，2014.12
　　(中国符号学丛书 / 唐小林，赵毅衡主编)
　　ISBN 978－7－5614－8212－4

　　Ⅰ.①游… Ⅱ.①宗… Ⅲ.①符号学－叙述学－研究
Ⅳ.①H0②I045

中国版本图书馆 CIP 数据核字（2014）第 285577 号

书名　游戏学：符号叙述学研究
YOUXIXUE: FUHAOXUSHUXUE YANJIU

著　　者　宗　争
出　　版　四川大学出版社
地　　址　成都市一环路南一段 24 号 (610065)
发　　行　四川大学出版社
书　　号　ISBN 978－7－5614－8212－4
印　　刷　郫县犀浦印刷厂
成品尺寸　170 mm×240 mm
印　　张　15.25
字　　数　275 千字
版　　次　2014 年 12 月第 1 版
印　　次　2014 年 12 月第 1 次印刷
定　　价　45.00 元

◆读者邮购本书,请与本社发行科联系。
　电话:(028)85408408/(028)85401670/
　(028)85408023　邮政编码:610065
◆本社图书如有印装质量问题,请
　寄回出版社调换。
◆网址:http://www.scup.cn

前　言

　　"游戏"是历史最为古老的人类活动之一，是迄今为止仍然活跃的、意义最为深远的人类活动之一，也是参与人数最多、影响力最大的人类活动之一。

　　人的一生都离不开游戏，缺少游戏的人生是不完整的。首先，游戏是重要的教育方式，幼儿教育、智力开发、体能增长均离不开游戏的作用；其次，游戏不仅是孩童的娱乐方式，也同样适用于成年人；第三，游戏拥有众多的参与者，也吸引了数以亿计的观众。

　　游戏作为人类社会一种不可或缺的活动，孕育了人类文明，并形成了与之相关的独特的文化现象。早在上古时期，它就作为一种独立的文化现象，出现在思想家和学者的视野中。然而，因其喜闻乐见，游戏多被研究者当作引证的材料，而绝少对其进行专门的研究，直到 20 世纪初叶，真正独立的游戏研究才刚刚出现。

　　20 世纪五六十年代，游戏领域出现了两次比较重大的变革。一是体育学的出现。体育运动和竞赛从"游戏"中分离出来，成为独立的研究对象，大学内开设体育类专业，并出现了专门的体育学院。二是电子游戏产业迅速发展，取得了巨大的经济效益和社会效益。这也促使更多的人进入游戏设计与游戏研究领域。各个大学纷纷开办相关专业与课程，如中国传媒大学的"数字游戏设计"专业、浙江大学的"计算机游戏程序设计"课程等。

　　这两次变革均对游戏研究产生了重大的影响。一是游戏活动自身产生了分裂。体育和电子游戏从"游戏"整体中分离出来，取得了一定的研究成果，但也间接导致了游戏研究的分裂。二是游戏研究的方向随之发生了变化。研究者从各自角度深入挖掘各自领域，几乎没有人再去关注游戏总体的特征。三是人文精神的失落。尤其是电子游戏领域，研究者多从技术角度关注游戏设计问题，而忽略了游戏对人本身的影响和塑造。

　　今天，当我们尝试弥合这种分裂的局面，会发现面对"游戏"，我们并

不轻松，有诸多疑问亟待解答。

何为游戏，游戏何为？游戏有何特性？传统游戏与电子游戏存在何种关联，又有何异同？为何人类乐此不疲地参与和观看游戏？游戏是否是一种叙述，它与文学、戏剧、电影等艺术形式有何异同？游戏世界与现实世界存在何种关系？……我们有无数的问题可以纳入这个关于游戏的清单。

本书以此为契机，尝试着弥合这种分裂，重新以"游戏总体"为研究对象，进行系统的游戏研究。因此，笔者引入了符号学理论，试图在更宽广的理论层面上寻找众多游戏形式的统一性。本书意在达成如下几个目标：一是游戏定义的确立；二是游戏研究框架的构建；三是游戏内涵与外延的廓清；四是消费社会视域之下的游戏文化批判。

全书共分九章，分别从游戏研究与符号学的关系、游戏的定义、游戏文本的符号结构、游戏的"内涵"与"外延"、游戏性、游戏的叙述机制和"沉迷"游戏的符号学探究等方面展开论述，力图解释游戏的表意机制，提出一个较完整的游戏研究的符号学与叙述学研究架构。

绪论部分首先梳理了游戏研究与符号学理论之间的关联，为游戏学的符号叙述学研究寻找理论上的起点。"游戏"作为符号学理论中最常见的例证，具有明显的符号文本特征；而游戏研究中亦不乏对符号学理论的具体推演和应用。前者主要以简单引证为主，并不是将游戏作为直接的研究对象，论述往往过于简略；后者则往往流于表面，缺少对游戏文本的细致拆解，缺乏对符号学理论的深刻理解。笔者指出了二者在更大范围中相结合的可能性和所能发挥的效果。游戏的符号学研究必须借助当代符号学理论成果，深入研究游戏文本的符号结构及表意机制，建构系统的游戏研究理论，为进一步的游戏文化研究提供基础。

第一章讨论游戏的概念。游戏概念是游戏研究的基础问题，古往今来，众多学者为游戏给出了诸多定义，但多从游戏的动机、效果、意义等出发，很难取得一致。本书检索了西方学者对游戏进行定义的诸种方式，指出了各种定义之间存在的差异和矛盾。本章从游戏的形式特点出发，指出了所有游戏中共有的因素，给出了一个相对比较"严格"的定义，避免了将"游戏"与其他"娱乐活动"相混淆，为进一步的游戏的符号学研究提供了基础。

第二章讨论作为"符号文本"的游戏的内部结构。迄今为止，在具体的游戏研究中，研究者们从未将游戏视为一个符号文本来进行研究，甚至，各种游戏研究的研究对象也因游戏定义的不同而具有不同的范畴。本章首先规范了游戏研究的对象，并论证了游戏的研究对象乃是一个符号文本。其后，笔者对游戏文本的内部结构进行了细致的拆解，根据游戏文本的形成和传播方式，指出了游戏所特有的"游戏内文本"和"游戏文本"双重文本结构特征，并根据符号学理论指出了游戏文本的"伴随文本"样态及其作用。

第三章详论游戏文本的"外延"。"内涵"与"外延"是符号学研究中的基本问题，涉及游戏的表意能力和表意机制、游戏的分类和游戏定义的边界等多个问题。在这一章中，笔者根据游戏的定义划定了游戏的边界，并据此指出了游戏与其他活动的内部关联，且以"赌博"为例，论证了赌博与游戏的关联和区别。

第四章则对游戏的"内涵"问题进行探讨。根据游戏文本的双重结构，笔者阐释了游戏表意的特点。根据符号学原理，以游戏文本最小单位（动作）的编码为基准，重新为游戏进行了分类。而游戏与其伴随文本的相互关系和作用，则造就了当下体育文化与游戏文化。游戏内涵问题是游戏学的符号学研究的重中之重，笔者尝试给出了进入这一领域的几条路径。

第五章讨论游戏性问题。笔者特别关注了游戏中的"扫兴的人"，而对"扫兴的人"的关注是本文与其他游戏研究的最大区别。通过对这些游走于游戏与现实之中，不具有所谓"游戏精神"的人的分析，笔者重新廓清了游戏所具有的规则性、竞争性、可能性、虚拟性和交互性等特点。这也提供了在更广阔的视野中对游戏进行研究的可能性，避免了将游戏单纯地视为一种"结构"而忽略了游戏中其他成分的弊病。

第六章、七章、八章则集中讨论游戏叙述问题。弗拉斯卡曾撰文《拟真还是叙述——游戏学导论》（Simulation versus Narrative：Introduction to Ludology）[①]，试图在叙述学框架之外寻找阐述游戏的叙述特质的新方法。笔者对弗拉斯卡的论断作出了回应，指出了在广义叙述学的理论框架内对游戏叙述进行研究的可能性与可行性。游戏能够叙述，并且具有非常丰富的叙述方式。进而，笔者指出了作为"演示性叙述"的一种，游戏如何进行叙述，这种叙述应当如何被理解和接收。游戏叙述的特征是互动性，笔者分别对互动叙述的层次和形式做了探究——它们构成了游戏叙述的基本语法。

----

① Gonzalo Frasca, "Simulation versus Narrative：Introduction to Ludology" in Mark J. P. Wolf and Bernard Perron, ed. Video/Game/Theory. Routledge，2003. p. 230. 译文参见：《拟真还是叙述：游戏学导论》，宗争译，见《符号与传媒》第 2 辑，成都：四川出版集团巴蜀书社，2011 年版。

第九章是笔者通过游戏的符号叙述学理论对游戏文化现象进行批评的尝试。游戏所带来的最重要的社会问题之一乃是"沉迷"。笔者并没有从心理学的角度对这个社会问题的根源进行探究，而是通过梳理游戏中的符号"身份"与"自我"之间的关系，根据传统游戏与电子游戏的不同特质，给予"沉迷"问题一个全新的解答。

1999 年，乌拉圭籍电子游戏研究者恭扎罗·弗拉斯卡（Gonzalo Frasca）提出了建立"游戏学"（Ludology）的设想。游戏研究涉及体育学、电子游戏研究、传播学、教育、社会学、美学等多个领域，"游戏学"的建立，必须依靠交叉学科的高度融合和默契配合。本书尝试从符号学与广义叙述学理论入手，构建"游戏学"的基本理论框架和研究途径，其目的也是将"游戏学"引入更为规范的学术研究语境中，使其真正成为一门新鲜且相对独立的学科。当然，游戏研究方兴未艾，符号叙述学也只是进入这一领域的路径之一。

新的游戏层出不穷，相关游戏现象丰富多彩，这意味着，如同其他学科一样，"游戏学"一旦出现，就永远不可能最终完成。作为一个起点，笔者希望这本书完成了这样两件事：一是为游戏（包括体育、电子游戏等）研究提供一种可供参考的理论方法，具有一定的学术研究价值；二是对符号学理论本身有"反哺"作用，具有创造性而非附庸性。

本书能够完成，得到了赵毅衡先生的点拨和帮助，他的学识与涵养令人钦佩。我的爱人李贤娟，在我最困难的时候给予我鼓励和支持，感激之情难以言表。在此对他们致以最崇高的谢意。

宗争　于九眼桥
2014 年 9 月 1 日

目　录

绪论　游戏符号学：理论地图 ……………………………………（ 1 ）
　　第一节　游戏研究的历史与现状 …………………………………（ 1 ）
　　第二节　符号学研究中的"游戏" ………………………………（ 9 ）
　　第三节　游戏研究中的符号学 ……………………………………（16）
　　第四节　游戏研究的中国境遇 ……………………………………（20）
第一章　游戏的概念 ……………………………………………………（23）
　　第一节　定义游戏的诸种方式 ……………………………………（24）
　　第二节　游戏的概念 ………………………………………………（32）
　　第三节　游戏研究的对象 …………………………………………（47）
第二章　游戏研究的符号学基础 ………………………………………（51）
　　第一节　作为符号文本的游戏 ……………………………………（51）
　　第二节　游戏研究的符号学框架 …………………………………（62）
第三章　游戏的外延 ……………………………………………………（83）
　　第一节　"内涵"与"外延" ……………………………………（83）
　　第二节　外延：什么不是游戏？ …………………………………（84）
　　第三节　赌博是不是游戏 …………………………………………（89）
第四章　游戏的内涵 ……………………………………………………（99）
　　第一节　游戏符号文本的表意 ……………………………………（99）
　　第二节　游戏的类型 ………………………………………………（108）
　　第三节　游戏的分类 ………………………………………………（108）
　　第四节　游戏文本的伴随文本 ……………………………………（116）
第五章　游戏性 …………………………………………………………（126）
　　第一节　游戏中的"扫兴的人" …………………………………（126）
　　第二节　规则、竞争、运气与虚构 ………………………………（128）

第六章　游戏与叙述……………………………………………………(145)

　第一节　作为符号文本的游戏是不是叙述文本………………………(147)

　第二节　游戏文本与游戏内文本……………………………………(149)

　第三节　"游戏文本"能否叙述………………………………………(150)

　第四节　"游戏内文本"能否叙述……………………………………(152)

第七章　游戏叙述机制…………………………………………………(158)

　第一节　拟真与叙述…………………………………………………(158)

　第二节　底本与述本…………………………………………………(163)

　第三节　演示性叙述…………………………………………………(165)

　第四节　作为互动叙述的游戏………………………………………(169)

第八章　游戏叙述语法…………………………………………………(180)

　第一节　互动叙述的层次……………………………………………(180)

　第二节　互动叙述的形式……………………………………………(194)

第九章　沉迷：游戏文化研究…………………………………………(202)

　第一节　沉迷…………………………………………………………(202)

　第二节　屏幕世界与虚拟世界………………………………………(207)

　第三节　游戏身份与自我……………………………………………(212)

结　论……………………………………………………………………(221)

参考文献…………………………………………………………………(224)

绪论　游戏符号学：理论地图

"不要去想，而要去看！"

这是西方现代语言哲学家维特根斯坦的名言，将这句话放在本书的开篇，是因为其语境与我们今天有关游戏的论题关系密切。这句话，恰是他在建基"语言游戏说"之前所说的。在维特根斯坦看来，游戏活动之间不存在共同的特征，因此也就无法用传统哲学"本质主义"的思路对其进行归纳和研究，据此，他提出了"家族相似性"的观点，来解释不同游戏活动之间的关系，并借此推论：不能用一组共同的语义特征来包含所有的义项，并且其所指范围的边界也是不清楚的、模糊的。

维特根斯坦开创了新的理论研究途径，但最直接也最容易被忽视的影响是：他影响了专门化的"游戏研究"。因为他断言游戏无法定义，所以在游戏研究领域，为游戏寻求一个普遍性"定义"的尝试几乎没有了，而以全部游戏活动作为研究对象的"游戏总体研究"也几乎消失了。

因此，今天我们以游戏总体为对象的游戏符号学研究，必须做好充分的准备：它承认游戏活动的多样性，不可能回转到本质主义和结构主义的传统符号学思路上；它也需要在有效的范围内承认游戏活动的同一性，在互动和对话的基础上寻找意义阐释的边界。

绪论部分首先测绘了游戏研究的现状，然后考察游戏研究与符号学理论之间的渊源和关系，对游戏符号学的开启做出准备。

第一节　游戏研究的历史与现状

游戏研究的历史如同游戏活动本身的历史一样久远。早在上古时期，"游戏"就已经进入思想家和学者的视野。

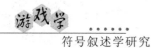

在中国，游戏研究的历史可以追溯至周朝，甚至更早。3000多年前的西周时期，"射礼"成为教育、选拔人才以及平定天下之举国体制，有"大射礼""宾射礼""燕射礼"和"乡射礼"等四种主要的射礼范式昌明于世，《礼记·射义》《仪礼·大射礼》等对其均有详述。孔子所推崇的"六艺"之中，射、御皆是非常典型的游戏，《论语》中对游戏的形式和教育功能有非常深刻的阐发。

中国古代游戏活动发展较快，各类游戏层出不穷，亦出现了不少可以视为游戏研究的著作。根据其记述的方式，大致可以分为两类：

一是关于某一特定游戏的专论，如三国时期魏国人邯郸淳作《艺经》一卷，其中有《投壶赋》存世；元人宁志撰《丸经》，专说"马球"；历朝历代宫廷、民间均有专门机构讨论围棋、象棋的棋术、技法等，据此形成的棋书、棋谱更是蔚为大观，如明末清初的围棋大家柏龄著《四子谱》二卷……明清两朝类书编纂兴盛，关于游戏的论述被收集整理，置于不同的门类之下，可以视为游戏研究的有意识的汇总。

二是有关游戏活动的描述或散论，多见于史书、文人札记和诗文小说之中。如晋葛洪《西京杂记》记载围棋之俗，我们比较熟悉的《西游记》《水浒传》中都有关于"蹴鞠"的描述，《红楼梦》中有"群芳射覆"、猜谜等，有关游戏的诗词就更是不胜枚举。

当然，因为中西思维与记述方式的不同，中国古代并没有关于游戏活动的明确界定和划分，游戏、玩乐、杂耍、表演之间的界限非常模糊，也没有孕育出明确且系统的游戏理论。但因为"游于艺"的观念统摄，中国古代的游戏多有十分丰富的内涵和指涉意义，甚至也多会明确指出游戏活动的现实意义或教育意义。仅就"投壶"来说，晋傅玄《投壶赋序》称"投壶者，所以矫懈而正心也"，汉王粲《投壶赋序》曰"夫注心统念，自求诸身，投壶是也"，宋司马光在《投壶新格》中甚至称："是故投壶可以治心，可以修身，可以为国，可以观人。"这无疑是将游戏活动推进到更为复杂的符号阐释体系中，对于游戏符号学的研究来说，游戏活动是非常重要的研究对象。

西方游戏研究的历史则可追溯至古希腊时期，甚至更早。柏拉图（集中在《理想国》与《法律篇》中）、亚里士多德等都对游戏进行过专门的论述。与中国一样，西方的先哲很早就在思考游戏设计的规范、游戏活动的意义等问题。

18世纪，游戏的意义被重新发掘，康德和席勒都从美学的意义上讨论游戏。康德视"诗"为"想象力的自由游戏"，他的《判断力批判》中经常出现的关键词"自由活动"（freispiel）本身就有双关的意义。spiel 在德语中，既有"活动"之意，又有"游戏"之意，可见"游戏"在康德的哲学思想中的地位。席勒则称"人应该仅仅同美进行游戏"，将游戏视为人类实现感性与理性的和谐，实现自身完善和超越的最重要途径之一。

不过应当注意的是，康德和席勒，包括其后的维特根斯坦，所使用的德语"游戏"（spiel）一词，更侧重于"玩乐"（类似于英文的 play）的意义，而非特指有一定组织形式的"游戏"（game）。

席勒的观点启发了德国美学家谷鲁斯和英国哲学家斯宾塞。前者于 1898 年和 1901 年分别发表了《动物的游戏》和《人类的游戏》，认为游戏可以分为低级和高级两类，分别侧重"外模仿"和"内模仿"。后者则提出了游戏是高等动物用于发泄生存活动之外的多余精力的自由模仿活动的观点，或称为"过剩精力说"。

19 世纪，达尔文的进化论逐渐成为彼时一种具有典型意义的世界观和研究视角。作为达尔文的追随者，心理学家霍尔（Hall G. S.）和吉利克（Gulick L.）提出了游戏的"复演说"。他认为，应该把个体心理的发展看作是一系列或多或少复演种系进化历史的理论。他用人类游戏运动与竞技来具体说明他的复演理论。游戏是人类祖先的运动能力和精神通过遗传而保留至今的机能表现。由此运动所引起快感的大小，往往和遗传的时代远近及力量强弱成正比。儿童游戏是祖先运动的复演。

游戏重新被视为一种教育的手段（在柏拉图那里游戏也具有同样的作用），继在哲学和美学领域受到广泛关注之后，它在心理学和教育学领域找到了新的位置。

也恰恰是在 18、19 世纪，由于西欧资本主义的发展，民族国家的兴起，现代教育理念和模式的逐渐成形，体育健身运动成为青少年学校教育的必修课程。此时，游戏活动被视为教育活动的载体。但值得一提的是，1896 年，第一届现代奥林匹克运动会的召开以及奥林匹克运动赛事制度的逐渐确立，可以视为对这种观念的一种反动。现代奥林匹克运动会（Olympic Games）的理念并不指向以身体教育为宗旨的"体育"（physical education），而是要为逝去的"游戏"（game）精神招魂，指向人类精神。鉴于"奥林匹克学"已经成为体育理论中的重要一维，这一问题应当引起重视。

现代奥林匹克运动以及三大球（足球、篮球、排球）运动联赛制度的发展迎合了"全球化"的趋势，在整合技术手段和结合商业运作方面做出了大胆的尝试，取得了不容小觑的成绩。这也使得游戏研究拓展到其他领域，并与其他学科交叉结合，体育传播学、运动营养学、体育管理学等应运而生，并最终使得"体育学"逐渐成为一门独立的学科。当然，这也导致游戏研究逐渐走向了分裂。

进入 20 世纪，游戏研究的各个领域均有不同程度的发展；然而，有勇气重整旗鼓，进行游戏总体研究的学者却寥寥无几，荷兰人约翰·赫伊津哈（Johan Huizinga，又译为胡伊青加）是个特例。

1938 年，赫伊津哈撰写了《游戏的人——关于文化的游戏成分的研究》（Humo Ludens）一书，从文化考古学的角度对"游戏"本身进行了系统的论述，重新拉开了游戏研究的大幕。在书中，赫伊津哈有意将"体育竞技"重新纳入游戏研究的视野，追根溯源地寻找游戏的始基。这本书的副标题为"关于文化的游戏成分的研究"，而不是"文化中"的游戏成分。赫伊津哈本人特别强调，这一课题"不是在种种文化征象中确定出游戏的位置，而是要探明文化自身到底承担了多少游戏的特征"[①]。在他看来，游戏比文化更为古老，在某种意义上，正是游戏精神启发了人类文明的进程。

《游戏的人》是现存的、为数不多的对游戏进行系统研究，以及从文化史角度对其进行考察的经典论著，而赫伊津哈在此书中展现出的一丝不苟的治学精神更是令人钦佩。赫伊津哈并没有将游戏研究视为美学、哲学或教育学等的附庸，他的研究对象也极其宽泛，几乎覆盖了游戏的全域。笔者认为，赫伊津哈可以被视为现代游戏研究的奠基人。

罗杰·卡约瓦（Roger Caillois[②]）的《人、玩乐与游戏》（Man，Play and Games）出版于 1958 年。卡约瓦个人宣称，此书有向赫伊津哈致敬的意思。

他在书中提议应当建立一门"体育社会学"，"为从体育中发展社会学打下了基础"[③]；他本人亦积极推进体育社会学的建立，通过教学和主持出版刊物，培养、扶持了后世一批体育社会学的研究者，学界誉其为"体育社会

---

① ［荷兰］约翰·赫伊津哈：《游戏的人》，多人译，杭州：中国美术学院出版社，1996 年版，第 2 页。

② 笔者从法文发音译为"罗杰·卡约瓦"，亦有从英文发音译为"罗杰·凯洛伊斯"。

③ Roger Caillois, Man, play, and games, Translated from the French by Meyer Barash, Champaign：University of Illinois Press, 2001, p. 67.

学之父"。

　　几乎与卡约瓦同时，20 世纪 60、70 年代，西方马克思主义（或称为"新马克思主义"）在人文科学与社会科学领域的崛起也带动了体育社会学的发展。马克思主义者意识到，职业运动员已经失去了"古典"气质，他们并没有将从事体育看作自我表达或自我探索的一种方式，而是顺从市场的安排，成为一种由市场加以塑造的产品。

　　无论研究者们抱持着何种观念，体育社会学实际上拓展了原有体育研究的范围，是人文社会科学理论在体育领域的一次成功的投射、应用和拓展。至少在卡约瓦那里，游戏（而非仅仅是体育竞技）研究又再次变得完整而系统。对于日趋分裂的游戏研究而言，这可以称得上是一股"分久必合"的"逆流"。不过，相比电子游戏研究领域总想将自己"独立"出去的企图，体育研究领域的宽容度更高，它们默认了这股"逆流"力量的存在，毕竟，没有人能够否认体育竞赛也是游戏（Game）。

　　20 世纪 70 年代，电子游戏的出现打破了游戏研究原有的平衡。面对这样一种完全新生的事物，旧有的研究体系对它既无暇顾及，也一筹莫展。而唯独对它还有些关注的教育学领域，则视其为扰乱青少年教育的"洪水猛兽"，欲对其加以"清剿"。

　　这种漠视或不合作的态度令电子游戏界决定另起炉灶，开创属于自己的独立研究。2001 年，作为主持人，游戏研究者艾斯本·阿瑟斯（Espen Aarseth）在"电子游戏研究元年"的网络大会上发表檄文："诚然，游戏可以由现存的各学科和部门来进行研究，例如媒介研究、社会学、英语文学等，还能说上一堆。但游戏的重要性使之不能归属于其中任何一门学科（这些学科在 30 年的时间内什么都没干）。"[①] 当代游戏研究的主题是"电子游戏"，而非传统游戏。电子游戏研究者们试图将游戏研究从媒体研究、文化研究中独立出来，他们认为，"好比建筑学包含着艺术史研究但不能归为艺术史，游戏理论也包含了媒介研究、美学、社会学等。它应该作为一个独立的学术架构而存在，因为它实在不能为上述种种理论所简化"[②]。

　　其实，早在两年前，也就是 1999 年，乌拉圭籍电子游戏研究者恭扎罗·

---

　　① Espen Aarseth, Computer Game Studies, Year One. from：http：//www. gamestudies. org/0101/.

　　② Espen Aarseth, "Computer Game Studies, Year One". from：http：//www. gamestudies. org/0101/.

弗拉斯卡（Gonzalo Frasca）在其论文《当游戏学遭遇叙述学：（电子）游戏与叙事的异同》［*Ludology Meets Narratlolgy：Similitude and differences between（video）games and narrative*］① 中就提出，希望电子游戏研究能够自立门户，形成一门独立的学科，他将其定名为"游戏学"（Ludology）。他随后独立创办了"游戏学网"（www. ludology. org），致力于电子游戏理论的拓展与完善。

2001 年被学界称为"电子游戏研究元年"，很重要的原因在于，"学者和专家们第一次将电子游戏作为一个难以忽视其价值的文化领域来严肃对待"②。

也恰恰是在这一年，美国高校正式为"电子游戏研究"提供正规的课程和独立学位，这标志着游戏研究不再依附于"新媒体与数字研究"，其独立性得到了高等教育和学术界的认可。同年 3 月，在丹麦哥本哈根大学举行了第一个关于电子游戏的国际性学术会议。7 月，"游戏研究网"（www. gamestudies. org）正式开站，网站主编艾斯本·阿瑟斯作开站宣言。2003 年与 2006 年，马克·沃尔夫（Mark J. P. Wolf）与伯纳德·佩伦（Bernard Perron）相继合作主编了两卷《电子游戏理论读本》（*The Video Game Theory Reader* 1，2），收纳了各国电子游戏理论研究的最新成果。不难看出，十余年来，电子游戏研究一直在为争取自己的"独立性"而努力。

电子游戏研究进入学界视野与游戏产业所带来的巨大经济利润是密不可分的。仅从中国来看，根据 2012 年游戏产业年会发布的《2012 年中国游戏产业调查报告》数据显示：2012 年，中国客户端网络游戏用户数达到 1.4 亿，同比增长率为 12.5%，网页游戏用户数达到 2.71 亿，同比增长率为 33.4%，移动游戏用户数达到 0.89 亿，同比增长率为 73.7%；网络游戏付费用户数量达到 8959.4 万，同比增长率为 35.1%；2012 年，中国游戏市场实际销售收入 602.8 亿元人民币，同比增长率为 35.1%。③ 游戏研究迫切希望在文化层面找到自己的立锥之地。不过，这也赋予了今天的电子游戏研究

---

① Gonzalo Frasca, *Ludology Meets Narratlolgy：Similitude and differences between（video）games and narrative*, from：http：//www. ludology. org/articles/ludology. htm.

② Espen Aarseth, Computer Game Studies, Year One. from：http：//www. gamestudies. org/0101/.

③ 中国版协游戏工委（GPC）：《2012 年中国游戏产业报告》，参见：http：//cimg. 178. com/yxl/wyy/2012cybg. pdf.

一种极其"实际"的气质——为产业发展而服务。

这个问题不仅仅出现在当今的中国，西方国家亦然。"国际游戏开发者协会"（IGDA）为当今的大学电子游戏教学提出了系统的"课程结构"，列出了其应该涉及的 9 个核心主题：游戏评论、分析和历史，游戏与社会，游戏系统与游戏设计，工艺技术、程序与算法，视觉设计，音效设计，对话编辑、写作与脚本，游戏产业，人员和进程管理。我们不难发现，这九大主题几乎全部是与游戏相关的技术性因素和伴随性因素，我们没有看到足以使游戏扛起"起义大旗"的独特力量。作为产业的游戏比作为一种特殊文化现象的游戏走得更快，而电子游戏所使用的技术又全部来自于计算机技术，而单纯将技术因素作为游戏研究的理论基础是不可行的。

1999 年，弗拉斯卡提出了建立"游戏学"（Ludology）的设想，但迄今为止，他仍未找到适合于游戏研究的方法论依据。问题在于，游戏的技术性革新与游戏的人文社会学研究无法找到一个沟通的桥梁，或是构建一个更广阔的理论框架，令二者得到有效的对接。而在这个问题上，赫伊津哈作为"游戏学"的开山鼻祖，并没有提供可供参考的建设性的方案——他的时代尚没有出现电子游戏。电子游戏领域包含了太多之前的游戏研究所未涉及过的因素，譬如计算机技术、人机互动技术、人工智能技术、体感技术、模糊运算……也引发了更多关于社会与游戏、虚拟与现实、道德与教育、玩乐与沉迷、存在与感知等方面的问题和思考，电子游戏很难越过既有的游戏研究成果独立成章；同样，游戏研究也不可能回避电子游戏的出现及其所带来的对游戏现象的丰富性和多样性的推进。

那么，问题在于，是否存在这样一种理论，既可以容纳电子游戏的技术性因素（传统游戏基本不存在技术性设计一说），又可以兼顾对游戏文化特征的研究？又能否构建一门对应游戏的学科，它既可以兼收并蓄，吸收既有的研究成果，又能另辟蹊径，令游戏研究真正能够兼容传统游戏研究与电子游戏研究，并为其开创新的愿景呢？也许从符号学出发所构建的"游戏符号学"（Semiotics of Games）可以担此重任。

综上所述，我们可以看出，当代游戏研究包含三个比较活跃的领域：游戏美学（包括游戏教育学等）、体育学（包括运动学、休闲学和营养健康学等）和电子游戏研究（包括电子游戏计算机程序设计、游戏形象设计）。各个领域发展迅速，渐成规模，逐渐形成了各自独特的研究思路和方法。

尽管并不绝对，但涉足三个领域的研究者的身份具有一定的代表性。游

戏美学的研究者多是美学、文学或文化研究的学者，其理论思路延续了柏拉图以降的美学路径，并借此拓展至其他领域。因为具有比较明确的研究对象，体育学的研究者的研究范围比较集中，研究方法却大相径庭。在国内，体育研究者多具有体育竞赛或体育训练的背景；而在国外，研究者的学科背景却非常多样，他们大都是从社会学、法学、医学等领域转投至具体的体育社会学、体育法学、运动医学等领域的，因此，他们也带来了各自不同领域的学术思路。电子游戏研究是近二十年才得到长足发展的，其研究者通常来自两个相关的领域：电子游戏程序设计和游戏设计教学。

不过，这三个领域的划分并不具有分类学上的依据，它们之间有非常紧密的联系和交叉，并且由于游戏活动所涉及的层面和维度众多，从不同角度对游戏现象进行的研究相互之间有所交叉和促进。体育学与电子游戏研究都会使用传播学或媒介学的理论，而游戏美学则同时为体育和电子游戏研究提供哲学和文化学上的理论给养。当然，它们也存在各自的短板，教育学与社会学倾向于游戏效果研究，计算机理论对应电子游戏设计机制研究，而新媒体研究则更侧重游戏的传播途径和效果。

游戏研究在不断吸纳和借重其他理论成果的同时，逐渐缩小自己的对应范围，"游戏"被分割为"体育""儿童游戏""电子游戏"（这些分类通常缺乏基本的依据）……它们的研究对象通常是具体的游戏现象，而非游戏全域。

天下大势，分久必合。恰恰是三个领域之间的交叉互补日益密切，才构成了我们建立一门系统、完整的游戏理论的契机。

之所以比较详细地概述西方游戏理论的发展脉络，基于几点考虑：一是现代游戏理论尽管发生了翻天覆地的变化，但仍然无法回避它的理论源头；二是游戏符号学，作为一门以符号学理论重新审视和研究游戏现象与游戏问题的新兴学科，有责任廓清各种游戏研究的思路和脉络，并在游戏符号学理论中给予其合理的定位。

在游戏研究领域，尚未出现一门"游戏符号学"，也没有以系统的符号学理论作为主要研究工具的游戏研究著作。从符号学的基本原理出发，笔者尝试构建"游戏的符号学研究"的初步构架，为游戏研究领域提供一条可资依靠的新路。这是游戏研究与符号学的第一次系统结合，它构成了未来"游戏符号学"的历史起点。

游戏研究能否与符号学理论相融洽，符号学是否适用于游戏研究呢？赵毅衡在《符号学原理与推演》中已经多次向我们申明："符号学是人文社会科学所有学科共同的方法论。"① 而反之，"凡是专注于意义的学科都对符号学产生过重大影响：诗学、艺术学、美学、传播学、认知理论、心理学、人工智能，甚至生理学……符号学本身，本来就是许多科学汇合的产物"②。

由此看来，拥有众多理论"触手"的符号学与游戏研究的对接是多么顺理成章、水到渠成的事情；而"游戏符号学"能够海纳百川式地吸纳几乎所有的既有研究，给予其新的定位和价值，不会对其造成破坏和颠覆。

那么，在笔者之前的其他研究者的具体的理论探索与实践的过程中，是否存在游戏研究与符号学对接的情况呢？我们不妨来回顾一下游戏符号学的"史前研究"。

第二节　符号学研究中的"游戏"

符号学的发展经历了"三个阶段"，形成了"四种模式"。所谓"三个阶段"，第一阶段是 20 世纪上半期，模式的奠定和解释阶段；第二阶段是 20 世纪六七十年代，符号学作为一个独立的理论正式起飞；第三阶段是 20 世纪 70 年代至今，皮尔斯模式逐步取代索绪尔模式，符号学进入多模式阶段。而"四种模式"，则为索绪尔语言学模式、皮尔斯的逻辑—修辞学模式、卡西尔的"文化符号论"和巴赫金的"语言中心马克思主义"。③

瑞士语言学家费尔迪南·德·索绪尔（Ferdinand de Saussure）开创了现代语言学研究，他的研究对象只是符号体系中比较重要的"语言"体系，因而，他只是预言了"符号学"的诞生，并认为符号学将具有不可估量的前景。——"我们可以设想有一门研究社会生活中符号生命的科学；……我们管它叫符号学。……因为这门科学还不存在，我们说不出它将会是什么样子，但是它有存在的权利，它的地位是预先确定了的。语言学不过是这门一般科学的一部分……"④

索绪尔的研究重点在于语言内部的指涉法则，他不止一次地使用"棋

---

① 赵毅衡：《符号学原理与推演》，南京：南京大学出版社，2011 年版，第 8 页。

② 赵毅衡：《符号学原理与推演》，前引书，第 15 页。

③ 参见：赵毅衡《符号学原理与推演》，前引书，第 11~15 页。

④ ［瑞士］费尔迪南·德·索绪尔《普通语言学教程》，高名凯译，北京：商务印书馆，1999 年，第 38 页。

局"作为例证，来说明语言系统共时性/历时性的内在二重性："在我们所能设想的一切比拟中，最能说明问题的莫过于把语言的运行比之于下棋。两者都使我们面临价值的系统，亲自看到它们的变化。语言以自然的形式呈现于我们眼前的情况，下棋仿佛用人工把它体现出来。"①

而在借重"游戏"论理的过程中，通过对二者的比对，实际上也就已经完成了对作为符号文本的"游戏"的论证。如："下棋的状态与语言的状态相当。棋子的各自价值是由它们在棋盘上的位置决定的"；"价值还首先决定于不变的规约，即下棋的规则"；"从一个共时态过渡到另一个共时态，只消把一个棋子移动一下就够了"② 等。由此，我们已然得到许多在游戏研究中依然适用的法则。索绪尔的论述中涉及了游戏者的行为、游戏规则、游戏对象等问题，均对游戏符号学具有重要意义。

法国人类学家列维-斯特劳斯（Claude Levi-Strauss）将索绪尔的学说应用到人类学研究中，将符号学推进至结构主义时代。无独有偶，列维-斯特劳斯与他的前辈索绪尔一样，也极其善于使用"游戏"作为其理论的例证。"假设一位不知道我们玩的扑克牌为何物的观察者，他长时间倾听算命先生的话，同时把他所看到的前来求访的各色人等加以分类……如果这个人足够聪明，并且搜集到的材料又相当充分，那么他就应该能够把人们玩的这种游戏的结构和组成情况重建起来；也就是说——不管这副牌有 52 张还是32 张，它分成了由相同的构成成分（扑克牌）所组成的对等的四组，区别性特征只有一个：颜色。"③ 列维-斯特劳斯其实是借助这一例子（利用扑克牌占卜算命）来说明，"真正构成神话的成分并不是一些孤立的关系，而是一些关系束，构成成分只能以这种关系束的形式才能获得表意功能"④。人类学家所做的工作，无非也就是这位观察者所做的，经过大量的资料汇集，他最终会领悟，其研究对象其实是按照一定的结构和逻辑方式展开的，而这一结构的关键之处，往往是显而易见的。反之，我们也不妨说，列维-斯特劳斯间接认可了游戏具有构成明晰的关系束的能力，游戏与他的人类学研究对象一样，拥有表层结构与深层结构之分。

---

① ［瑞士］费尔迪南·德·索绪尔《普通语言学教程》，前引书，第 128 页。
② ［瑞士］费尔迪南·德·索绪尔《普通语言学教程》，前引书，第 128 页。
③ ［法］克洛德·列维-斯特劳斯：《结构人类学（1）》，张祖建译，北京：中国人民大学出版社，2006 年版，第 227 页。
④ ［法］克洛德·列维-斯特劳斯：《结构人类学（1）》，前引书，第 226 页。

　　至此，"游戏"还只是被符号学家不断借用的一个绝好例证，原因在于其喜闻乐见，浅显易懂。也正因如此，作为一种司空见惯的人类活动，学者们普遍认为，游戏的原理是自明的，似乎无深入探索的必要。那么，是否存在专门针对游戏，以游戏为研究对象所进行的符号学分析呢？

　　1957 年，罗兰·巴尔特出版了他的《神话学》（*Mythologies*），书中辑录了他数十篇利用符号学基本原理进行大众文化批评的文章。罗兰·巴尔特以《摔跤世界》（The World of Wrestling）作为此书的开篇恐怕不是毫无缘由的——游戏是被理论世界搁置和遗忘的最为重要的文化现象之一。

　　巴尔特的讨论仅仅是针对"摔跤"（美式）的，他拒绝将其与其他竞技形式混同起来。他将摔跤比赛视为所谓"流行神话"的一次精微表达，摔跤是公开的神话，摔跤手是这一神话的制造者，但与其说是制造者，不如说是表演者，这一神话终究是解读者制造出来的，或者至少是在"互动"中制造出来的。"摔跤有如诊断性写作——在他身体所答辩的基本功能意义外，摔跤手还安排了偶发却适当的评论，并且不断地借动作、态度与模仿协助外界解读打斗的意义，也使得这一企图清晰、明显。"[①] 巴尔特将摔跤手在赛场上的反应，视为一种特殊的表意方式，"摔跤手的功能并不是取胜，而是依照外界期待的动作、姿态来表现。……以夸大的姿态，将动作的意义推至极限"[②]。因此，"神话"之"能指"（各种夸大的动作）变得丰厚堆叠。而所谓流行神话，不过是一个能指的巨大容器，一个特殊的符号体系。

　　而依靠"观众"之解读（这其实也不过只是流行神话的"能指"），这一运动的"神话"意义才得以显现。"摔跤最终要呈现的，是一种完全道德的概念：也就是正义。……因此，正义是可能犯罪的一种具体化；根据法则，足以损伤场面的激情，正是激情场面衍生价值的源头，而正义便来自这个事实。"[③] 摔跤原始的竞技意义消失殆尽，取而代之的是"苦难、挫败与正义"在比赛中淋漓尽致地表达；摔跤手一如演员，根据观众的期待进行表演，而观众的期待却并不是那么具体，因而他也就成为创造者和引导者。他引导着观众那模糊却坚挺的期待。这就是作为"流行神话"之摔跤的所指，丰富的能指最终归结到了一点，如同"神话"所制造之幻境，眼花缭乱，扑朔

---

　　① ［法］罗兰·巴尔特：《神话——大众文化诠释》，许蔷蔷、许绮玲译，上海：上海人民出版社，1999 年版，第 6 页。

　　② ［法］罗兰·巴尔特：《神话——大众文化诠释》，前引书，第 5 页。

　　③ ［法］罗兰·巴尔特：《神话——大众文化诠释》，前引书，第 10 页。

符号叙述学研究

迷离。

巴尔特向我们揭示的，就是摔跤比赛这种深刻的本质。它既是规则和行动构成的比赛，又在更高的结构中，成为一场关乎正义的"人间喜剧"；而将两个符号系统联结起来的，就是观众，是"阐释与阅读"使得比赛成为表演，形成了能指的漩涡，成为现代神话。

但我们不要忘记，摔跤的特殊之处在于，所有的"动作"作为能指，指向了自身，从而获得了纯粹性。"在摔跤里，除了绝对，没有别的，没有象征，没有指涉，每件事情都淋漓尽致地表现出来。没有灰色地带，每一个动作都排除所有寄生的意义，并且向公众仪式性地呈现纯粹而完整的涵意，完美自足一如大自然。"① 拳拳到肉的摔跤并不是表演，那是真实的、自然的感官体验。而真正展现摔跤之神话本质的，乃是离场的摔跤手，他湮没在人群中，与常人无异，在"真正的肉体交锋—神话之表演—日常之生活"的三级跳中，他们"神般的地位"更加神圣了。

不能否认罗兰·巴尔特对摔跤世界之辨析的精彩，然而，虽然值得借鉴，但这似乎并不能作为我们观照总体意义上的"游戏"的基础。巴尔特的文章中提到的"摔跤"其实是美式摔跤，是一种带有表演性质的"假游戏"，虽然摔跤手的动作看起来暴力，实际上是经过排练的。这种活动并不是真正意义上的游戏或竞赛，只能算是游戏与表演的综合体。也正因如此，这种活动被巴尔特赋予了特殊的意义。不过，巴尔特的分析涵盖了游戏者、观众、游戏行为甚至还有游戏行为的修辞，并且已经开始探讨游戏表意的问题，这就已经具有了超越性。与将游戏单纯看成一个规则所构建的形式的论述相比，巴尔特向我们展示了在符号学理论指导下，探讨游戏更多层面的可能性和可行性。

真正给予"游戏"以重要地位，并对"游戏"进行总体穿透的有三人——席勒、维特根斯坦与伽达默尔，具体地讲，是席勒的"审美游戏论"、维特根斯坦的"语言游戏论"与伽达默尔的"艺术游戏论"。

席勒的"审美游戏论"直接受惠于康德的审美判断力理论，康德将艺术划分为"自由的艺术"与"雇佣的艺术"两种，前者"只能作为游戏，即一种本身就使人快适的事情而得出合乎目的的结果；而后者却是这样，即它能够作为劳动，即一种本身并不快适而只是通过它的结果吸引人的事情，因而

---

① ［法］罗兰·巴尔特：《神话——大众文化诠释》，前引书，第13～14页。

12

强制性地加之于人"①。因而，游戏符合"无目的的合目的"这一特性。而席勒的"审美游戏论"又将游戏划分为"自然的游戏"与"审美游戏"两种，"审美游戏"是人类"感性本能"与"形式本能"的完美结合，构成和谐的"审美自由"。②

与语言学和符号学密切相关的则是哲学家路德维希·维特根斯坦提出的"语言游戏论"。当然，维特根斯坦所使用的游戏（Spiel）一词与我们通常论述中使用的"游戏"（game）有所不同。他的"语言游戏"概念指的是"孩子刚开始使用词语时的语言方式"等"原始语言"形式，"还将把语言和活动——那些和语言编织成一篇的活动——所组成的整体称作'语言游戏'"③。但是，对"语言游戏"的论证却与具体的游戏形式分析暗合。与索绪尔一样，他也使用"下棋"作为例证，指出了语言与下棋、词语与棋子、语法与规则、语境与棋势的对应关系。他尤其强调"棋势"的作用，语法给予了交流以可能性，但语境才真正决定了交流。言说必有意义，正如游戏中的每个动作都将带来效果，这使我们不得不回想起维特根斯坦的那句名言："一个人对于不能谈的事情就应当保持沉默。"④

伽达默尔的"艺术游戏论"则走得更远，作为阐释学的领军人物，他更为关注的不仅是游戏活动本身，而是游戏之交互性和阐释性，并以此来对应艺术活动。他的观点的独特之处在于：首先，游戏是一种"自我表现"，游戏的主体并非游戏者，游戏仅仅通过游戏者得以表现出来。游戏真正的主人是游戏自身，他吸引游戏者入内，并赋予游戏者游戏的精神。其次，游戏的意义借由观赏者的阐释才能够得到彰显，但取悦观赏者并不是游戏的真正目的。"如果我们就与艺术经验的关系而谈论游戏，那么，游戏并不指态度，甚而不指创造活动或鉴赏活动的情绪状态，更不是指在游戏中所实现的某种主体性的自由，而是指艺术作品本身的存在方式。"⑤

他特别强调对游戏的观赏和阐释，"只有观众才实现了游戏作为游戏的东西。……在整个戏剧（观赏游戏）中，应出现的不是游戏者，而是观赏

---

① ［德］康德：《判断力批判》，邓晓芒译，北京：人民出版社，2002年版，第147页。

② 鉴于我们此处的论题是"符号学中的游戏理论"，对席勒的理论不作系统的论述。

③ ［英］维特根斯坦：《哲学研究》，陈嘉映译，上海：上海世纪出版集团，2001年版，第7页。

④ ［奥］维特根斯坦：《逻辑哲学论》，郭英译，北京：商务印书馆，1985年版，第97页。

⑤ ［德］汉斯-格奥尔格·加达默尔：《真理与方法》，洪汉鼎译，上海：上海译文出版社，1999年版，第130页。

者。这就是在游戏成为戏剧（观赏游戏）时游戏之作为游戏而发生的一种彻底的转变。这种转变使观赏者处于游戏者的地位。只是为观赏者——而不是为游戏者，只是在观赏者中——而不是在游戏者中，游戏才起游戏作用"①。甚至，"游戏是为观赏者而存在的"②。

任何游戏者皆只是携带着具体的目的的参与者，都只能对游戏本身进行部分"阅读"，唯观众才能观照游戏之"全域"，唯他们对游戏之阐释使得游戏获得完整的意义——"游戏本身却是由游戏者和观赏者所组成的整体。事实上，最真实感受游戏的，并且游戏对之正确表现自己所'意味'的，乃是那种并不参与游戏而只是观赏游戏的人。在观赏者那里，游戏好像被提升到了它的理想性"③。因此，游戏者只不过是游戏组成部分而已，如画笔之于油画、道具之于戏剧，"游戏的真正主体（这最明显地表现在那些只有单个游戏者的经验中）并不是游戏者，而是游戏本身"④。

然而，"游戏并不为某人而表现，也就是说，它并不指向观众。……甚至那些在观众面前表现的体育活动一类的游戏，也不指向观众"⑤。这确保了游戏的表意的开放性，如艺术一样，这也保证了对其阐释的多样性。

伽达默尔的艺术游戏论可以说是最系统、最完整的游戏"衍生"理论。有证据表明，他阅读过荷兰学者约翰·赫伊津哈的著作《游戏的人》，因而在其论证过程中多有对赫伊津哈论断的借用和反驳。伽达默尔的目的不在于研究游戏，而是利用对游戏的分析来说明艺术阐释之理。因而，为了阐明理论，他最终构建了理想的游戏模型——"艺术游戏"——并以此为旨归，而"艺术游戏"并不是典型意义上的游戏活动，伽达默尔只是借用游戏模式来指称"审美活动"。或简言之，他与之前众人一样，仍是借物说理而已。

法国符号学家雅克·德里达（Jacques Derrida）则将"游戏"看作支撑其解构主义立场的重要例证。"人们可以将游戏称为先验所指的缺席，这种先验所指作为游戏的无限性，即作为对存在－神学和在场形而上学的动摇而存在。"⑥ 游戏不仅仅指发生之后的游戏实例，也蕴涵着游戏发生之前的形

---

① ［德］汉斯－格奥尔格·加达默尔：《真理与方法》，前引书，第141~142页。
② ［德］汉斯－格奥尔格·加达默尔：《真理与方法》，前引书，第142页。
③ ［德］汉斯－格奥尔格·加达默尔：《真理与方法》，前引书，第141页。
④ ［德］汉斯－格奥尔格·加达默尔：《真理与方法》，前引书，第137页。
⑤ ［德］汉斯－格奥尔格·加达默尔：《真理与方法》，前引书，第140页。
⑥ ［法］德里达：《论文字学》，汪堂家译，上海：上海译文出版社，1999年版，第69页。

式框架，二者不可割裂。在他看来，游戏这种特性超越了传统的"在场"与"不在场"、"能指"与"所指"的二元思维方式。游戏的无目的性，则表明它不是任何先验意图或中心的附庸或表征；游戏中选择的无限可能性，则冲破了以二元对立为典型特征的逻各斯中心主义，颠覆了形而上学对所谓终极意义的寻求。"游戏总是不在场与在场之间的游戏，不过，如果想要对游戏作极端的思考的话，就必须将它放到有在场和不在场的选择之前进行思考，就必须从游戏的可能性出发将存在当作在场或不在场进行思考，而不是从存在出发去思考游戏。"① 而倘若不选择这种"兼顾"的立场，就会引发两种结果：一是转向不在场一面，面对空洞的形式所导致的"卢梭式的悲伤"；一是转向在场一面，面对生命力的释放和狂欢所导致的"尼采式的肯定"，"是对世界的游戏、生成的纯真的快乐肯定，是对某种无误、无真理、无源头、向某种积极解释提供自身符号世界的肯定"② 。这种游戏的全部内容即将给定的、实在的、在场的部分进行替换，它是一种"印迹的遗传不确定性"，一种"播种的历险"。

对德里达来说，解构主义自身存在着一种方法论上的悖论，面临着一种解构自身的危险，它必须用形而上学自身的概念（语言、句法、逻辑结构等）来摆脱形而上学，这样它就很容易陷入一种仅仅用"他者"来取代"自身"的头脚颠倒的新的形而上学。因此，游戏对他来说是一种策略——游戏是一种既有理性原则又超越理性原则，既讲规则又不拘泥于规则的东西，游戏也许是超越既存形而上学体的唯一希望。

真正的"游戏符号学"并没有建立。当然，在符号学诸论域，我们不难发现"游戏"的影子；在符号学家那里，将游戏作为引证的例子不胜枚举，甚至，不乏有人将特殊意义上的"游戏"作为理论的基点。以上列举的几例，均是比较有代表性的。游戏，作为一种喜闻乐见的娱乐活动，通常是作为例证出现的，以游戏的无功利、有规则、具交互性等特点来说明既有的理论中的问题或构建新的理论体系。游戏的形式特征、表意功能、文本特性等符号学问题已经得到或多或少的讨论——游戏研究与符号学的结合已然有了比较充分的准备，在数度联手的过程中，游戏研究与符号学不断碰撞，取得

---

① ［法］德里达：《人文科学话语中的结构、符号与游戏》，见《书写与差异》下册，张宁译，北京：三联书店，2001年版，第523～524页。

② ［法］德里达：《人文科学话语中的结构、符号与游戏》，前引书，第524页。

了不少成绩。

第三节　游戏研究中的符号学

　　既然在符号学论域中不乏游戏的身影，游戏研究中是否也曾使用或借鉴过符号学的理论或思路呢？这是不言而喻的。游戏研究迄今为止都在不断借鉴和吸收各家各派的理论和思路，符号学也在其中。

　　游戏研究的历史可以追溯至柏拉图，他在《法篇》中对"游戏"的"教化"作用作过精辟的论述。其后康德和席勒也分别对游戏进行过论述，前文已略谈。这些学者多是"借题发挥"，并不以"游戏"为唯一的研究对象。

　　19世纪，现代体育训练与竞赛制度逐渐成形，体育运动成为一种固定的科目进入青少年的学校教育，德国、法国的中小学当时就有非常系统的体操课程和校际运动会。中文"体育"一词直接借用了"日语"的译法，最早见于1904年，在湖北幼稚园开办章程中提到对幼儿进行全面教育时说："保全身体之健旺，体育发达基地。"在1905年《湖南蒙养院教课说略》上也提到："体育功夫，体操发达其表，乐歌发达其里。"尽管中国历史上不乏游戏项目，但近代中国"向西方学习"，并没有向自身求取和挖掘，而是接受了西方体育教育的基本思路。体育运动被认为具有强健体魄、培养个人品格和凝聚民族性的作用，卢梭的《爱弥儿》也强调了"体育""锻炼"的作用。因此，作为游戏研究最重要的分支之一，体育研究更多地承载了"教育"的功能。在某种程度上讲，体育研究均是对游戏"内涵"的研究，广义上也是对游戏符号意义的研究。

　　现代游戏研究领域，最重要的著作当属荷兰人约翰·赫伊津哈（另译为胡伊青加）的《游戏的人》与法国体育社会学家罗杰·卡约瓦的《人、玩乐与游戏》（*Man，Play，and Game*）。

　　1938年，《游戏的人——关于文化的游戏成分的研究》出版，这一课题经过了作者赫伊津哈三十余年的沉思，已经非常成熟。作者自言，"游戏的观念作为世界生活及运作的明确且高度重要的因素，我们找不到理由漠然置之。历经多年，我逐渐信服文明是在游戏中并作为游戏兴起并展开的"[①]。

----

① 〔荷〕约翰·赫伊津哈：《游戏的人》，多人译，杭州：中国美术学院出版社，1996年版，第1~2页。

作为一位文化史学者，赫伊津哈旁征博引，系统检视了诸种文化形态（如法律、诗歌、哲学、艺术、文明等）之中游戏的地位和作用。在赫伊津哈看来，游戏之事实远比游戏之概念重要，他只是权且为游戏作出了一个定义："游戏是在某一固定时空中进行的自愿活动或事业，依照自觉接受并完全遵从的规则，有其自身的目标，并伴以紧张、愉悦的感受和'有别于''平常生活'的意识。"① 在此意义上，他又相继讨论了游戏之自由性、虚拟性、目的性、封闭性等问题，提出了"人是游戏者"，游戏乃是人类文化基础等观点。

在论证之中，赫伊津哈没有使用类似"结构"或"形式"这样的词汇来对游戏进行分析，但我们不难发现，在他特别强调的游戏"规则性"和"封闭性"的特征中，已经在强调游戏的形式特征。当然，游戏形式对于他而言并不是重点，游戏诸特性以各种方式渗透至人类文明中，或者说，游戏或被解构，但游戏精神却已永存于文化进程之中。

前文提到卡约瓦的《人、玩乐与游戏》。卡约瓦在法国巴黎高等师范学校读书时，师从马赛尔·莫斯，而莫斯是法国结构主义社会学的代表人物埃米尔·涂尔干的外甥、好朋友和学生。这种师承关系决定了卡约瓦的研究带有浓重的法国结构主义倾向。

毋庸置疑，结构主义是符号学理论发展过程中的重要阶段性理论。尽管卡约瓦本人也许并不承认自己是位符号学家，但是他的研究基本沿用了符号学的理论方法。

在书中，卡约瓦提出了四个层面的游戏类型学：赌（*alea*）、斗（*agn*）、晕（*illinx*）、仿（*mimicry*），所有的游戏形式无非是这几种类型（他特别强调是两两结合，且论证不存在三种类型并存的游戏）的组合，并强调：对游戏类型的偏好和选择"揭示了每个社会的特征、模式和价值"②。为了说明这一点，他首先描述了存在于社会秩序边缘的游戏类型，如骑马比赛、摩托车比赛和蹦极。继而他描述了日常生活中各种游戏类型的制度化形式，如彩票、自动贩卖机和股市投机。最后，他细化了对一种特定游戏类型过分依赖的社会腐败的形式，如在"斗"类型下的欺骗和暴力，在"仿"情

① ［荷］约翰·赫伊津哈：《游戏的人》，前引书，第30页。

② Roger Caillois, *Man*, *play*, *and games*, Translated from the French by Meyer Barash, Champaign：University of Illinois Press, 2001, p. 66.

况下的疏远和人格分裂。

毫无疑问，这已经是非常典型的符号学分析，暗合"深层结构"与"表层结构"分析模式。

体育社会学有不少学者继承和发扬了卡约瓦的研究思路，如洛伊（J. W. Loy）对游戏类型、社会结构和社会反常状态的分析，就将卡约瓦的游戏类型学和默顿（R. K. Merton）的个人对制度化目标的五种适应模式——一致、创新、形式主义、逃跑主义和反抗——进行了深度的融合。

在体育社会学领域，结构主义思潮至今仍具有深远的影响。

1998 年，在阿瑟斯的主持下，第一届"数字艺术与文化"（Digital Arts and Culture）系列年会在挪威卑尔根大学召开，以数字艺术、文化、美学与设计为议题，其间不乏对电子游戏的探索。2001 年，世纪之交，阿瑟斯主持建立了游戏研究学术性期刊网站"游戏研究网"（www. ga–mestudies. org），同年 3 月，在哥本哈根，召开了第一届有关电脑游戏的国际性学术会议，而 2001—2002 年，美国的部分高校也开始为学生提供电脑游戏研究的正规学位项目，电脑游戏研究不再附属于传媒研究或艺术研究。因而，这一年被称为"电脑游戏研究元年"。

有趣的是，促使电子游戏研究迫切希望自立门户、自成一体的契机，恰恰是当代叙述学开始涉足电子游戏领域，并试图使用经典叙述学（狭义叙述学）理论分析电子游戏的叙述文本。这引起了电子游戏研究者的强烈反应。他们并不相信，这些既没有玩过电子游戏，也没有参与过电子游戏研发设计的人能够说清楚游戏叙述问题。

2003 年，恭扎罗·弗拉斯卡撰文《拟真还是叙述：游戏学导论》[①]，目标直指叙述学。在他看来，游戏根本不能用"讲故事"（storytelling）这样的字眼来概括；游戏是个"拟真"系统，与文学、电影不可相提并论，应该引入一种新的思路来研究游戏问题，这正是建立"游戏学"的初衷所在。

前文提到的马克·沃尔夫与伯纳德·佩伦相继合作主编的两卷《电子游戏理论读本》（The Video Game Theory Reader 1，2）中，有至少三分之一的文章谈论或涉及了游戏叙述的相关问题。

---

① Gonzalo Frasca, "Simulation versus Narrative: Introduction to Ludology" in Mark J. P. Wolf and Bernard Perron, ed. Video/Game/Theory. Routledge, 2003. p. 230. 译文参见：《拟真还是叙述：游戏学导论》，宗争译，见《符号与传媒》第 2 辑，成都：巴蜀书社，2011 年版。

这种冲突也引发了叙述学内部的自我调适和发展，人文学者瑞恩（Marie-Laure Ryan）关注到，电子游戏等数字文本的形态发生了根本上的变化，对原有经典叙述学理论构成了冲击，应当充分考虑电子虚拟世界的体验模式、数字叙述的互动性等问题，建立新的语法系统和理论来解决新的问题。她的著作《可能世界、人工智能、叙述理论》引起了西方理论界的重视，获现代语言学会奖。

当代电子游戏研究中几大重要的问题分别是：游戏叙述问题（这个问题经常与游戏拟真问题相联系）、超文本与交互性问题、新媒体与赛博空间问题等。我们不难发现，这几个问题皆与广义上的符号学相关，尤其是游戏叙述问题，与广义叙述学有密切的关联。因此，越来越多的符号学和叙述学理论散见于游戏理论的各种论争之中，游戏研究与符号学的关系也愈来愈密切。

2004 年，卡蒂·塞伦（Katie Salen）和艾瑞克·泽尔曼（Eric Zimmerman）合作出版了《玩之规：游戏设计基础》（*Rules of Play*：*Game Design Fundamentals*），这是迄今为止笔者发现的唯一一部具体使用符号学理论进行游戏设计研究的论著。

笔者在书中发现一段作者对于游戏设计的论述：

> 设计即是设计者制造语境，令参与者融入其中，从而生成意义的过程。
>
> Design is the process by which a designer creates a conte-xt to be encountered by a participant, from which meaning emerges. [①]

而为了进一步说明这一点，论者引入了美国符号学家查尔斯·皮尔斯（Charles Pierce）的"符号学"基本理论，指出其四个重要的符号学观点：（1）一个符号指向除自己之外的其他事物；（2）符号可以被解释；（3）当符号被解释时生成意义；（4）语境会影响解释项。但作者后面的引论（"与结构相关的现象也影响了解释项。而结构即是一系列规则和指导，从而规定了符号的组合方式。"）以及随后的论述，却显然忽略了皮尔斯著名的"三分法"和"无限衍义"，忽视了皮尔斯模式对结构主义符号学的突破作用，又

---

① Katie Salen & Eric Zimmerman, *Rules of Play*：*Game Design Fundamentals*, Cambridge and London：The MIT Press, 2004, p. 11.

将意义的生成归结到游戏设计者身上，回到了结构主义的老路上，这也许与作者先入为主地置入了"符号学一定与结构主义相关"的观点有关。

游戏设计者对于"系统论"和"结构论"的钟爱也许出于他们太过于熟悉计算机技术本身的特性，因而，他们更愿意接受丹尼尔·钱德勒（Daniel Chandler）的说法，并将其作为设计游戏世界时的基本观念：我们并不是活在物质世界和各种事件里的，我们是活在包含意义的符号系统里的。我们坐的不是一个复杂的木质结构，而是一张凳子。事实上我们把它称之为凳子就代表着这个能坐上去的物件，它不可能是一张咖啡桌。在我们与其他人交互的过程中，我们不会随机做出姿势，我们通过姿势表达我们的礼貌、我们的快乐、我们的不了解、我们的厌恶情绪……我们环境中的各种对象，我们使用的姿势和语言，所有这些的意义都来源于他们所属的符号系统。①

回想一下电子游戏研究界关于游戏"叙述"的讨论，也皆是纠缠在狭义的"讲故事"概念上，而忽略了叙述学本身的发展可能已经突破了这个瓶颈。

不难发现，游戏理论视野中的"符号学"，大多仍旧停留在"结构主义"阶段，许多研究者眼中的"符号学"仍然是"结构主义符号学"。这也许与游戏研究者大多并非符号学家或对符号学的发展不太熟悉有关。反之，以符号学的思路进行游戏研究，也容易被其他研究者首先贴上结构论、系统论、控制论等标签，从而难以深入地进行学术上的交流和对话。因而，游戏符号学在西方学术界迟迟未能出现，也就不难理解了。

第四节　游戏研究的中国境遇

国内游戏研究方兴未艾。近年来，由于电子游戏产业等相关的第三产业取得的巨大经济效益，国家开始重视并扶持电子游戏产业的发展，因而，在游戏设计领域有不少著述问世。不过，这些论著大都侧重计算机编程技术的介绍，谈不上人文学术价值。2012年，人民日报出版社通过"首届网络游戏评论征文选拔活动"精选出一批论文，结集出版的《快乐消费的文化底色——网络游戏评论文集》，是国内第一部系统收录游戏文化研究相关论文的文集。

---

① Daniel Chandler, *Semiotics for Beginners*. London：Taylor & Francis Group, p. 8.

由于关于电子游戏的文化研究尚未形成气候，前文中提到的游戏研究由游戏美学、体育学、电子游戏研究"三分天下"的局面在中国并不明显。国内的游戏研究基本上仍然是游戏美学（包括教育学）和体育研究占据主流。

在游戏美学方面，浙江大学副教授董绍春（董虫草）是国内较早关注游戏理论的学者，他的主要研究方向集中在"西方艺术游戏论"方面，通过一系列论文，他对康德、弗洛伊德、赫伊津哈等人的游戏论观点作了较为详尽的梳理，有专著《艺术与游戏》[①] 面世。教育学，尤其是幼儿教育学，则有不少学者深入探索儿童游戏的教育功能，如刘焱的《游戏的当代理论与研究》《幼儿园游戏教学论》，黄进的《游戏精神与幼儿教育》等著作。还有一些学者致力于从文化考古学的角度发掘中国传统游戏，如郭泮溪的《中国民间游戏与竞技》等。

还有不少硕士生、博士生将游戏研究作为自己的毕业论文研究方向，也为中国游戏研究做出了自己的努力。

当然，亦有不少学者已经敏锐地意识到：游戏研究，尤其是电子游戏研究可能会成为未来学术界的主要议题。

张新军的新著《可能世界叙事学》第五章第三节"故事与游戏：数字叙事学"[②] 专论电子游戏的叙事问题，并有多篇论文（如《故事与游戏：走向数字叙事学》[③]）介绍并探讨了电子游戏研究领域的重要课题。四川大学的吴玲玲曾发表论文《从文学理论到游戏学、艺术哲学——欧美国家电子游戏审美研究历程综述》，系统梳理了西方电子游戏研究的脉络。

赵毅衡在其新作《符号学原理与推演》中，不止一次将游戏作为例证，并提出大量关于游戏研究的真知灼见。"一个民族可以较快地从工业文明进入电子文明，而它的文化要进入当代文化样式（例如互联网文化）就需要做出更自觉的努力。"[④] 也正是在他的指导下，笔者选择了将"游戏符号学"作为自己的主要研究方向。赵毅衡在书中有几处精辟的论述，如他在论述麦克卢汉的"部落化"理论时，深入浅出地"以电子游戏为例：20 世纪七八十年代是'游戏机房'部落化时代；80 年代个人电脑兴起，游戏者互相隔

---

① 董虫草：《艺术与游戏》，北京：人民出版社，2004 年版。
② 参见：张新军《可能世界叙事学》，苏州：苏州大学出版社，2010 年版，第 208~225 页。
③ 张新军：《故事与游戏：走向电子游戏叙事学》，载《武汉理工大学学报》2010 年第 2 期。
④ 赵毅衡：《符号学原理与推演》，前引书，第 8 页。

绝；90 年代后期网络游戏开始兴盛，游戏者在虚拟空间聚合，'再部落化'"①。而在对"述真"问题的讨论中，"踢假球"的案例②令人拍案叫绝。也正是他提及"电子游戏，就可以成为广义符号叙述学要处理的课题"，才促使笔者更加深入地对游戏的叙述问题进行研究，而这一问题，恰恰也暗合了西方电子游戏理论中最激烈的论争。

值得一提的是，虽然国内学术界致力于游戏研究的学者无论从人数上还是规模上都无法与其他学科相提并论，但关于具体游戏活动的专项研究却极其深入，而这些成就往往被游戏研究者所忽略。在中国，围棋、象棋等游戏活动历史悠久，在游戏的战术、技法等方面，历朝历代均有专人进行研究。这些历史资源，自然也为我们今天的游戏总体研究提供了重要的理论养分。

游戏研究方兴未艾，庞大的游戏产业不仅要在经济上取得自主，也需要在文化上建立自信。阿瑟斯认为游戏研究的目的在于"建立新秩序"，在电子游戏研究领域建立不同于其他学科研究的"新规则"，但迄今为止，游戏研究还没能构建出属于自己的理论系统。

游戏研究与符号学理论的数度接触表明，二者具有相互结合的可能性，符号学的宽广视野和理论宽度能够协助游戏研究的整合和创新；而游戏，作为应用符号学的一块"处女地"，以其特殊且不断发展变化的样态，亦能为符号学的自我完善提供滋养的能量。

---

① 赵毅衡：《符号学原理与推演》，前引书，第 128 页。
② 赵毅衡：《符号学原理与推演》，前引书，第 276 页。

第一章　游戏的概念

人离不开游戏，人类社会也离不开游戏。游戏伴随着人的成长，也伴随着人类历史的进程。没有游戏的人生是无趣的，不允许游戏的社会是不正常的。

任何研究都需要对研究对象进行说明和框定，同理，游戏研究需要一个游戏的定义。即便是开篇提到的那位认为游戏无法定义的哲学家维特根斯坦先生，其实也用"家族相似性"来说明游戏的特点。在某种程度上，定义本身就决定了研究的切入点和基本立场。

在日常交流之中，我们会说"玩游戏"，英语中的情况与之类似，他们会说"play a game"，具体一点，我们会说"打篮球"（play basketball）。但很显然，我们并不仅仅是"玩球"，而是去参与"篮球游戏"。前者说明了一个明确的玩耍对象，球只是一个玩具，玩耍的方式并没有确定下来，但有许多可能性；对于一个篮球来说，你可以用手拍，也可以踢。而后者，"玩篮球游戏"则意味着你参与进了一个活动之中，这个活动该如何进行，所有的参与者大致上都有所了解。日常话语的这种省略给我们带来了很多研究上的麻烦。甚至，人们会质疑这种咬文嚼字式的研究的价值。我们还会说"游戏人间"、人生只若"一场游戏一场梦"……来表明我们对于人生的豁达态度或感悟。我们能够以基本一致的方式理解这样的表述，说明我们对于"游戏"的内涵或者说"游戏性"有着比较趋近的理解。无论是在游戏活动中对现实问题进行思考，还是以游戏的心态面对现实，都需要对现实与游戏进行区分，无论这种区分是精准的还是模糊的。

相比游戏本身，专门的游戏研究的历史不长，成果不多。理论家们似乎不愿意在游戏上多花时间，又或者严肃的理论与带给人愉悦的游戏之间很难调和。所以，当我们今天开始真正意义上的游戏研究的时候，会发现可供借鉴的文献和资料不够丰富。而在游戏研究领域，一些基本的问题尚没有得到说明。

游戏并非没有定义，但几乎找不到一个能够取得共识的游戏定义。游戏的历史比定义它的历史还要久远（或者说，在人类能够进行系统的抽象思维之前，游戏就已经产生了），以至于人们情愿对这个问题搁置不议，或者只在具体的语境中谈论它的时候，才给予它一个携带着倾向性和适用性的"描述"。

游戏研究的当务之急，是确定游戏的定义。这个定义既要狭窄得能将其他娱乐活动拒之门外，又要宽泛得能涵盖通常归入游戏范畴的一切活动。在给出我们的定义之前，我们先来看看那些既有的定义游戏的方式。

第一节 定义游戏的诸种方式

游戏研究首先要解决的，就是给"游戏"一个定义。然而，在游戏进入文化研究的视野和论域之后许多年，这仍是一个悬而未决的难题。

没有人尝试着给游戏一个定义吗？当然不是。但结果往往只是差强人意，原因显而易见：

（1）作为一种古老的人类活动，表示"游戏"意义的词汇很早就出现了（如拉丁文的 *Ludus*、英文的 Game 和古汉语中的"戲"等）。不过，人们（这也包括大部分的学者）大多在"约定俗成"的语境中使用它，而并没有对这些词语真正的指涉作严格的界定。因此，"游戏"概念的外延极为模糊，而由于这些思考都融合进了游戏研究的历史之中，所以，今天，任何给予游戏一个定义的尝试都必须考虑这些习惯性力量。

（2）游戏形态不断翻新，层出不穷，新的游戏形态（特别是与多媒体相结合的电子游戏）总是为游戏领域带来新东西，潜移默化地扩大着"游戏"的形式与内容，令定义游戏似成为"不可能完成的任务"。

（3）学者们谈论"游戏"，往往由此及彼，将"游戏"与游戏特性、玩耍（play）、竞技（competition）、娱乐（entertainment）等相混淆，具体的游戏样态与游戏的本质、特性、游戏效果和影响被统而观之，混为一谈。"游戏"到底指的是一种可供参与的娱乐形式，是一种与众不同的人生态度，还是处在演绎过程中的游戏动态进程？使用"游戏"一词的人，很少对其进行有效的划分和说明。

作为真正的游戏研究，而非仅仅是关于游戏程序的设计、对游戏衍生文化现象的批判，我们必须给游戏一个恰如其分的定义，以有效地展开后续的论述。

在此之前，我们有必要梳理一下游戏研究领域对"游戏"进行界定的诸种方式和途径，并从中得到启示，另辟蹊径。

一、本能起源说

从发生学的角度对事物进行定义，通常被看作最简单、直接且有效的方式。游戏研究中，亦有从游戏的历史起源入手，对游戏进行界定的思路。

游戏起源说将游戏看作人类动物性的延伸，游戏是动物模仿本能驱使之下的活动方式。游戏行为并非人类的专属，它缘自人类的动物性，动物的某些行为乃是游戏的源头。

这一观点包含了两个含义：

首先，游戏是动物进行自我锻炼的方式，并非人类的专属。动物在"游戏"的过程中不断学习今后可能展开的求偶行为、攻击行为、防御行为等，"游戏增加了动物个体和动物物种的生存机会"①。换言之，"游戏"的目的在于为可能发生的具有实际效力的行为做出准备，动物同类在嬉戏过程中撕咬扭打，但却明白"点到为止"，不会伤及彼此的性命，与真正的猎食行为大不相同，"游戏"本身是不能"当真"的。而人类游戏，与动物一样，不过是为更加复杂的实际人类活动做出准备或进行演习而已。

其次，游戏缘自动物的模仿本能。大多数动物会通过模仿年长同类的各种行为来进行学习，强化自身的能力，某些高等动物甚至会向异类学习一些技巧。譬如，专门研究猕猴行为的彼得·雷诺兹提出将猕猴之间的"模拟行为"视为"游戏"。

自柏拉图以降，文学理论中的"模仿论"就是解释文学本质最为坚挺的观点之一，柏拉图认为艺术皆是模仿，但其模仿的对象是表象世界，而非本质世界；而亚里士多德则称"史诗和悲剧、喜剧和酒神颂以及大部分双管箫乐和竖琴乐——这一切实际上是模仿"②。艾布拉姆斯将"文学的模仿论"概括为"镜子说"。如同文学艺术的"镜子"效果，游戏起源说也将游戏行为看作"模仿"，而既然是"模仿"，必然有其对象。旨在为实际行为做出准备的"游戏"，其模仿对象必然是实际行动。

---

① ［美］凯瑟琳·贾维：《游戏》，王蓓华译，成都：四川教育出版社，1996年版，第30页。
② ［古希腊］亚里士多德：《诗学》，罗念生译，北京：人民文学出版社，1962年版，第3页。

游戏的"模仿论"在一定程度上可以对大多数原始"游戏"进行解释，古代奥林匹克运动会中的几个传统项目：拳击、铁饼、标枪、赛马等都能够找到其发生学意义上的源头，厘清它们与其他具体人类行为之间的因缘关系——如拳击比赛与近身格斗的关系；铁饼、标枪竞赛与原始狩猎的关系；赛马与在古代战争中所使用的战车的关系……

"本能起源说"这种定义方式具有一定的普适性，但却不能准确地描述游戏所具有的一些特征。

首先，它不能区分"游戏"与"锻炼"之间的差异。从"本能起源说"的角度来看，一个人不停地举起一个重物自然也是一种游戏，这种行为与搬运重物的实际劳动行为相联系，但它却忽略了游戏具有规则这个最鲜明的特征。其次，它不能区分动物与人类游戏的差别。人类的确存在着像动物一样的嬉戏，但也有动物无法构建和超越的复杂游戏。当今流行的电子游戏是普通动物无法驾驭的。

二、教化说

"教化说"这种游戏界定方式带有强制性，与其说它是对游戏进行定义，不如说它是用以阐释游戏的功能和效果。

与"本能起源说"一样，"教化说"也承认游戏具有令参与者自我锻炼和自我学习的功能，但它同时强调，必须改造旧有的游戏模式或创造全新的游戏，以因势利导，令游戏发挥良性的社会作用，达到"教化"的目的。

柏拉图是"教化说"的发起者和拥护者。在《法篇》第七卷，借"雅典人"之口，柏拉图称："凡是对儿童的游戏做出具体规定的地方，就能保证儿童总是以相同的方式做相同的游戏，从中得到快乐……如果不规定儿童的游戏类型，不依据游戏的情况或所使用的玩具来确定判断游戏好坏的标准，那么，年轻人的性格将会有不良的改变，我们古老的习俗会被藐视。"[①] 由此，柏拉图阐述了游戏对幼儿教育的作用和影响。

在柏拉图看来，游戏是教育的一部分，绝不是随随便便的娱乐活动，必须给予规范和督导。游戏的目的在于"使我们所有男孩和女孩顺利地成长，

---

① ［古希腊］柏拉图：《柏拉图全集》（第三卷），王晓朝译，北京：人民出版社，2003年版，第553页。

既温和又勇敢"①，最终成为所谓"共同体"或城邦的有益人才，"既有利于国家又有利于家庭"②。而对游戏的内容和形式他都做了严格的规定："一类是身体方面的教养，与身体有关；另一类是音乐，旨在心灵的卓越。身体的教养又可分为两个部分：跳舞和摔跤。"③ 游戏须对身心有益，并且服膺于神性的召唤。柏拉图认为，许多游戏是有害的，对游戏进行规定就是要剔除和禁止这些有害的游戏继续存留于世。

简言之，"教化说"认为，游戏是一种教育方式，游戏活动是一个功能体，游戏的目的在于通过适当的形式来培养适应并能够推进社会发展和进步的人才。

对游戏的教育意义的探讨直到今天仍然是游戏研究的主要方向之一。相当一部分游戏研究者和教育工作者，从这个角度出发，研究游戏对人类尤其是孩童所产生的影响。最典型的思路，即是探索青少年犯罪率与电子游戏之间的关系，并借此劝阻甚至禁止那些"有害"游戏的生产和传播。

"教化说"的局限性在于，教育是游戏活动的一个重要作用，但却并不是唯一的作用。事实上，游戏的效果并不是游戏形式本身决定的，影响它的因素非常复杂，既有参与者的期待和感知，也有意识形态和社会环境因素的干扰。体育竞赛可以磨炼意志、强健体魄，亦可以助长好勇斗狠、乖张暴戾之心。不少电子游戏之中有血腥暴力的场面，但它们的玩家并不会因此都产生犯罪的念头。

三、愉悦说/严肃说

从"种属"上来讲，"游戏"通常被划归为"娱乐活动"（entertainment）。毋庸置疑，游戏活动能够引起人们的"快适"感（紧张、刺激、愉悦等复杂的心理反应）。"愉悦说"认为，游戏与其他功利性的人类活动无关，它是一种能够使人感到快适的活动。

亚里士多德是西方历史上第一个宣称游戏与其他功利性目的无关的学者。他认为，"闲暇"（διαγωγη）包含着生命的一切快乐，乃是宇宙的根本原则，是一切工作的最高目的，是人类的终极追求，也就是他所谓的"目的

---

① ［古希腊］柏拉图：《柏拉图全集》，前引书，第551页。
② ［古希腊］柏拉图：《柏拉图全集》，前引书，第552页。
③ ［古希腊］柏拉图：《柏拉图全集》，前引书，第551页。

因"的最高级。然而只有那些"具有高贵愿望的人",才能体会到这种与功利性目的无关的快乐。此处的"闲暇",指的就是"无功利性"。

在康德的《判断力批判》一书中,"游戏"(spielen)一词频繁出现,超过 60 次,常见的词语搭配如:"内心诸能力的游戏"①、"认识能力自由的游戏"②、"想象力的转瞬即逝的游戏"③、"感觉的自由的游戏"④ 等。

康德认为:"艺术甚至也和手艺不同:前者叫做自由的艺术,后者也可以叫做雇佣的艺术。我们把前者看作好像它只能作为游戏,即一种本身就使人快适的事情而得出合乎目的的结果(做成功);而后者却是这样,即它能够作为劳动,即一种本身并不快适(很辛苦)而只是通过它的结果(如报酬)吸引人的事情,因而强制性地加之于人。"⑤ 游戏乃是"一种本身就使人快适的事情,而得出合乎目的的结果"。康德指出了游戏几个重要的特质:无利害的愉悦性、自愿参与、有趋向性的目标等。而这一游戏定义,几乎成为后世游戏研究中的不刊之论,间接奠定了游戏研究的基本思路和框架。

不过,"愉悦说"的问题也是显而易见,spielen 一词相当于英语的 play,更多地趋近于"玩乐"之意,而不是具有一定形式特征的"游戏"活动。康德喜将"游戏"与"审美""想象力"等词汇并置在一起,并且在隐喻的意义上使用"游戏"一词,不断拓展游戏的"内涵",使得游戏的"外延"愈加模糊。

例如:艺术创作与鉴赏被康德看作"想象力的游戏"或"感觉的自由的游戏",据此,哲学则可以称作"思辨的游戏",科学实验则可以看作某种意义上的"智力游戏"……因此,在康德及其拥趸那里,"游戏性"取代了"游戏"本身,含有游戏性的活动就皆可称为"游戏",游戏成为一个大而无当的概念。在哲学家那里,似乎有一种将工作之外的所有消遣活动都视为游戏的冲动。

与之相对,"严肃说"则认为,游戏是一种具有严肃仪式感和特殊意义的人类活动。这一观点是由荷兰人约翰·赫伊津哈于 20 世纪 30 年代末提出的,也恰恰从他开始,游戏研究的思路和局面发生了根本性的扭转。

---

① 〔德〕康德:《判断力批判》,邓晓芒译,北京:人民出版社,2002 年版,第 64 页。
② 〔德〕康德:《判断力批评》,前引书,第 74 页。
③ 〔德〕康德:《判断力批评》,前引书,第 162 页。
④ 〔德〕康德:《判断力批评》,前引书,第 170 页。
⑤ 〔德〕康德:《判断力批评》,前引书,第 147 页。

赫伊津哈从文化史的角度入手，试图"探明文化自身到底承担了多少游戏的特征"①，证明"游戏先于文化；在某种意义上，它也优于，至少是超乎文化。在游戏中，我们可以在低于严肃的水平下运作，如儿童所为；但我们也可活动在高于严肃性的水平上——在美和神圣的王国中"②。在《游戏的人》一书中，赫伊津哈不断申明游戏的严肃性特质，以期将其与人们对游戏的习惯性认识相区别。

当然，赫伊哈津并没有否认游戏给人带来的愉悦感，他之所以特别强调游戏之严肃性，是出于游戏的这种特性并没有受到人们的关注和接受。他试图证明，游戏是人类文明得以绵延至今不可或缺的力量，是作用于人类文化产生和发展的重要一维。

将游戏视为愉悦的活动，是从游戏参与者的心理感受出发；而将其视为严肃的活动或神圣的典仪，则是从游戏对社会生活和人类文化的作用入手——二者并不存在根本的矛盾。然而，两种定义方式皆没有真正解决游戏定义问题；更确切地说，两位思想家都只是在游戏研究的某一论域中做出了努力。

四、种差说

游戏难以定义，于是，一些学者想到了利用游戏与其他活动的差异，以及游戏活动内部的差异来确定研究对象，我们姑且称之为"种差法"。这种方式在体育学研究中颇为常见，体育研究者的目的并不是为了定义游戏，而是在游戏活动中给体育活动找到一个恰如其分的位置。

阿伦·古特曼曾任北美体育史学会会长，在他的著作《从仪式到纪录：现代体育的本质》中，他特别提出了"玩乐"与"游戏"的区别："英语中有游戏（Play）和有组织游戏（Games）之分，而法语和德语中却没有这种区分。游戏可以被划分为两类——本能游戏和有组织游戏，后者我们称之为Games。……本能的游戏可以被看作纯粹的自由王国，但大多数的游戏都是有组织的，有规则限制的。……参加有组织游戏意味着为了遵守游戏规则，

---

① ［荷兰］约翰·赫伊津哈：《游戏的人》，多人译，杭州：中国美术学院出版社，1996年版，第2页。
② ［荷兰］约翰·赫伊津哈：《游戏的人》，前引书，第21页。

人们心甘情愿放弃纯粹的本能行为。"① 此书的中文译者将书中的 Play 通译为"游戏",而将 Games 译为"有组织游戏",这为读者带来了不少阅读理解上的麻烦。笔者建议将其分译为"玩乐"(Play)与"游戏"(Game),当然,这样一来的坏处,是古特曼将"玩乐"归于"游戏"的观点可能无法得到明确的阐述。

古特曼的这一分类法的思路来自于罗杰·卡约瓦的《人、玩乐与游戏》(*Man,Play and Games*),尽管卡约瓦本人没有做出非常严格的区分,但他的确承认是否具有形式特征是游戏和玩乐的最大区别。只是,或许也是因为卡约瓦使用法语的缘故,他只能将二者扭结在一起,做统一的研究(而作为语言学家的赫伊津哈则特别指出了这一点)。古特曼据此,将游戏进行了比较细致的树枝图区分(见图 1-1②)

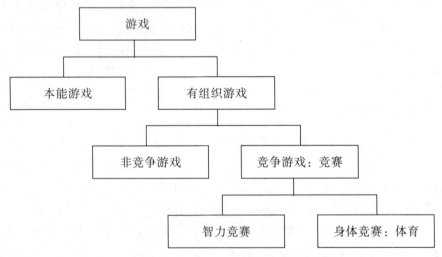

图 1-1　阿伦·古特曼对游戏的划分

在对待游戏概念的问题上,古特曼坚持了卡约瓦的观点:(1)游戏包括本能游戏和有组织游戏两部分,玩乐属于前者;(2)他反对赫伊津哈将所有的游戏都视为竞争的观点,认为游戏应当将"非竞争游戏"包含进来,譬如过家家、蹦极等。

因为古特曼的研究对象是体育竞赛,并且没有涉及界定比较模糊的健身

---

① [美]阿伦·古特曼:《从仪式到纪录:现代体育的本质》,花勇民等译,北京:北京体育大学出版社,2012年版,第5页。

② [美]阿伦·古特曼:《从仪式到纪录:现代体育的本质》,前引书,第10页。

活动或极限运动等，所以，无论他将"体育"置于哪个范畴，基本上都不会对其下一步的论述构成影响。倘若古特曼需要据此进行整体的游戏研究，在这一看似清晰明了的树枝图中，依然会出现不可避免的"模糊地带"，毕竟古特曼并没有给出关于游戏的明确定义，他仍然无法回答，诸如舞蹈是不是游戏，审美活动算不算游戏等刁钻的问题。

　　电子游戏研究界也十分钟爱这种树枝图，这或许与他们通常具有理工科的学术背景不无关系。游戏设计专家克瑞斯·克劳福德（Chris Crawford）的图表即是很典型的一例，参见图 1-2[①]：

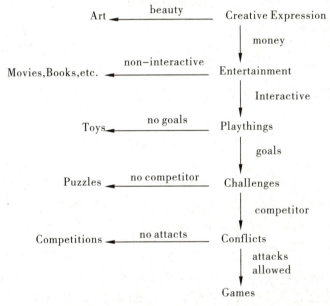

图 1-2　克瑞斯·克劳福德关于游戏种类的逐层递推图

　　我们不难发现，克劳福德将"游戏"作为最末端，实际上是在游戏之上添加了复杂的限定条件。他的游戏定义方式基本符合利用"种差"定义的方法，从图 1-2 的纵项来看，他将游戏划归为竞赛/挑战/玩乐/娱乐/创造性表达，其间各项逐层包含。进言之，结合横项，他将游戏看作：一种允许相互攻击的竞争行为——拥有竞争者的挑战行为——拥有目标的玩乐活动——具有交互性的娱乐方式——与利益相关的创造性表达。据此，我们可以归纳出克劳福德"游戏"定义的几个关键的限定条件：实际利益、交互性、明确

① Chris Crawford, *Chris Crawford on Game Design*, Indiana, New Riders Games, 2003, p. 6.

目标、竞争性、攻击性。

图表中存在一些武断和有待商榷之处，这当然和研究者本人对游戏的界定是密切相关的。但我们依然要问，将其间更为高级的一项（除 Games 外）割裂为两项的依据是否合理？自上而下诸概念的这种顺延关系是否经得起推敲？为什么"挑战"这样一个宽泛的概念会被置于娱乐活动之下？

在设定这种逐层递进包含的关系之前，克劳福德并没有对每一个词语都进行详尽的限定。这无疑使得这张图表在学术上的有效性大打折扣。

种差法是一个大胆的尝试，它的有效性必须奠基在每个概念的清晰、明确之上。因此，我们可以借助逐层递进的树枝图来更清晰地阐明问题，但并不能仅仅凭此来界定游戏的范畴。

这四种界定游戏的方式均有其合理之处，它们也代表了游戏研究中几种比较典型的思路。当今的游戏研究，往往会选择和杂合多种理论路径，需要细细甄别才能得以探明研究者的立场和方法。

第二节　游戏的概念

游戏概念的问题似乎可以搁置不议，正如我们在面对其他研究对象时所做的——我们至今也没有得到关于"文学""艺术""美"等的明确定义，但这不妨碍我们进行文学、艺术或美学研究。

但这个问题不解决，我们就不可能进行真正的游戏总体研究，足球运动研究、象棋研究和电子游戏研究就永远是割裂的，缺少共同的研究平台。恰如文学研究也具有分裂为小说研究、戏剧研究、诗歌研究等专项研究的趋势。

一、"游戏"概念的词源学探究

游戏是什么？这个问题难道真的很复杂吗？游戏活动太直观了，太丰富了，各种游戏之间的差异又如此之大，以致我们在面对扑面而来的"多样性"的时候，无法归纳出其"普遍性"。

讨巧的办法，当然也是必须要做的，是回到"词源"，找寻诸多活动被命名为"游戏"的原因。

（一）汉语语境中的"游戏"

在中国，"游戏"（通常写作"遊戲"）是个很古老的概念。《庄子》开篇为"逍遥遊"，《说文》无"遊"字，据徐复观的考据，"遊，旌旗之流也。……旌旗所垂之旒，随风飘荡而无所系缚，故引申为遊戏之遊"①。

《论语·述而》中有"子曰：志于道，据于德，依于仁，游于艺。"其中，"游于艺"一说，何晏注曰："艺，六艺也，不足据依，故曰游。……此六者，所以饰身耳，劣于道、德与仁，故不足依据，故但曰游。"② 可见，儒家认为，游艺是次于道德而又辅承于道德的，它不可能脱离儒家教化而自成一脉。我们也可以这样理解，儒家将游戏活动加以改造和规范，使其具有更为明确的"教化"意义。在这一点上，与古希腊的柏拉图不谋而合。

古"戲"字本义为"《说文》：三军之偏也，一曰兵也。又《广韵》：'戏弄也'"③。古时军队分"前、中、后"或"左、中、右"三军，"中军"为主力，"三军之偏"可以理解为"非中军"的军队，也就是非主力部队；亦可以理解为在三军之外的军事力量，也就是没有编入正规部队的散兵游勇。不管哪种理解方式，都有一个共同的意思，就是在中坚力量之外。因此，"戲"被引申出戏弄、调笑等义，与正统意义形成对照。之后又引申出"歌舞杂戏"的意思，与正统礼乐之教形成对照。

"游戏"二字连用，最早的见于《史记·老子韩非列传》："楚威王闻庄周贤，使使厚币迎之，许以为相。庄周笑谓楚使者曰：'千金，重利；卿相，尊位也。子独不见郊祭之牺牛乎？养食之数岁，衣以文绣，以入太庙。当是之时，虽欲为孤豚，岂可得乎？子亟去，无污我。我宁游戏污渎之中自快，无为有国者所羁。终身不仕，以快吾志焉。'"④ 这也奠定了中国古代文人对"游戏"的基本理解：一种超然世外、玩世不恭的人生态度。

"游戏"一词后被禅宗所借用，宗宝本《坛经》"顿渐品第八"说道："普见化身，不离自性，即得自在神通，游戏三昧，是名见性。""三昧"是禅定的别名，本是禅者的追求，"但一味讲三昧，会偏于静和枯寂，必须把这一静中所涵养出的力量表现出来，发挥到日常生活的一切举止行为当中，

---

① 徐复观：《中国艺术精神》，见《徐复观文集》第 4 卷，李维武编，武汉：湖北人民出版社，2002 年版，第 54 页。

② （魏）何晏注，（宋）邢昺疏：《论语注疏》，见《十三经注疏》，李学勤编，北京：北京大学出版社，1999 年版，第 85～86 页。

③ 同文书局：《康熙字典》，北京：中华书局，1958 年，卯集中，戈部，十一画至十八画。

④ （汉）司马迁撰，（宋）裴骃集解，（唐）司马贞索隐，（唐）张守节正义：《老子韩非列传第三》，载《史记》第七册卷六三，北京：中华书局，1959 年版，第二一四五页。

实现动静一如，才是禅者的理想"①。"游戏三昧"是通过极端逆反的方式来打破已经偏离了正轨，只注重形式的参禅，给予干枯的生命体验以"当头棒喝"。"与其说它是荒诞不经和玩世不恭，毋宁说是旨在拆解传统形成的程式化或公式化了的系统法则，回到自性的悟解上面来。因此，在这类乍看不拘教行的狂放自得中，存在着'作为解脱而被感受到的'另一种秩序。"②

在汉语语境中，"游戏"既可以作为名词，也可以作为动词；更确切地讲，"游戏"不仅指涉具体的游戏活动，人们也将那些与现实法则相悖的情绪与行为冠以"游戏"之名。"游戏"一词在汉语中丰富的内涵导致我们很难从中剥离出游戏的确切概念。当然，这一梳理工作仍然是有意义的，它将指引我们对"游戏性"进行更为深刻的解读。

(二) 西语语境中的"游戏"

西语语言体系庞杂，若非语言学专家，很难做精确的把握。幸运的是，荷兰学者赫伊津哈已经完成的工作弥补了我们在这一领域中的欠缺。在《游戏的人》一书的第二章"游戏的概念作为语言中的表达"中，他梳理了多种语言（尤其是原始语言）中关于"游戏"的表述。

为了便于理解和掌握，我们首先从我们比较熟悉的现代英语开始。英语中称"游戏"为 game，而与游戏相搭配的动词为 play。为什么"玩游戏"（play a game 或 spielen ein Spiel）构成了合理的词语搭配而"做游戏"（do a game）却不行？这为我们提供了一种思路，从 play 入手来了解游戏活动在语言中的构成。

根据赫伊津哈的考证，为表达活动的本质，名词中的观念会以动词形式出现。英语 play 源于盎格鲁-撒克逊语 plegan，原义既指"玩"，也指快速运动、展现姿态、鼓掌喝彩、演奏乐器和操作身体部位进行活动等。它与古高地德语 pflengan 和古弗里斯语 plega 具有非常明显的同源性，近代德语 Pflegen 与荷兰语 plegen 都直接源于它们，它具有更古老的两个意思：（1）"担保或确证，冒险，为某人或某物而置自己于危险之中"；（2）"束缚或献出自己、参预、照料"。在古老的典籍中，这个词与非现实的"礼仪"活动具有密切的关系。除了游戏，它主要用于宗教、法律和伦理等范畴。

---

① 吴汝钧：《游戏三昧：禅的实践与终极关怀》，台北：学生书局，1993 年版，第 164 页。
② 龚隽：《禅史钩沉——以问题为中心的思想史论述》，北京：三联书店，2006 年版，第 75 页。

我们知道，play 在现代亦有"扮演"之意，这也来自于其词源中的"再现他物"和"替代他者"的意思，简言之，play 一词具有强烈的象征意味，以区别于诸多现实性活动。游戏不是"干"或"做"（doing），你可以去"干"或"做"捕鱼、打猎、种植等工作，但只能"玩"（play）游戏。用赫伊津哈的话即是："游戏活动具有独特且独立的品性，并出乎日常活动范畴之外。"

"游戏"一词在古希腊语中以多种样态出现，主要有三个词：表示比赛和竞技的 αων、表示儿童游戏和玩具的 παιδια（柏拉图《法篇》中讨论城邦游戏时也使用这一词）以及表示游戏心态的 αδνρμα……而各种竞技赛事，又缀以相似的词根－inda，如球戏——sphairinda，拔河——helkustinda，投掷游戏——strepinda 等。而在拉丁语中，游戏活动则得到了一个统称：ludus，该词源于 ludere，意为"佯装""诡计"，后又衍生出 lusus，表示玩笑和讥讽的意思。这一词后来进入罗曼语，被其衍生词 jocus 所替代，并融入且影响到欧陆其他语言系统的形成，因而我们现在不难在其他语系中找到这个词的影子，如法语有 jeu、jouer，意大利语有 gioco、giocare，西班牙语有 juego、juca，葡萄牙语有 jogo、jogar，罗马尼亚语有 joc、juca……

词源学上的考察也许不能直接解决问题，但至少让我们意识到：无论是汉语还是西语，"游戏"一词在形式上的这种统合至少表明，在漫长的历史岁月中，尽管仍存在很多内在的差异，但游戏的概念在逐渐形成和固化。而其中，游戏一词的丰富内涵能够帮助我们进一步厘清游戏研究的一些难题。

二、各种关于游戏的定义

许多游戏的界定方式并没有给出真正的游戏定义，而只是框定了游戏研究的思路。尽管非常困难，但仍然有许多学者给出了游戏的定义，尤其是当代的游戏研究者。这与当代的学术研究规范有非常直接的关系。笔者之所以没有将定义或研究游戏的方式与真正的游戏定义区分开来，正是考虑到当代游戏研究的复合性——他们大部分都是在多个层面上对游戏进行探究的。

我们先来看看赫伊津哈关于游戏的定义：

> 我们总结游戏的形式特点，称之为一种自由活动；作为"不严肃的东西"有意识地独立于"平常"生活，但同时又热烈彻底地吸引着游戏者；它是一种与物质利益无关的活动，靠它不能获得利润；按照固定的规则和有秩序的方式，它有其自身特点的时空界限。它推动社会团体的

形成，这些团体倾向以秘密色彩笼罩自身，并通过化装或其他手段与普通世界相区别。①

前文已述，赫伊津哈反对定义游戏的做法，他认为游戏中蕴涵的观念远比游戏的概念要丰富得多，而游戏活动自身的变化也令一切框定它的努力很快就会失效。因此，他选择以上这种方式向我们展示游戏的特征。这自然为我们今天的研究提供了不少具有价值的论断：游戏与日常生活之间的距离、游戏的无功利性、游戏规则的重要性、游戏对时间与空间的重塑作用……这个称不上定义的"定义"包含了太多的元素，除了游戏自身的形式和规范，还涉及游戏者在参与过程之中"应该"呈现出的心理反应。虽然无论是从逻辑还是实证的角度讲，我们都不能否认这些因素在游戏活动中的存在，但是，为游戏给出一个定义却不能以"可能性"为基础。在一个具有自洽性的定义中，我们不可能对游戏参与者的心理状态进行人为的限定。在现实中，游戏中很可能出现"扫兴的人"（虽然我们不愿意面对，但这是事实），而这一定义将因此而失效。

许多学者质疑赫伊津哈的定义。体育学家阿伦·古特曼称："赫伊津哈忽略了竞赛类有组织游戏和非竞赛类有组织游戏的区别，他认为任何竞赛都是有组织游戏，他的作品有关诗歌、宗教、游戏、战争、音乐和政治等多个方面，虽然引人入胜，但从根本上来讲却令人迷惑。"② 电子游戏研究者卡蒂·塞伦与艾瑞克·泽尔曼直言不讳地称："赫伊津哈的定义包括了很多重要的观点，但从整体来说是存在一些问题的。这一定义的诸多组成元素描述的更多是玩乐和游戏的效果，而不是游戏本身，例如称玩乐能够建立各种社会全体的观点。而其他元素又过于紧密地联系着游戏之人的意识形态。最终，赫伊津哈这个笼统而概括的定义反而变得极其无力。"③

前文提到的法国社会学家罗杰·卡约瓦，在其著作《人、玩乐与游戏》一书中，对游戏活动本身的特征做出了系统的描述，实际上可以看作游戏的定义。

他认为，游戏活动具有如下几个特点：

---

① ［荷兰］约翰·赫伊津哈：《游戏的人》，前引书，第 15 页。

② ［美］阿伦·古特曼：《从仪式到纪录：现代体育的本质》，前引书，第 8 页。

③ Katie Salen & Eric Zimmerman, *Rules of Play — Game Design Fundamentals*. MIT Press, Cambridge, 2004. p. 75.

自由：游戏过程是非强制性的，一旦存在强制，它会马上失去作为娱乐与消遣的吸引力和乐趣；隔离：游戏具有事先设定和布置好的时间和空间上的限制；不确定性：游戏过程是不能确定的，或者说结果是无法预先获知的，并且为玩者的自主创新留有余地；无产出：不创造任何形式的物质和财富，唯一例外的情况是，玩者之间财富的流动，但在游戏终结之时与游戏开始之时，其财富总量保持不变；规则掌控：游戏规则生效时，一般法律暂时失效，但会单独考虑新规则的确立。伴信：相对于现实生活，游戏过程会伴随出现一种特殊的第二现实或自由的非现实的意识。[①]

不难发现，罗杰·卡约瓦这一描述是对赫伊津哈关于游戏特征描述的进一步补充和说明。同样，这一描述仍然致力于对"游戏性"的探索，没有为我们提供一个真正意义上的游戏定义或论域。

也许是因为定义游戏异常困难，卡约瓦之后的游戏研究者们纷纷放弃了这种尝试。尤其是近代教育学的发展，将游戏纳入自己的研究范围之内，使得独立的游戏研究几乎销声匿迹。当然，也有一个重要的原因，在此之后的"普通"游戏研究逐渐被它的分支"电子游戏"研究所取代，并形成了如今电子游戏研究"一统天下"的局面。但"电子游戏"只是游戏依托另一种媒介的呈现方式，是游戏的一个种类。即便我们承认电子游戏对于游戏的拓展之功，它本身并不需要一个独立的定义。而电子游戏的研究多关注媒介、交互、设计等维度，因而，在游戏定义这个问题上，电子游戏的研究者多选择退避三舍。

电子游戏设计师克瑞斯·克劳福德（Chris Crawford）是较早进行电子游戏系统研究的学者，他的身份和爱好决定了他在两个层面上对游戏进行探究：一是电子游戏设计的技术层面，二是电子游戏给玩者带来的心理体验和社会效应。他的著作《电子游戏设计的艺术》（*The Art of Computer Game Design*）堪称电子游戏理论的开山之作。他在书中列出了游戏的 4 个特质：表现（Representation）、交互（Interaction）、冲突（Conflict）和安全（Safety）。

---

① Roger Caillois, *Man，play，and games*，Translated from the French by Meyer Barash, Champaign：University of Illinois Press，2001，pp. 9—10.

再现：游戏是主观地再现现实生活某个子集的封闭形式系统。所谓"封闭"是指游戏是一个完整且自足的结构。游戏所建立的世界模型具有内在的完整性，它无须借助任何游戏外部因素对其进行补充。所谓的"形式"是指只有游戏具有详尽而明确的规则。游戏的各个组成部分通过复杂的方式相互交错，成为一个系统。游戏是对情感现实的一种主观且刻意的简化表现。

交互：现实最迷人的地方并不在于现实本身，也不在于它的变化性，而是在于变化的机制，复杂的因果关系网将所有的事物紧密地联系在一起。呈现这一关系网的唯一方式就是让观众去探索其每一个角落，令他们生成"因"并关注"果"。游戏提供了这种交互性，这正是它的诱人之处。

冲突：游戏的第三要素是冲突。冲突会在游戏的交互过程中自然产生。玩者通常会积极地追逐一些目标。各种阻碍则防止他轻易地达成目标。冲突是一切游戏内在固有的因素。它或直接或间接，或以暴力形式或以非暴力形式，但总会在游戏中出现。

安全：冲突意味着危险，危险意味着承受伤害，而没有人愿意受伤害。因此，一个游戏应该既能为玩者提供冲突和危险的心理体验，同时又能防止其出现生理上的反感。简言之，游戏是一种体验现实的安全方式。准确地说，游戏的结果应该总比游戏预设的状况要缓和得多。①

克劳福德从多个角度对游戏进行了概括。在他的论述中，我们已经不难发现，电子游戏这种"人机分离"、人体"动作"转化为视频呈现的方式对当代游戏研究者的思维方式和研究思路的冲击。电子游戏依托计算机程序设计理论，无疑为游戏的"系统论"提供了最直接和牢靠的铁证。然而问题还是出在根源之处，这也推进了我们对于游戏概念的认知——克劳福德讲的是"游戏活动"还是"游戏框架"？电子游戏指的是游戏程序还是游玩过程？

英国年轻的电子游戏研究者杰斯伯·尤尔（Jesper Juul）在寻找游戏的定义方面作了大量的研究；他对一系列既有的游戏定义进行了比对，对游戏中存在的各种因素进行了分析，并最终给出了他的定义。

---

① Chris Crawford, The Art of Computer Game Design. 1982. Available at http://www.vancouver.wsu.edu/fac/peabody/game-book/Coverpage.html.

　　游戏是建基于规则的形式系统，具有多样且可计算的结果，不同的
结果被赋予了不同的价值，玩者看重结果，而为了影响结果，他们会付
出努力，并且游戏的影响具有可协商性和非强制性。[①]

　　相较克劳福德，尤尔开始关注游戏框架与玩者之间的关系，关注游戏活
动中玩者的心理变化；尤其是对于游戏"可协商"的特点的概括，已经具有
突破性的意义。不过，遗憾的是，尤尔在新作《半真半假》(*Half−Real*)
中，并没有在这个维度上进行深入拓展。

　　亦有其他研究者从新的角度尝试对游戏进行定义，如卡蒂·塞伦与艾瑞
克·泽尔曼在《玩之规：游戏设计基础》一书中称：

　　　　游戏是一个系统，玩家参与到系统内的一次人为冲突中，该冲突受
　　到规则的限定，会导致一个可计量的结果。[②]

　　由于电子游戏本身就是一个计算机程序，而计算机技术的认识论基础又
是建立在系统论和控制论之上的，故而，电子游戏研究领域习惯性地将电子
游戏视为一个"系统"；推而广之，他们将"游戏"也视为一个系统。这自
然有一定的合理性。不过，电子游戏的研究者们几乎一致认为，游戏是个形
式，自成一个系统，玩者参与到系统之中，但他/她的能动性并没有得到有
效的考量。

　　在《玩之规》中，卡蒂·塞伦与艾瑞克·泽尔曼甚至引用了美国符号学
家皮尔斯的符号学理论，来论述游戏设计对"系统论"的使用。不过，也许
是因为对于符号学理论比较陌生，他们错误地将皮尔斯视为一位"结构主
义"符号学家，并试图从系统论和结构主义立场上寻找游戏研究的佐证，在
理论路径的选择上谬以千里。

　　既有的游戏定义各有其侧重，在我们试图给游戏一个"新"定义的时
候，这些定义帮助我们更好地看清游戏的本质特征，给出更合理的答案。

三、本书对游戏的定义

　　给游戏一个定义，牵扯到两个维度：一是纵向的时间维度，它必须包含

---

　　① Jesper Juul, *"The Game, the Player, the World: Looking for a Heart of Gameness"*. In Level Up: Digital Games Research Conference Proceedings, edited by Marinka Copier and Joost Raessens, pp. 30−45. Utrecht: Utrecht University, 2003.

　　② Katie Salen & Eric Zimmerman. *Rules of Play−Game Design Fundamentals*. MIT Press, Cambridge, 2004. p. 80.

游戏活动本身在历史演变中稳定不变的因素；二是横向的游戏活动，它必须包含多种多样的游戏活动中所共有的因素。

本书所遵从的游戏定义是这样的：

> 游戏是受规则制约，拥有不确定结局，具有竞争性，虚而非伪的人类活动。

> 判定一个活动属于游戏，其必须同时符合这五个条件，缺一不可。

本书对游戏进行的研究，都是从这个定义出发的，它是游戏符号学研究的基础。

这个定义看起来简单清楚，实则综合了之前的研究者关于游戏概念的诸多思考，并做出了适当的取舍。取舍主要包括三方面：一是将游戏界定为人类活动，将其从动物本能活动中剖离出来；二是不再将游戏的历史演变作为定义游戏的限定条件；三是对界定游戏的要素进行了精简，去除了其中因人而异的主观性因素。

我们力求做到，让这个定义统摄大部分在经验上被认定为"游戏"的活动，同时有必要的限定性，保有自己的立场和视野。

这个定义包含了五个重要因素，而这五个因素可以分为两个层次，其中，第二层次包含四点。它们都是在一定的语境约束之下才有意义。因此，有必要对这五点作进一步的解释。

（一）游戏是人类活动

1. 游戏是活动，而不是形式

游戏研究（尤其是电子游戏研究）中最常见的观点，即是将游戏视为一种由规则组织起来的有序的形式或结构，而忽略了人在游戏中的地位和作用，忽略了游戏的丰富性。

游戏必须由人来参与，才称其为游戏，否则便只是一个框架，而一个没有经过玩家参与和验证的游戏框架是无效的。因此，游戏是动态的，而非静止的。游戏研究首先应承认这一点，才能确定游戏研究的对象。尽管许多游戏研究者都宣称游戏是一种活动，但在具体的论证过程中，又会转向对游戏形式的执着。

任何抽象的游戏研究，都是以具体的游戏经验为基础的。譬如，足球比赛能够演化出种种"战术"，是建立在无数次游戏对抗的经验之上的。"战术"自身也在不断地变化发展。游戏研究也应该将关注点投向动态的游戏文本，其所依据的理论也应当具有处理动态研究对象的能力。

2. 游戏是人类的活动

游戏是人类的创造，是人类智慧的产物。只有人类，才拥有制定游戏规则，主动参与游戏的能力。

与动物之间的嬉戏打闹不同，游戏是人类之间的活动。尽管动物行为学家试图令我们相信，二者之间存在着千丝万缕的联系，甚至可以称动物嬉戏是人类游戏的源头，但我们却不能否认二者之间那些看得见的差别。人类游戏的复杂程度是动物间的嬉闹无法比拟的。动物不会言说，对于动物表达意义的方式和能力，人类尚不能完全把握和领会。将游戏研究的基础建立在对动物本能行为的探究上，很容易陷入另一个理论困境。动物活动只能作为人类研究的对象，只能作为人类活动缘起的参考，而对动物活动的阐释也只能由人类完成。动物行为研究是游戏研究的有益补充，但并不是最重要的一环。

明确游戏是人类活动，将游戏的定义规范在"人类活动"之中，对于我们辨析游戏的意义机制有着至关重要的意义；并且，这也不妨碍我们随时将动物行为学家的研究成果纳入我们的研究。

（二）游戏概念中提出了四个关键制约性因素

游戏之为游戏，具有四个最为关键和重要的特点，也是我们判定一个活动是否是游戏的限定性条件。据此，我们可以确定游戏活动与其他人类活动之间的"种差"。

这四个因素分别是：规则、竞争、不确定的结局、虚而非伪。

以上四点，是从诸多游戏界定中，经过慎重的择取筛选出来的。而我们择取的标准是：去除关于游戏的特征论述中"因人而异"的部分，保留形成游戏活动最基本的条件和游戏本身所展现出的特征，对于游戏延伸性的部分不作讨论。

在定义中，我们不可能规定游戏参与者到底应该在游戏中保持何种心态，也不可能决定参与者到底会在游戏中获得什么，因此，各种游戏定义中关于玩者心理的描述都被筛除了。与此同时，我们也在其中灌注了游戏符号学研究独有的视野和立场，对于后续的分析和论述都具有统摄作用，能够将其作为建构具有自洽性的理论体系的基础。

规则

无论哪一种关于游戏的界定，都无一例外地承认：游戏具有规则。承认规则本身也就意味着，承认游戏必须经由智慧的设计，或者干脆说，人的设计。

游戏虽然包含很多的样式和种类，但对于某一个具体的游戏而言，它一定与其他游戏存在着差异，这差异具体表现为游戏规则的不同。在游戏中，所谓"规则"，就是人为设定以保证游戏进程正常进行的预设性命题。规则决定了游戏的基本样态：以什么方式展开，如何判定胜负，以及保证游戏有序地进行。

"游戏"（game）一定可以被"玩"（play），但"玩"不一定是"游戏"，"玩"可以不遵循任何规则。所以，规则是区分"玩乐"或者说"嬉耍"的重要条件。

但在日常生活中，由于参与者的增加，为了保证"玩"的样态在一定时间内的稳定，随意的"玩"通常会添加众人容易接受和认可的"规则"，逐渐演变为"游戏"活动。一般而言，纯粹的"玩"是个人性的，比如荡秋千、手影、堆积木或玩玩具。但我们却很难找到没有任何规则的群体"玩乐"活动，因为没有任何约定和组织的集体不规则运动是极难控制的；而如不深入游戏内部，也很难看到游戏规则是以什么方式存在和展开的。

因此，在"玩乐"与"游戏"之间，存在着一种不太明朗的滑动关系。而正是"玩乐"和"游戏"的这种相似性，使二者经常被混为一谈。

玩乐逐渐增加约束性条件，演变为游戏。譬如孩童之间的"过家家"，会因为参与者的加入，形成非常复杂的设定。游戏淡化规则因素，规则失去其实际的控制能力，游戏逐渐沦为玩乐。譬如各种体育竞技的赛前训练，重视的是对身体素质的锻炼和正式竞技前的准备，而非最终的胜负。不过，可以确定的是，无规则的玩乐绝对不是游戏。

游戏皆具有规则，规则是游戏概念中不可或缺的一个因素。规则是人为制定的，也必须通过人的遵守或违反来得到体现。在没有证据表明动物也有这种设定和反应能力之前，对于动物之间的嬉戏，我们无法将其看作真正的游戏。

竞争与不确定结局

这里所谓的"竞争"，就是人为约定的竞争关系，它必然会导致一个胜负明确的结果；而"不确定的结局"，就是因竞争而导致的胜负关系并不是预先给定的，也不具有因果上可以推定的必然联系。我们将"竞争"和"不确定的结局"放在一起讨论，是因为二者具有极其密切的因果联系——竞争一定会导致一个胜负结局。

当然，并非所有的竞争都拥有不确定的结局，这取决于竞争本身的设定方式。假如让普通人与重型机器进行力量上的较量，又譬如让人与起重器比赛搬石头，让人与汽车竞速……实力之间的悬殊最终会导致一致的结果。

游戏一定是"竞争"，只是在竞争性上有所差异。

竞争来自于规则，没有规则就没有竞争，胜负必须通过规则进行判定。游戏的"竞争"是通过规则和设计刻意制造出来的。通常，设定规则本身有两个作用：一是维护由规则进行规范和圈定的人类活动的内部秩序，二是为此活动的最终目的服务。

对于游戏而言，游戏规则第一维护了游戏进程自身的稳定性，第二则是通过胜负判定规则的设定来促成竞争。相比之下，社会规则维护的是整个社会的稳定，其最终目的是促进共同体的进步和发展；由于它的设计所算计的时间较长，因此在短时期内，它的竞争性并不明显。但对于一个具体的游戏活动而言，它总有一个理论上的时间终结点，因此，游戏活动总有一个最终的结局。

游戏中必须有竞争，这是我们对游戏概念的约定。这一约定看起来严苛，但却能够帮助我们区分游戏与玩乐。

荷兰文化史学家约翰·赫伊津哈（他同时也是专门进行游戏研究的第一人），在词源学上找到了证据，他称："'一起游戏'具有一种本质上的对立性。……游戏和竞赛在本质上具有一致性。""胜负"在不同的玩家那里，重要程度因人而异，但一定会出现。

那么，那些没有结局的游戏呢？在电子游戏出现之后，游戏史上才真正出现了"永远玩不完的游戏"，譬如大型网络游戏《魔兽世界》，模拟类电子游戏《模拟城市》《文明》等。这当然依靠的是计算机的逻辑运算和存储功能。"永远玩不完"意味着游戏的时间节点的取消以及最终结局的取消，这的确会逐渐消除游戏的竞争性。但我们也发现，反而是这些"玩不完的游戏"，具有更加强烈的竞争意味，不断促成阶段性的竞争。这当然是基于既有的游戏活动对人类意识的影响，并随之所建立起来的对游戏竞争性的认同。

在已经出现的游戏活动中，我们可以归纳出三种类型的竞争对象：

一是实存的竞争者，这其中也包括了被数字化的实存竞争者。如对弈的双方、足球比赛的参赛球队、电子游戏网络对战的参与者等。二是虚拟的竞

争者，或曰"假想敌"。现代电子计算机中的人工智能技术能够集合大量的历史数据，模拟制造出与人类相匹敌的智能机器人，如在1997年战胜了国际象棋大师卡斯帕罗夫的电脑"深蓝"。三是以自我为竞争对象。这有赖于媒介的存储能力，它能够将同一玩家每次的游戏结果保存起来，玩家以超越"过去的自己"为目标，不断地"刷新纪录"，将自己的能力极限作为挑战的对象。将自己作为竞争对象并不是电子游戏的专利，传统游戏中早有此方式，比如酒吧中的飞镖游戏，每个人都将自己的成绩写在黑板上，以长居冠军为目的。

这三种竞争者的类型在电子游戏出现之后产生了一种融合。在网络电子游戏中，参与者彼此之间并没有直接的物理联系。玩家只是以符号化的形象和身份存在于虚拟的游戏程序之中。此时，玩家面对的是虚拟化的实存竞争者。今天我们非常熟悉的手机游戏，则通常会利用排行榜这样的形式来裁定胜负，玩家一方面需要"超越自己"，另一方面也需要"战胜他人"。

竞争，同时保证结局的不确定性，是游戏极力达成的效果。

所谓"不确定的结局"，实际上是指游戏总有一个结局，只是在游戏结束之前无法确定。相较其他活动，游戏活动的结局更为清晰简明，它总是以"胜/负"二元对立的方式出现。在游戏中，没有中间状态，游戏（包含游戏某个阶段）的结果总是保持着二元对立的态势，随着游戏活动形式的丰富，胜/负的二元分殊也会以其他方式出现，譬如"完成/没有完成""更好/更差"等。

"计时器"（秒表）的出现，促成了现代体育的变革，依靠着长期、持久、循环、累计的赛事制度，体育活动拥有更为丰富的伴随文本支撑，体育竞技的结局计算方式更为复杂（古希腊时期的奥林匹克运动会只有胜负结果，并没有速度或重量的记录）。然而，取得"金牌"，成为最高级的胜者，仍然具有无法取代的重要性，游戏的原有形态并没有发生本质上的改变。

在规则的调整之下，竞争的结果一定是不确定的。在游戏中，一位在体力、智力、经验上具有明显优势的参与者可能更容易取得游戏的胜利，但这并不代表他/她一定不会失败。游戏是"胜者强，而非强者胜"，在竞争中，以弱胜强、以小博大的例子不胜枚举。游戏之所以令人欲罢不能，与游戏结果的变幻莫测有极大的关系。而游戏规则也在不断地调整那些决定游戏胜负的因素的比例，以避免游戏成为完全的"实力竞争"。譬如拳击、举重等竞赛会根据参赛者的体重划分量级，足球竞赛会有甲级、乙级之分等。

我们之所以将游戏活动框定在竞争活动中，原因有二：一是竞争因素是游戏所共有的。这一点在赫伊津哈的论著中已经得到了阐明。他宣称，竞争观念是人类通过游戏活动才得以纯粹化的。在蒙昧时代，人类需要与自然界抗争才能够得以存活，这种观念被保留在了原始的巫术、舞蹈等形式之中；而游戏，作为一种与功利性拉开距离的人为设计的活动，将原始的竞争意识融汇在具体的规则框架之内。游戏皆有竞争性，只是强弱不同。由于游戏提供给了玩者行为上的相对自由，因此，玩者在游戏中的竞争意识可以有非常大的分殊，但这并不影响胜负判定的有效性。

二是笔者采取了尽量避免歧义的策略。前文提到的阿伦·古特曼曾经指出，英语中有"玩乐"（play）与"游戏"（game）的区别，但德语和法语并没有。因此，德法语系的研究者往往在这个问题上模棱两可，容易产生混淆和歧义。以英语写作的古特曼试图做出调和，但笔者认为并不成功。

为了避免歧义，最好的办法之一是首先将能够廓清外延的部分分离出来单独研究，然后再将这一部分与其他相关部分进行比对，阐明其关系。为了避免卷入之前的学者所造成的这种困局，笔者将游戏活动作了相对比较严苛的限定。

承认游戏的"竞争"特性并非意味着就否认游戏的"娱乐性"。取胜，是玩者获取快感的一个重要途径。游戏中规定"竞争"，但并不意味着玩者之间一定要争个你死我活。"竞争"强调的是游戏本身的特性，而不是玩者参与游戏的心态，简言之就是，"我对输赢无所谓，但我得承认，这是场比赛，我输了"。

虚而非伪

通过规则和设计，游戏的框架被虚构出来。游戏具有制造一个完备的虚拟世界的能力。通过玩者的参与，这一虚拟世界得以成型和完善。

所谓"虚而非伪"，是指游戏框架制造的是一个虚拟的世界，但这个世界中却镶嵌着一个可信任的正解表意模式。简单来说，游戏是虚构出来的，但游戏世界是真实的。

首先，游戏是虚构、虚拟的。我们经常说"这只是个游戏!"，意思则是"此事不能当真"。游戏中的事不能当真，并不是说游戏经验是虚假的，而是指，游戏世界与现实世界存在着明显的差异。游戏中的经历，不能作为现实经验来看待和使用；在游戏中所取得的效果，也不能直接对应现实世界中的收获；游戏中的事，在现实世界中不能"当真"。游戏的"虚拟"这一特质，被社会学家罗杰·卡约瓦称为"佯信"（Make-believe），被电子游戏研究者克瑞斯·克劳福德称为"安全"（Safety）。

"这是个游戏，是游戏……我们一起玩，玩游戏必须守规则，男人一边，女人另一边，还有军人，他们主持游戏，很厉害，谁一犯错，谁就要回家去，即是说，你要很小心，但你赢，你就会得到奖品……一辆真正的坦克。"这段台词来自罗伯托·贝尼尼自编自导自演的电影《美丽人生》。这部令人心碎的电影讲述了第二次世界大战期间，小男孩乔舒亚与父亲圭多因其犹太人身份被纳粹关进集中营而发生的故事。圭多为了避免儿子的心灵受到伤害，向乔舒亚编织了一个"美丽的谎言"，声称在集中营的囚禁生活是一场游戏，如果根据规则坚持到底，就会获得丰厚的奖赏。圭多将躲避屠杀解释为捉迷藏，为乔舒亚设计出一个个游戏，于是，集中营的悲惨生活变成了游戏进程中的必由之路，难以忍受的痛苦也因此添上了一种喜剧色彩，变得可以承受了。游戏框架是真实与虚构的分界线。之所以提到这个例子，是为了说明，游戏与现实之间的差异并不在于具体的行为，而在于游戏设计并制造了一个有别于现实生活，但同时也能够被感知、理解和执行的新的符号体系。

游戏是"假戏真做"，前提就是参与者能够明确游戏与现实之间的差异和距离；其次是承认游戏的规则，依照游戏的设定行事；最终随着参与者之间的观念上的默契，形成完备的游戏世界。参与一个游戏，首先包含着这样的暗示："你即将进入一个与你所在的世界不同的世界，你要遵守这个世界与众不同的法则！"

其次，游戏不虚假。游戏活动与现实世界之间的区隔是真实的。在足球比赛中，一名被红牌罚出场外的球员，不能通过更换球衣号码等方式再次登场，游戏规则对于参与者具有时间和空间的双重限制，会一直持续到游戏结束。当然，这名被罚出场外的球员，除了不能进行与比赛相关的事情，仍然具有进行其他活动的自由，游戏规则的行使范围是有限度的。

游戏中的效果是真实的。在拳击、格斗等比赛中，身体之间的对抗是真实的，拳击选手鼻青脸肿是再正常不过的事情；各种体育竞赛中，都有选手意外受伤或身亡的案例。但是，只要是在游戏框架之内的行为，它就是可以被理解和认可的；反之，超出游戏框架的行为，则无法在游戏世界中得到合理的解释。1997年，泰森在同霍利菲尔德的拳王挑战赛中，咬掉了对方一块右耳，这一严重的违规行为致使比赛中止，最终裁判宣布泰森告负。拳击对抗性极强，但咬耳朵是规则所不允许的行为。泰森"咬耳朵"，是跨越了游戏的"假"，回到了现实的"真"，将游戏中的免责对抗转化为了恼羞成怒的现实泄愤。

游戏"虚而非伪"包含了两个维度：一方面，游戏通过规则和框架设定，有能力创造一个与现实世界不同，但同样可以被正向理解和阐释的"第二世界"，并明确地划分出二者各自的界限；另一方面，游戏保证了参与者的安全，亦保证了游戏效果与现实生活的距离，超出游戏框架的过激行为将会受到责罚。一个游戏框架能够被反复使用，令人乐此不疲，正是依靠着这种有条件制约的安全性。

我们重申：游戏是受规则制约，拥有不确定结局，具有竞争性，虚而非伪的人类活动。一个游戏定义，必须同时满足这样五个条件，缺一不可。这一游戏定义与其他游戏理论中关于游戏的定义必然存在或多或少的差别，但它决定了游戏符号学的基本理论立场，也统领了后续各个环节的论述。

第三节　游戏研究的对象

游戏研究者经常会混淆其研究对象，这种混同有时候是出于懒惰，有时候是出于习惯，有时候则是出于一种无奈。游戏研究的对象在不同的研究者那里具有相似性，但显然是不同的。奇怪的是，我们并没有在游戏研究者那里发现有人试图说明这一点。出现这一问题的原因可想而知：不同的游戏定义意味着不同的研究对象的范畴，从不同的定义和角度对游戏进行分析，必然会对研究对象有不同的理解和概括。甚至，许多游戏研究本身就没有对游戏概念的限定。

我们已经得到了一个定义：游戏是受规则制约，具有竞争性，拥有不确定结果，虚而非伪的人类活动。前文已述，定义本身会规定研究的论域和方式。这个定义旗帜鲜明地表明了，我们的研究对象"游戏"：（1）它并不是静态的形式或框架，而是由人参与的活动，它的进程是动态的。对于一个游戏而言，它的结果是唯一的，游戏研究需要观照全部进程的集合。（2）游戏研究需要关注各种不同类型的单个游戏，而研究的目的之一在于揭示它们之间的同一性。

游戏研究领域经常会混同几个范畴，统统将其视为"游戏"，在游戏符号学探索之前，我们有必要对这些混乱的范畴进行澄清。

一、游戏形式

游戏形式，也就是通常所谓的"游戏"。在游戏研究领域，将"游戏形式"与"游戏"本身相混淆是最常见的谬误之一。

当一个人说"我们去打篮球吧"，实际上是在表述，他邀请你去共同参与同一个游戏形式，形成一段经历；当一个人说"你们不要再打篮球了"，则是你已在游戏进程之中，而他意图终止你的游戏行为；而当一个人说"我们去看篮球赛吧"，则是在表达，他希望邀请你共同关注一段游戏进程。

游戏规则和游戏框架所组成的游戏形式是确定游戏之间相互差异的关键因素，笔者称之为"游戏内文本"（后文会有详述）。篮球、足球、棒球、网球所使用的场地不同、规则不同，被相互区分开来。而当游戏形式，尤其是电子游戏，转化为一种可以交换买卖的商品的时候，它必须凸显其可以被标识和理解的特异性因素；这也就使得，在同一类型甚至游戏规则也是相同的电子游戏中，会将游戏框架的差异作为其商品品牌的最核心因素。譬如同样为射击类游戏的《战地》系列和《使命召唤》系列，其规则基本相同，但因游戏框架差异巨大，从而使得参与者得到不同的游戏体验，甚至形成了迥异的"风格"。

将游戏形式视为游戏会忽略玩者与观者在游戏中的作用，会忽略游戏活动本身的动态性。上文提到的诸多游戏定义，有不少是将游戏形式作为游戏来看待的。

二、游戏进程

参与者参与游戏的过程，也可以理解为游戏活动的"现在式"，即某一参与者自始至终参与游戏所形成的活动文本。

游戏是竞争活动，因而它并不是个人活动（单机电子游戏可以视为单个参与者与计算机人工智能之间的活动，这一点我们在后文中会进一步辨析）。游戏进程因人而异，因时而异，因事而异，理论上，同一个游戏形式会形成无数个游戏进程。

对于不同的参与者而言，游戏体验是全然不同的，因而他们所形成的游戏进程也大相径庭。对于具体玩者而言，他/她的回忆中留下的往往是破碎的、不完整的片段。如大部分棋类游戏，都允许处于劣势的一方投子作负；而体育比赛中，除有机会争夺冠、亚、季军的名列前茅者能经历所有的比赛过程，其他竞技者均无缘一窥游戏全貌；而对于电子游戏而言，玩者则可以随时退出游戏，甚至删除游戏程序，彻底放弃游戏……

例如足球比赛的两支球队，因自身实力不同，战术不同，心态不同等，会形成全然不同的进程，也会在长久的对战过程中形成具有稳定性的技战术风格；而对于同一球队的上场球员而言，前锋、后卫、守门员等的战术分配和球场位置则决定了他们对于游戏的关注点和参与方式是不同的。

三、游戏实例

所谓"游戏实例"，是指符合游戏规则规定的一定数量的参与者以及与游戏进程相关的人员，在相对固定的一个时间段，相对固定的一个空间内，参与同一种游戏形式，因交互行为而产生从始至终的全部游戏进程的集合。简言之，游戏实例就是一次游戏的全部。其中，"同一游戏形式"指的是游戏规则和游戏框架的完全一致。

游戏实例包含了全部的游戏进程，也包含了游戏过程中的其他因素："游戏实例"本身包含了作为游戏展开所需要的时空条件，包含了作为核心的游戏规则（它通过"遵守/违反—奖励/惩罚"的方式展现出来），也包含了参与者的所有具体行为，甚至，它也包含了游戏所发生的时间与空间之内与游戏相关的其他因素（如教练员的指导和观众的反应等）。

当我们将这些游戏进程集合在一起，就会发现，"游戏实例"中既包含玩者对于游戏设定的熟悉和接受过程，对于游戏规则的理解和认同过程，亦包含玩者参与游戏的具体过程；既包含"积极"的玩者与"消极"的玩者，亦包含同一玩者在不同时期的"积极"或"消极"反应；既包含对游戏规则与秩序的遵守和维护，亦包含投机取巧与恶意破坏；既包含凯歌高奏、"笑到最后"的胜利者，亦包含淘汰出局、"饱尝心酸"的失败者；既包含浅尝辄止、中途退场的"懦夫"，亦包含乐此不疲、永不言败的"勇者"……换言之，只要我们以全部"游戏实例"为研究对象，就不会遗漏游戏进程中的任何一个部分。

对于同一游戏形式而言，多次的游戏实例将让我们尽可能地看到这一游戏的必然性和或然性。对于不同的游戏形式而言，游戏实例能让我们看到游戏之间的同一和差异。

事实上，在大众传播领域，将游戏实例视为传播对象的方式已经相当普遍。新闻媒体对于一场球赛的直播、转播已然透露出相当多的信息：通常，球星的成长、球队的战绩、战术的演变、裁判员的执法历史和特点、教练员的更替等相关信息都会在一场球赛中得以呈现。然而，媒体过分强调一种体育赛事的独立性和特殊性，并没有将所有游戏做统一的观照。

游戏形式—游戏进程—游戏实例，三者是环环相扣的，呈自小至大、层层包裹的形态。如果用函数表示则更为清晰，对于同一游戏形式 f 来说，玩者 x 与玩者 y 各自形成游戏进程 f（x）与 f（y），游戏实例则是"f（x + y)"。

而游戏研究的对象应该是"游戏实例"的全部集合。如此，既避免了我们大而无当地空谈游戏概念，又避免了陷入过于琐屑的游戏进程细节无法跳离而远观。

只要游戏不断被"玩"，"游戏事实"就会不断衍生。因此，我们面对的是一个不断变动的研究对象，而这恰恰是游戏研究一直极力回避的问题——游戏总是变动不居的，这也成为我们进行游戏符号学研究的出发点。

看上去我们似乎很难对一个变幻莫测的对象妄下论断。然而，回想一下索绪尔面对不断推陈出新的"语言"所做的研究，罗兰·巴尔特面对"流行服饰"体系所展现出的自信与能力，列维－斯特劳斯在人类学研究中所作出的贡献，我们没有理由因此止步不前。

第二章　游戏研究的符号学基础

与庞大的游戏人群、丰富的游戏形式和无数的游戏事实极不相称的，是人类在游戏研究领域寥若晨星的研究成果。

与其他研究领域不同，游戏研究的繁难在于，从各个路径出发所进行的专项研究，已经形成了庞杂的研究成果。新的研究不能回避历史，因此，在重新进行系统的游戏研究之前，笔者首先选择的，是铺设游戏符号学的理论框架；然后在明晰的理论框架之内，确定游戏研究的对象，推进游戏研究诸基本问题的讨论。

这一举动有其特殊的用意，在此需要特别点明：第一是游戏符号学的理论框架是互动的、开放的，而非仅仅停留在系统论、结构论的基础上，对这一理论框架的正确领会是进入游戏符号学的契机；第二是对游戏内涵与外延的探索是建立在已有的符号学理论框架之上的，因此它拥有其理论上独特的倾向性、适用性和自洽性，而没有去盲目追求普适性和完备性；第三是游戏符号学绝不仅仅是利用符号学理论解释游戏活动或符号学在游戏研究领域的应用，符号学是发展中的学科，游戏符号学的创立和发展本身就是对符号学理论的推进。

第一节　作为符号文本的游戏

面对如此庞大和复杂的研究对象，我们需要找到能够驾驭它的理论工具。"符号学是人文社会科学所有学科共同的方法论"[1]，是"整个文化的研究的'公分母'"[2]。符号学理论具有掌控复杂变动文本的能力，似乎是我们进行游戏研究最好的选择。已经有实例表明，符号学与游戏研究曾经数度

---

[1]　赵毅衡：《符号学原理与推演》，前引书，第 8 页。
[2]　赵毅衡：《符号学原理与推演》，前引书，第 21 页。

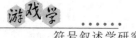

"亲密接触";并且,从理论上讲,任何研究对象,只要涉及表意问题,都可以或多或少地利用或使用符号学理论进行分析和解读。

但首先,我们仍然要证明:"游戏"(无论我们在什么意义和什么层次上使用)是否是一个标准的"符号文本"?倘若是,我们将尽可能地利用符号学理论中既有的研究成果来丰富我们的游戏研究;倘若不是,我们则需规范和限定符号学理论在游戏研究中的使用范围。

赵毅衡在《符号学原理与推演》中指出,"文本"(text)这一概念在研究者使用的过程中,意义相差很大,狭义上指"文字文本",广义上则"任何携带意义等待解释的都是文本"。因此,他选择"符号文本"这一更为宽泛的概念来解决"文本"范畴不明确的问题。何为"符号文本"?

他说:"只要满足以下两个条件,就是符号文本:1. 一些符号被组织进一个符号组合中。2. 此符号链可以被接收者理解为具有合一的时间和意义向度。"①

我们根据这条关于"符号文本",拆解出关于符号文本判定的五点:

(1)"符号文本"必由"符号"组成;

(2)符号之间具有可以被理解的相互关联,构成"符号组合";

(3)"被组织"意味着存在一个逻辑意义上的符号"组织者",也就是符号的"发送者";

(4)这种"组织"是朝向"接收者"的,因而,这一个被组织好的"符号链"一定是可以被理解的;

(5)这种"理解"不是支离破碎的,需要具有"时间和意义向度"。

以上这五点,既是我们对游戏是否为符号文本的判定依据,也间接支撑了游戏的符号学研究。

那么,我们所界定的"游戏"是否满足赵毅衡提到的这两个充要条件,是否可以称为"游戏符号文本"呢?我们不妨从以下几点进行分析。

一、游戏由"符号"组成,游戏中的符号通过规则系统结合为"符号组合"。

符号是什么?赵毅衡称:"符号的定义应当是:被认为携带着意义而接

---

① 赵毅衡:《符号学原理与推演》,前引书,第43页。

收的感知。"[1] 人要表达意义，意义要被其他人所感知，就需要符号。游戏活动，作为一种集群性的人类活动，参与者必然需要使用符号进行意义沟通。

因此，根据经验，我们不难判断，游戏之中存在大量的符号。

棋牌游戏也许是游戏拥有符号的最为直观的例子。譬如，国际象棋的棋子多为木制，通常雕刻出马头、皇冠等样态（见图 2-1），以此来表明不同的棋子具有不同的属性和特征。棋子当然是可以被触摸、被移动、被感知的，而棋子的属性（是"国王"还是"近卫军"）和特征（"马走日、象斜行、车直行"）则被玩者所认可、熟悉并加以利用，是可以被接受并理解的意义。中国象棋的棋子是等大的，没有物理上的区别，区别在于棋子上以汉字标明不同的属性，并使用不同的颜色来区分对战双方的棋子。围棋（还有跳棋）则可以算得上是最简的符号了，仅用黑白两色标明对立。扑克牌则是以"纸片＋数字/图案"的形式出现，在不同规则的扑克牌游戏之中，这些符号被赋予不同的意义。

图 2-1　国际象棋的棋子一直保持着生动直观的样态

体育竞技通常是速度、力量的比拼，其实也就是"身体"的较量。在日常生活中，人的肢体可以成为具有表意功能的符号（有关"身体"之为符号

---

① 赵毅衡：《符号学原理与推演》，前引书，第 27 页。

的问题我们稍后再论)。日常交往中的手势,如握手、挥手、拍手、伸出拇指等,在不同的文化环境中被赋予不同的意义,其目的多是为了加强表意的强度,或来补充语言表意的不足。

体育竞技中有不少是对肢体的姿态进行规定的,譬如举重比赛中,有挺举和抓举之分,在对动作的命名上就有明显的区别:抓举比赛中,要求选手伸直双臂,用一次连续动作将杠铃举过头顶;而在挺举比赛里,选手需要先将杠铃置于双肩之上,身体直立,然后再把杠铃举过头顶。游泳比赛则分为蛙泳、自由泳、仰泳和蝶泳,参赛者在参加某一固定泳姿的比赛过程中,不允许变换使用其他泳姿(自由泳相较其他泳姿具有明显的速度优势)。在这些例子中,动作的姿态本身就构成了符号。

在足球比赛中,比较显著的"符号"是裁判员的判罚手势和助理裁判员的旗示,不同的手势或旗示表明,根据规则对游戏进程进行不同的判断(如图2-2)。助理裁判员(也就是俗称的"边裁")位置相对固定,处于球场的边界,无法通过言语的方式与裁判员进行即时的沟通,旗示则效仿了海上作业人员之间的旗语,目的就是为了弥补长距离带来的通信不便,能够迅速有效地做出判罚,令主裁判、球员、观众都能清晰知晓。这种距离上的缺陷因这种设计而被弥补。主裁判员跟随场上的球员一起跑动,进行临场执法,与球员的距离极近,实际上通过言语也可以进行有效判罚;而选择非语言的手势符号作为执法手段,一是向观众做出展示,二是意在宣称判罚的威严,以维护比赛的正常秩序。通常,对裁判员的判罚结果,球员或教练员均无法进行当场上诉或更改,即便是错判,也只能在赛后申诉。

任何游戏都需要占据一定的空间,上文提到的棋牌游戏,需要棋盘或牌桌。棋子在对弈过程中,只有在棋盘之上才具有意义。同理,足球比赛需要一块足球场地。这一场地不是任意的,而是具有明确的规范(见图2-3)。对固定空间进行人为的规划和设计,就使得这一空间具有了符号意义,在比赛过程中,足球场就是一个符号。但反之,一旦比赛结束,足球场又成了一块空闲的草地。运动会的召开催生了许多运动场馆建设项目的开发,但一旦运动会结束,各地都出现了"奥体中心"闲置的局面,这是因为仅仅关注竞赛期间场馆的符号性,却忽略了竞赛结束后对这一空间其他符号属性的开发。

直接任意球	间接任意球	替补	掷界外球
继续比赛	黄版警告	越位	近端越位
红牌警告		中间越位	远端越位

图 2-2　足球裁判员的手势及助理裁判员的旗示

现代技术的发展，在测绘方面愈加精确，对于比赛的场地和环境也就有了更高的规范。例如，国际田径规则规定，室外田径比赛只有在顺风风速不大于 2 米/秒的情况下，创造的纪录才会被认可。

Football Court　足球场图解

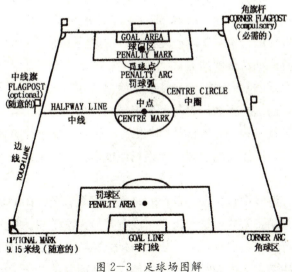

图 2-3　足球场图解

儿童游戏包含更为丰富的符号，这些符号通常是由游戏参与者自我构建出来的，也仅仅在他们自己那里具有特殊的符号意义。沙滩上的小男孩能够让泥巴、贝壳和树枝，成为士兵、堡垒或坦克，并且能够在与其他小孩的"对战"中让它们发挥出武器的"作用"；"过家家"的时候，小女孩自己就是"妈妈"，她的小朋友则是"爸爸"，怀里的"洋娃娃"就成了他们的"孩子"，树叶是碗，泥巴是饭，一根小树枝也许会担当针管、炒勺等多种任务。而这些"约定"，会在一起玩的小伙伴之间形成"共识"。这些在成人世界不可能理解之事，在孩童眼中，在游戏的那一时间段内，都变得顺理成章——尽管这些符号及其意义可能持存的时间非常短，具有效力的空间十分有限。符号之为符号，在于其携带意义，且能够被感知。一双筷子在中国人手里是饮食需要借助的工具（潜在符号），在外国人眼里就是中国人的标志（符号）。在特殊的场域之中，潜在符号就会转化为符号。一个符号，并不因为其仅在少数人那里有效，而多数人无法理解就不称其为符号。不懂足球的人，很难理解球迷对足球狂热的迷恋。儿童的游戏尽管看起来幼稚，但相信每一个拥有童年美好记忆的人都能够理解。

令约定之事取得共识——这就是游戏中的符号。

电子游戏天然地全部都是符号，计算机依靠程序设计，使得图像在屏幕之内得以展现，这本身就是人为制造符号的过程。

儿童游戏的这种符号设计几乎全部被移植到了电子游戏那里，电子游戏之所以能够被"玩"，依靠的不是图像的精致，而是人为的规约。弗拉斯卡认为游戏是"拟真"（Simulation），但实际上，电子游戏的设计最初并不是建立在对真实世界的"拟真"基础之上的。回顾一下电子游戏的发展史，看看早期的电子游戏如《俄罗斯方块》《吃豆人》等，就不难发现，早期的电子游戏因为技术上的限制，图像设计非常简单，几乎无法与现实生活中的具体事物相对应，但这并不妨碍参与者根据规约与想象进行游戏设定。

随着计算机技术和 3D 绘图技术的发展，电子游戏才有能力在计算机屏幕上展示出拟真程度较高的图像。无论相似度多高，电子游戏屏幕内的图像都是符号。

毫无疑问，游戏中包含各种各样的符号。但笔者要强调的是，符号对游戏有决定性的作用，游戏由符号组成，没有符号无法游戏。甚至可以说，在游戏中，只有符号。赵毅衡说："艺术、体育、游戏，都是纯符号，它们的意义可以很不相同，艺术经常被理解为替代生活庸常的升华；体育代替人类的集团认同感引发打斗甚至战争；游戏则成为真与假的竞争中的一个平衡。"① 他认为，游戏是"纯符号"。

回顾一下我们之前所提到的所有的关于游戏中符号的例子。游戏中的符号之所以成为符号，是因为它们被放置在了一个对所有符号都具有约束作用的共同的语境之中，而这一语境是由游戏的规则系统掌控的。"让拳击成为体育，就必须使拳击不成为挥拳打人。"② 规则就是让挥拳打人成为"拳击"的东西，更进一步，规则也是让泰森在拳击比赛中咬人成为"犯规"的东西。

游戏规则是人为设定的，对于每个参与游戏的人都有效，也就是说，规则是由人经过编码设计出来的符号系统。所有的游戏规则都具有一个共同的特点，即对参与者"行动"的设定。换言之，在所有的游戏中，参与者的大部分"动作"都是依照一套编码系统（主要是规则）做出的"反应"。因而，在游戏中，玩家的"动作"至少具有与编码系统相关的意义。简言之，玩者在游戏中的某些"动作"包含具体的意义，比如"击中对方头部得一分"，如同"挥手告别"的手势，是非常典型的"符号"。在游戏中，动作，无论是复杂的组合拳还是动动手指、轻点鼠标，都是组合成游戏的最重要符号。进言之，即便是那些看似与游戏进程"无关"的动作，在规则范围制约之外的活动，也因为处在游戏环境之中，具有了特殊的含义。NBA 篮球运动员迈克尔·乔丹（Michael Jordan）喜欢在扣篮的时候吐出舌头，这成了他的标志性动作之一；足球赛场上足球队员的积极跑动，并不是规则所规定的，但却对一支球队的取胜有着至关重要的作用。

二、游戏中符号的第一属性是"规约性"

符号学家皮尔斯将符号分为三种：像似符（Icon）、指示符（Index），以及规约符（Symbol）③。这种著名的"三分法"拓展了原有的"能指/所指"二分法。他这样说："一个符号，或者表象，乃是在某个方面，或者某种能力上指向某人或某物的东西。它对某人言说，也就是说，它在这个人的心智中制造一个同等的符号，或者一个更为完善的符号。这个它制造的符

① 赵毅衡：《符号学原理与推演》，前引书，第40页。
② 赵毅衡：《符号学原理与推演》，前引书，第38页。
③ Charles S. Peirce, *Logic as Semiotics*：*The Theory of Signs*, in Rober E. Innis, ed. *Semiotics*：*An Introductory Anthology*, Indiana University Press, 1985. pp.9−19.

号，我称之为第一个符号的解释项。符号指向某物：它的对象。"①

像似符指向对象靠的是像似性，是"一个符号代替另一个东西，因为与之像似。"② 指示符则是"在物理上与对象联系，构成有机的一对，但是解释者的心智无须关心这种联系，只是在这种联系形成之后注意到它"③。规约符则是靠社会约定符号与意义的关系。

从皮尔斯的解释中，我们发现，对游戏中的符号属于何种类型的符号的判定，主要依据的是对符号与对象的关系的判定。

游戏活动本身作为一个符号，可能是"像似"的，它的对象是外在于游戏的，可能指向了某个具体的事件。赵毅衡称其为"历史像似"，"用有规则的对抗比喻人与人、民族与民族的竞争"④。吕布为阻止袁术击灭刘备，辕门射戟，就是有明确意指的游戏活动——射箭替代了战争。

但是，我们之前所分析的游戏之中的符号，基本上都是"规约符"。

我们之前提到过"国际象棋"的棋子，从棋子的样态来看，栩栩如生的马头（"骑士"Knight）和王冠（"王"King）、城堡（"车"Rook）似乎表明，这些符号与具体事物之间存在着直观的联系，当属"像似符"。但实际上，棋子的这种像似性十分不稳固，对于游戏本身而言，重要的不是马头是否雕刻得栩栩如生，而是它是否能够和其他棋子相区别，以表明自己特殊的身份和值域。与"中国象棋"一样，国际象棋的棋子也可以用文字或者图案来替代，只要图案本身具有可以辨识的区别，对图案的意义有明确的说明，就不会影响对弈的正常进行。棋子的符号性，除了棋子本身的样态，就主要是游戏规则对棋子本身的运动轨迹的规定（如"骑士"必须走"日字格"，"国王"则"横、竖、斜只限走一步"等）和对胜负的判定。国际象棋的棋子，在规则约定的意义上，亦是在最简的游戏意义上，在"对象"的意义上，是规约的。它甚至可以失去实体依托，简化为一个"数值"，却仍然可以被理解和使用。

传统游戏（体育竞赛和棋牌游戏）中的符号基本上都是"规约符"，儿

---

① Charles S. Peirce, *Logic as Semiotics：The Theory of Signs*, in Rober E. Innis, ed. *Semiotics：An Introductory Anthology*, Indiana University Press, 1985. p. 5.

② Charles Sanders Peirce, Collected Papers, Cambridge Mass：Harvard University Press, 1931-1958, vol 3, p. 362.

③ Charles Sanders Peirce, Collected Papers, Cambridge Mass：Harvard University Press, 1931-1958, vol 3, p. 299.

④ 赵毅衡：《符号学原理与推演》，前引书，第 80 页。

童游戏和电子游戏则逐渐在游戏中为符号注入"像似性"。

尽管并非必需，但儿童会随着年龄的增长和对世界认知水平的提高，逐渐提高对游戏与世界"像似"程度的要求。曾经一根树枝就可以当作一柄利剑，但慢慢地，孩童对于得到一柄看起来更像真剑的木剑的渴望与日俱增。儿童游戏担负着非常明显的为他们进入现实世界做好准备的作用。这一趋势，也被儿童教育者所利用。

电子游戏"像似性"的提高则主要仰赖了计算机技术的逐渐成熟。越来越趋向个人化的电子游戏（网络游戏可以被视为这种个人化的极致，它切断了人与人之间所有的物理性接触），需要给予它的消费者非常直观的吸引。因此，当今的电子游戏图像愈来愈"逼真"，角色设定愈来愈复杂、"人格化"，这有意无意地造成了一种后果——玩家可以在游戏中构建一个相对比较完整的"生活状态"。而在真正的现实世界中，他们又流露出对游戏世界的迷恋，这一现象集群性的表达就是"电子游戏文化"的产生，以至于玩家在游戏中扮演角色还不够，还要在现实生活中 Cosplay，将虚拟人物现实化。

赵毅衡提到，"像似关系，似乎应当是符号尽量去模仿对象，实际上很可能是对象模仿符号"[1]。当今人际交往冷漠，而游戏文化、网络文化盛行，都是这种逆向的"像似"在发挥作用。

三、游戏中"符号"的多重"组织者"和"接受者"

刚刚提到的吕布"辕门射戟"，是个非常经典的游戏案例。这个故事在《三国志》与《三国演义》中均有记述，后者经过了艺术加工，细节更为丰富。

"射戟"的游戏是吕布设计的，其实这并不是一个游戏，而是在游戏之上添加了"赌约"，简言之，是"游戏＋赌博"的组合。袁术的大将纪灵领兵三万攻打刘备，刘备向吕布求救；吕布恐刘备被击灭之后，唇亡齿寒，并不希望战事发生。"射戟"是吕布一个人的游戏，其竞争者也是自己，中就是"胜"，不中就是"负"。刘备对此赌约"自无不允"，有趣的是，纪灵也默认了这个游戏及赌约的合理性（他也对局势进行了分析："戟在一百五十步之外，安能便中？且落得应允。待其不中，那时凭我厮杀。"纪灵并不知

---

[1]　赵毅衡：《符号学原理与推演》，前引书，第 79 页。

道吕布射术如何，如果吕布能射中，"将军天威"，吕布与刘备联合，未必能胜；如果射不中，吕布能力平平，那么取得战事的胜利就有更大的把握）。结果是，吕布射中，纪灵退兵，一场战事得以避免，刘备保全。

在这个例子中，游戏的设计者与组织者是吕布，游戏的参与者是吕布、刘备、纪灵，游戏的观众都是非常明确的，游戏的意图（替代战事）也是明显的。然而，在其他的游戏活动中，我们却很难找到如此清晰明确的身份划分，我们无法确定每一种游戏的起源，甚至也无法准确推定游戏的意图。由此，一方面我们可以确定，在游戏中存在多种身份关系；另一方面也提醒我们，身份关系的存在并不意味着它们在每一种游戏中都清晰明了。

吕布设计了辕门射戟，一百五十步，射中方天画戟的小支，中则胜，则纪灵退兵，不中则败，任凭两家厮杀。游戏是人类设计并参与的活动，游戏规则是人为设定的，游戏框架是人为制造的，游戏场地是人为圈定的……游戏中，处处包含着人类的干预和设计。虽然很多传统游戏由谁设计并推广几乎已经无从考证，但这并不妨碍我们从逻辑上推定"游戏设计者"的存在，而"游戏设计者"也就是这个复杂的符号的"组织者"之一。

吕布也是游戏的参与者，他亲自来执行射戟。游戏经由人类设计，也必须由人类直接或间接地参与。我们已经证明，游戏的框架和规则含有丰富的符号意义，这种意义需要解读、理解，更重要的是转化为具体的人类行为而呈现出来。进一步说，规则需要有人遵守或违背，目标需要有人争取或放弃，游戏需要有人参与。如此，游戏设计者所制定的符号系统才有人来接收。但同时，"游戏的人——玩者"也成了第二级的"符号组织者"。是玩者，将游戏框架盘活，并生成了真正意义上的游戏，而在不知不觉中，他们又组织、建立起一套与游戏设计者所建立的符号系统息息相关的，以"行动"为基本单位的符号链。因此。吕布制订了射戟的游戏方案，还需要自己来将其激活为具体的游戏活动。

刘备和纪灵观看了游戏，他们当然会有各自的期待，并且完全不同，就好像两支对战足球队的球迷怀揣的期待完全相反一样。他们都没有参与"射戟"的游戏，身处吕布这个游戏之外，但他们又和射戟游戏息息相关，因为这关乎他们下一步的选择甚至命运。这个例子的全面之处在于，它向我们展示了观众是如何与游戏建立联系以及影响游戏进程的。前文已提到，辕门射戟其实可以分解为两个游戏：吕布射戟和刘备、纪灵赌博。他们自然也可以不赌博，但这并不影响他们观看并接受了游戏符号的事实。观众正是通过各种具体或非具体的活动与游戏建立联系的，具体的可以是赌局，非具体的可以仅仅是情感上的反馈。

倘若没有刘备和纪灵观战，只有吕布射戟，这还是不是个游戏呢？答案当然是肯定的。正如一出没有观众的戏剧或电影，并不会因此改变它们的属性。况且，参与游戏的人本身就是"第一观众"。游戏并不需要一定有实存的观众。重要的不是是否有人观看，而是游戏的符号在传递过程中是否为接收者保留了位置。

在此，我们可以将论证暂时告一段落，并提前得到这样的结论：游戏中存在着两级"符号组织者"：一为"游戏设计者"，二为"玩者"。那么很显然，也至少存在着两级"符号接收者"。第一级的"接收者"显然就是"玩者"，他/她必须读懂"游戏设计者"对游戏的基本设定。紧接着，他/她需要根据这些理解来进行游戏，以自己的"行动"来推动游戏的运行，从而构建了一组新的符号，而这组新的符号——玩者行为所形成的游戏实例，也需要一个"接收者"，也就是外在于游戏进程的"观者"。其中，设计者和观者并不一定实存。

四、游戏的"时间和意义向度"

据统计，"北京奥林匹克转播公司 BOB 在奥运会期间向全世界提供了超过 5000 小时的国际信号，仅在国内的受众就高达 11 亿，……全球观众综述达到 47 亿人，均创下了历史新纪录"[①]。体育赛事的直播、转播在广播电视传媒中的蓬勃发展足以证明：游戏可以被观看、理解并欣赏。

对于观者而言，游戏如同戏剧，是即时展现的"表演"，随时间流逝，游戏进程不断推进，随游戏时间终结或结局确定，游戏宣告结束，游戏的时间向度是比较容易把握的。游戏活动的时间性是由游戏作为一种占据时间和空间的人类活动的属性决定的，游戏中的时间向度是由游戏框架所构建的虚拟世界中的叙述时间链所决定的（此处，我们只证明游戏是否有时间向度，而关于时间向度的具体形态等一系列问题因与游戏叙述问题密切相关，在后文中还会有详细的论述）。

所谓"内行看门道，外行看热闹"，游戏，作为一个被观照的事物，自然可以从各种不同的角度加以理解与阐释，我们不可能去规范观者的心态，

① 魏伟：《国际广播电视体育史》，北京：中国广播电视出版社，2012 年版，第 296~297 页。

一场足球比赛，有人关注球队排兵布阵的方式，有人关注球员在球场上的表现力，有人则关注某几位球星的个人表演。所谓"门道"，也就是对游戏整体意义进行把握；所谓"热闹"，也就是对游戏其他伴随性因素的破碎的认知。所有"破碎的认知"都具有意义，也都将在更高的层次上被整合进对游戏整体意义的把握中。对游戏意义的理解，如果从观者的角度来看，从总体上来说是破碎的，观者可以从个人的理解方式出发，以任何方式来阐释解读游戏；但从游戏内部而言，游戏的意义具有非常明确的向度，游戏规则的强制性决定了这一点，游戏必须保证作为第一接收者的玩家能够清晰明确地接收游戏意义。

当然，在游戏活动之外，我们也能发现不少与游戏相关或可以与游戏联系在一起的符号。当下的足球、篮球联赛均有赞助厂商，在球场边会有各大赞助厂商的大幅广告牌；广告本身可以与足球运动无关，但却会借助球赛这个特殊的场合来达到传播、推广自身的效果。赛场边的球迷会装扮上各种装束，除了烘托气氛，宣泄情感，有的也标明了自己的族群身份（如凯尔特人喜欢戴牛头）。奥运会本是体育竞赛，却有极具象征意味的开闭幕式。这是其他符号渗入游戏符号文本的发生场域，或是利用游戏来传达其他意义的符号。

游戏由符号构成，游戏中的符号通过规则系统构成符号组合，能够为游戏内外的接收者所理解和阐释，具有明确的时间和意义向度，因此，游戏文本不仅是符号，而且构成了非常典型的符号文本。符号学理论对于游戏研究具有极强的适用性。

第二节　游戏研究的符号学框架

在上一节，我们其实已经初窥了作为符号文本的游戏的一些结构性特征。游戏符号学研究的首要任务，当然是要厘清游戏的符号文本结构特征。

参与过游戏的人都知晓，游戏是个参与性活动，无人参与的游戏不称其为游戏。因此，"游戏符号文本"必然是个动态文本。所谓动态文本，就是指符号文本的传播过程是动态的，文本不断衍生，时时传播，发送和接收的过程时时发生。游戏文本的表意过程并不遵循形成固定文本后再进行传播的固态文本的传播过程。这一点与文学文本大不相同，文学作品被作者写成后，拥有比较稳定的文本结构、文本形态和呈现方式，读者作为接收者，面对的是不变的文本。而游戏的观者面对的是变动的游戏进程，这一过程无法保存，也无法再现，稍纵即逝，观者的接收和解读都是即时的。游戏不能被反复"阅读"。一场球赛，只能观看一次，观看电视直播或转播，都是对在摄像机镜头的引领下所进行的"二次叙述"的观看，已经经过了栏目导演的加工和处理（不管电视媒体如何宣传自己的"自然主义"立场）。"二次叙述"可以被记录和保留，初始的现场观看却无法还原。同时，游戏又与完全的动态文本不同，在动态传播的过程中，它还拥有既有的相对稳定的游戏框架和游戏规则，游戏中的玩者所读取的是个固态文本，游戏在玩者参与的影响下，生成更为复杂的符号文本。

如此一来，我们几乎不可能借鉴文学研究的框架和思路去对应研究游戏文本。为了解决这一问题，我们必须引入一种全新的研究思路和框架。当然，最终我们也许会发现，这一新框架对于类似的研究对象也具有同样的适用性。

符号要表意。如同所有符号文本一样，游戏符号文本也遵从最基本的"信息传递"模式：

发送者──→符号信息──→接收者

符号学关注符码的传播和意义的生成过程。而游戏，作为一个特殊的表意文本，拥有不同于其他符号文本的特殊符号传播结构。也正因如此，如果只是单纯利用"发送者—符号信息—接收者"这一经典传播学中的单一线性模式，仅仅将"符号信息"一项置换为"游戏符号文本"，就很难穿透游戏文本传播的复杂和精微之处。原因在于，游戏符号文本拥有更特殊的信息传递架构，我们既能"玩游戏"，也能"看游戏"，两种信息传递模式之间，存在着符号文本本身的转化；而通常，因为某些研究者将注意力集中在相对稳定的游戏形式上，这一文本自身的变化往往被忽视。

在游戏活动中，经典的传播学"发送者—符号信息—接收者"模式并没有改变，依然有效。特殊的是，游戏进程中最重要的符码信息经历了二次传播，形成了两个彼此关联又相互区别的符号文本，在三者而非二者之间传递──笔者将其称之为"游戏文本的双重互动结构"。为了便于理解，更加直观地看到游戏符号文本的形态，笔者绘制了下图（如图2-4）。

这一看似简单的图表对于我们之后的论述具有决定性的意义。所有关于游戏的奥秘都隐藏在其中。游戏文本的传播具有双重编码、双重解码的特

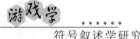

质。在其传播、表意的过程中，会形成两个特殊的文本，分别对应不同的发送者和接收者。更复杂的问题在于，在双重传播的过程中，发送者和接收者是有所重合的。

　　游戏文本的特殊传播形态令其与其他人类活动相区别，而当我们扩大视野时又会发现，游戏文本这一特殊的传播形态与生产劳动之间又是何其相似。然而，令人遗憾的是，迄今为止，尚未有游戏研究者向我们展示这个简单且直观的图表。而根据此图，我们能够将许多看似繁难的问题阐述清楚。

玩者　（接收者Ⅰ/发送者Ⅱ）【解码】

观者　（接收者Ⅱ）【解码】

图2-4　游戏"符号"文本的生成过程

　　在游戏中，存在双重的"发送者"与"接收者"，因而也就存在两级符号文本，笔者将其命名为：游戏内文本与游戏文本。这两个概念都是全新的，在游戏研究界此前并没有这样的说法，因此，有必要在这里作进一步的解释。

一、"游戏内文本"与"游戏文本"

（一）游戏内文本

　　第一级符号文本，在"游戏设计者"和"玩者"之间形成，笔者称此时所形成的"符号文本"为"游戏内文本"（inner text）。"游戏内文本"中包含"游戏设计者"和"玩者"，在这里，对符码信息的发送者和接收者进行特别的规约是有特殊考虑的。

　　1. 游戏设计者（Game Designer）

　　首先，游戏设计者并不是一个具体的人。对于传统游戏而言，"游戏设计者"是一个逻辑上的存在，确定他们的身份只能依靠推测。游戏设计与艺术作品的创作不同，一般不是由个人创作的。而对于现代游戏而言，尤其是电子游戏，它通常是由一个团体完成的。即便某个游戏完全是由个人设计制作完成，待游戏产品投入市场后，设计者也要根据玩者的反馈不断进行调适和修改；即便是由个人设计的电子游戏程序，在它真正推出市场之前，也需要经过不断的内部测试，而测试者本身无疑也担当游戏设计的任务，他们必须找出游戏程序可能出现的漏洞。《玩之规》中说："设计者指的是创作游戏的单个游戏设计师或者是整个开发团队。某些游戏是从民间文化或玩家文化中自生的，并不存在一个设计它的设计师或者设计团队。在这种情况下，可以将这种文化看作游戏的设计者。"①

其次，"游戏设计者"并不完全对应"游戏开发者"。游戏设计者的问题曾经并没有引起广泛的重视，传统游戏的源头大都难以考究，并且其间经历了无数次的变革，源头问题不仅对于游戏本身意义不大（对于游戏文化的养成可能意义重大），也难以追溯。而今天，现代版权制度的完善，提高了人们保护知识产权的意识。游戏设计，更准确地说，对游戏框架和游戏规则的设计，而非游戏本身，如同小说、戏剧、电影、歌曲一样，已经成为一种可以纳入买卖环节的商品，因而也受到了相关法律的保护。

仅就游戏规则来说，"游戏开发者"并不是唯一能够对游戏规则做出调整和修改的组织。对于一个游戏而言，游戏规则并不是固定不变的，而且，游戏规则的改变也并不是"游戏开发者""拍板说了算"。

1863 年 10 月 26 日，英国人在伦敦皇后大街弗里马森旅馆成立了世界上第一个足球协会。会上除了宣布英格兰足协正式成立之外，还制定和通过了世界上第一部较为统一的足球竞赛规则，并以文字形式记载了下来。而这一天，也被称为现代足球的诞生日。1904 年，国际足球联合会成立，它的职责之一就是"贯彻联合会的章程，代表大会决议和修订比赛规则"。事实上，足球比赛的规则在 100 多年的历史中经历了近百次的大小修订。NBA（全称 National Basketball Association）几乎每隔几年都会修订部分游戏规则，以促进篮球赛事能够健康有序地进行，当然更重要的目的是提高比赛的对抗性和观赏性，以带动作为商业机构的 NBA 组织在经济上的发展。即便

---

① Katie Salen & Eric Zimmerman, *Rules of Play: Game Design Fundamentals*, Cambridge and London: The MIT Press, 2004, p. 131.

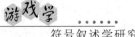

是电子游戏，玩者亦可以通过破解游戏程序，使用作弊软件等方式"主动"地修改游戏规则，达到降低难度以取胜的目的。而在几乎没有终结的网络游戏中，游戏开发者则会根据玩者的动态数据来不断调整游戏框架，以达到均衡、持续的发展。从各种游戏的变化来看，游戏规则受到游戏开发者、游戏参与者和观众三方的共同影响，而三方的博弈结果才是决定游戏规则的决定性力量。

综上所述，"游戏设计者"指的是游戏框架和游戏规则的设计者和干预者。"游戏设计者"既非单个个人，也非发生学意义上的先在者，它是游戏文本形成过程中逻辑上的符码制造者和意义发送者。

2. 玩者（Player）

在之前的论述中，笔者一直有意使用"玩者"（在关于电子游戏的媒体报道中，Player 一词通常被译为"玩家"）一词来称呼游戏的参与者。目的在于将其与另外一个近似的词"游戏者"（Gamer）做出明确的区别。

"玩者"也就是游戏的参与者。"玩者"要参与游戏，首先必须读懂"游戏内文本"；其次，他/她必须能够依照"内文本"的提示，将行动转化为具有意义的符号，以推动游戏进程的发展。而游戏框架和游戏规则若想激活自己，首先需要便于理解，容易领会；其次，它需要为"玩者"的参与提供身份依据，并保留足够的空间。"玩者"既与稳定的游戏框架有关系，也与最后形成的动态游戏文本有关。

而"游戏者"（Gamer）则与"游戏内文本"相关，是指"游戏设计者"对假定参与者的设定。游戏规则的设计是一整套命题系统，之所以说"假定"，是因为不一定有真正的参与者。没有参与者的游戏只是一个模型、框架，游戏设计必须假想出参与者参与游戏过程中可能出现的情况，对影响正常游戏进程的事件进行预先的规约。也正因如此，游戏者只是一个可以被度量、设计、规范甚至更改的符号值，而非现实中的真正的参与者。"游戏者"并不指向任何具体的人，但它却是游戏内文本不可或缺的一部分。对于一个游戏框架而言，无论是否有人参与，都具有"游戏者"这一因素。好的"游戏者"设定能考虑玩者的多种可能性，令游戏在真正进行的时候顺畅无阻。

不过，在大多数情况下，"游戏者"这一因素都是隐形的，游戏规则中通常很少对参与者的身份作特殊的规定。大多数"游戏内文本"为保证其普适性，允许所有人参与，因而也就没有对"谁不能参加"做出明确的规定，而意欲参与者通常根据自己的实际情况以及对游戏难度的判断，选择是否加入游戏。比如，径赛并没有规定下肢残疾的运动员不能参与，射击比赛并没有规定盲人不得参与，棋牌游戏并没有规定智障人士不得参与，但却很难在赛场上遇到这样的情况发生。

而正是游戏规则中这些遗漏忽略或模棱两可，在特殊情况出现的时候，问题也就随之产生。新西兰的射箭运动员乃罗利·菲尔霍（Neroli Fairhall）参加了 1984 年的美国洛杉矶奥运会，她坐着轮椅参加了射箭比赛，是第一位出现在奥运会赛场上的残疾人运动员。在 2000 年的悉尼奥运会，美国盲人运动员马拉·鲁尼恩（Marla Runyan）参加了女子 1500 米的比赛。南非截肢游泳运动员娜塔莉·杜托伊特（Natalie du Toit）则分别参加了 2004 年的雅典奥运会和 2008 年的北京奥运会。显然，奥运会并没有规定残疾人不能参与。但在是否给予号称"刀锋战士"的南非双腿截肢运动员奥斯卡·皮斯托瑞斯（Oscar Pistorius）参加奥运会的机会这个问题上，国际田径联合会与国际体育仲裁法庭之间发生了争论。而争论的焦点，则是皮斯托瑞斯那副价值不菲的"义肢"是否会为其带来优势，而导致不公平竞争。最终，皮斯托瑞斯得以参加 2012 年的伦敦奥运会。

这显然是因为"游戏者"设定上的不明确导致的不良后果。这也提醒我们注意，"玩者"与"游戏者"之间存在产生矛盾的可能性，这不应该是个被忽略的问题。

真正促使笔者关注"游戏者"问题的契机是电子游戏的出现和发展。

"游戏者"是"游戏内文本"的一部分，它通常是由游戏框架和游戏规则共同设定的。如果说在传统游戏中，对"游戏者"的规定还比较松散和简单，那么，在电子游戏中，"游戏者"则是经过精心设计的形象和身份。即便是在由传统棋牌游戏改造而成的通过计算机进行网络对战的棋牌游戏中，"玩者"亦可以通过设定个人头像、个人昵称、言说方式（方言）等方式，选择一个极具个人特色的"游戏者"身份。

然而，最先对"游戏者"进行区分和个性化设定的并不是电子游戏。在某些传统游戏的"内文本"设定中，也将"游戏者"分为几类，如在赌博中，有"庄家""闲家"之分。而根据游戏自身的特点，玩者自己也会对"游戏者"的身份进行区隔性的设定，如在职业足球比赛中，根据对进攻和防守的理解与参与者的个人身体素质和优势，玩者会对参与者进行"职业"划分，如前锋、后卫、守门员等，这种分类方法甚至成为一种通用的法则被确定并沿用。

当然，在电子游戏中，这种分类更为细致，"游戏内文本"为"玩者"提供了这样一种可能性，他/她可以得到一个仅属于自己的游戏形象。因而，电子游戏中的"游戏者"设计也就通常都为这种"可能性"做好了准备，提供了各种可供辨识的图像、声音和动作等。

同一游戏中，可以有很多个不同身份的"游戏者"，在这种情况下，电子游戏比传统游戏能够提供更多的选择。电子游戏《暗黑破坏神2》（*Diablo 2*，美国暴雪公司，2000年）为"玩者"提供了7种不同的"职业"：

(1) 肉搏战最强之"野蛮人"；

(2) 唯一具有远程物理攻击力，同时兼具魔法辅助攻击力的"亚马逊战士"；

(3) 同时拥有冰、火、电三种魔法能力的"女巫"；

(4) 一手执剑一手执盾，拥有最多团队配合技能的"圣骑士"；

(5) 手持镰刀，拥有复活骷髅功能的"死灵巫师"；

(6) 拥有召唤大自然生物与变身能力的"德鲁依教徒"；

(7) 懂得徒手格斗和匕首攻击技能，能隐身及设置陷阱的"刺客"。①

七种角色各具特色，"玩者"可以自由选择其中的一种"游戏者"设定，作为其展开游戏的角色。这也就决定了，不同的玩者之间至少会出现七种不同的游戏方式（随着玩者不断深入展开游戏，游戏角色不断升级，游戏内文本中还设计了技能点数、装备等差异性因素，这使得不同的玩者拥有完全相同的游戏角色的概率几乎为零）。

传统游戏中，通常对"游戏者"只规定了基本的要求和禁忌，并没有任何价值观上的期待。"游戏者"是完全中立、无价值观的。玩者可以根据自己的喜好选择做一个符合他/她个人期待的"游戏者"，游戏并没有帮助人完成人格上的塑造。人在游戏中，可以选择做一个勇士参与战斗，亦可以选择做一个散人在游戏世界闲游；可以光明磊落地获取成绩，亦可以在规则的允许之下投机取巧。

传统游戏的参与方式是玩者根据喜好选择游戏，而在电子游戏中，他/

---

① 参见：http://www.diablo2.com.

她在同一游戏中就具有了多种不同的选择。因此，电子游戏具有更强的"代入感"，电子游戏的"玩者"拥有更强的身份意识，甚至强烈到与自己的现实身份相冲突的地步。

"玩者"通过遵循游戏规则，接受游戏设定，将游戏设计者抽象的游戏架构设计变为现实的、活生生的行动；而另一方面，他/她也是新的游戏行为和意义的创造者。他/她通过具有主观能动性的行为，在游戏活动允许和认可的范围内制造新的游戏意义，甚至，他/她也可以通过违反规则和触碰游戏框架的边界，来实现游戏中"意义衍生的最大化"，从而丰富并开拓新的游戏意义。

3. "游戏内文本"（Inner Text）

游戏内文本这个概念是由笔者根据游戏的结构特征引导出来的。此前的游戏研究尽管意识到了游戏内文本的存在，却没有给予其一个非常恰当的命名和定位。

所谓"游戏内文本"：一是游戏文本之内的文本，它蕴含在游戏文本之中，隐而不显；二是"玩者"需要"阅读"的文本。"玩者"将自身动作"符号化"，与"游戏内文本"形成交互关系，并最终形成"游戏文本"。

每个独立的游戏都有一个与其他游戏不同的"游戏内文本"，这个文本是"游戏设计者"的设计产物。它规定了游戏的时间、参与方式、奖惩方式、胜负条件等因素，决定着"玩者"所要面对的游戏形态，因而保持着相对稳定的形态，是个固态的符号文本。然而，这种"稳定"也只能是相对的，前文已述，"玩者"和"观者"在某些情况下也会充当"游戏设计者"的角色，会对游戏的原有规则做出修正。游戏内文本会经常出现"微调"的情况。

不同的游戏内文本会形成不同的游戏文本，因此，在通俗意义上，我们根据游戏内文本的不同来对游戏进行区分。1863 年 10 月 26 日，来自 11 个伦敦俱乐部和学院的代表们在共济会酒馆召开会议，制定规则并创立权威的足球组织。会上关于规则的争论十分激烈，以甘贝尔代表的少数人坚持手脚并用，最终表决结果 13 比 4，现代足球运动不允许用手的标志性规则通过。为此，甘贝尔等人愤怒离开会场，后于 1871 年创立了英式橄榄球联合会。在这里，"用不用手"这条规则决定了"足球"和"橄榄球"成为两种可以被分辨的不同的游戏。

游戏内文本主要包括两部分：游戏框架与游戏规则。

　　游戏规则规定了游戏运行所需要的基本条件，它通常包括：游戏者的身份要求，推进游戏进程的基本动力（对玩者行动的设定，在对象性游戏中，还包括对对象的类似规定），维护游戏正常运作的机制，游戏胜负的条件等。我们不妨简单看看《田径比赛规则》中的"铅球"比赛规则，以便更直观地理解游戏规则的各个组成部分：

　　参赛者必须在推掷圈内，由静止状态开始，把铅球以单手由肩上推出。在整个推铅球的过程中，铅球应接触或接近参赛者的下颚，并且不得低于此位置，也不得移至肩线之后。推掷时，参赛者可以触碰推掷圈及抵趾板的内缘，但身体之任何部位若触到推掷圈或抵趾板上缘，或推掷圈外面的地面，均视作试推失败。铅球未着地前，参赛者不得离开推掷圈。离开推掷圈时，亦必须从其后半圆离开。

　　在推掷的过程中，参赛者可以中途停顿，甚至把铅球放下，以及离开推掷圈（但仍要合乎上述规定），然后重新由静止位置开始推掷。

　　铅球必须完全落在扇形着地区角度线范围以内方为有效。丈量时应从铅球着地痕迹之最近端拉向推掷圈之圆心，以推掷圈内缘至铅球着地痕迹近缘之距离为成绩。距离之计算须以 0.01 米为最小单位，不足 0.01 米者应以较低的读数计算成绩。

　　……

　　用距离决定胜负之田赛项目，以参赛者全部试掷（跳）中之最佳成绩计算名次。遇上最佳成绩相同时，应以次佳成绩定胜负，如此类推。若仍无法定出胜负而又涉及竞逐第一名时，则成绩相同者须依原来顺序进行比赛，直至分出胜负为止。

　　……

　　若田赛参赛者无理延误试掷或试跳，便算一次失败，如再次延误比赛，会被取消继续比赛下去的资格，但之前所创之成绩则仍被承认。

　　其中，规则中的"参赛者"即"游戏者的身份要求"，它表明"玩者""参与比赛"，应该自愿遵守游戏规则，并在违反规则的时候自愿接受必要的惩罚。铅球比赛规则中的主体部分，属于"推进游戏进程的基本动力"。我们不难发现，规则对"玩者的行动"做出了详尽的规定："铅球应接触或接近参赛者的下颚，并且不得低于此位置，也不得移至肩线之后。""若田赛参赛者无理延误试掷或试跳，便算一次失败，如再次延误比赛，会被取消继续比赛下去的资格"，则是为了"维护游戏正常运作的机制"而做出的否定性规则。"用距离决定胜负之田赛项目，以参赛者全部试掷（跳）中之最佳成绩计算名次。遇上最佳成绩相同时，应以次佳成绩定胜负，如此类推。"此规则决定了"游戏胜负的条件"。

通常，在游戏中，游戏规则是以口授或书面的方式预先给定的，玩者能够参与到游戏中，意味着他/她已经领会并掌握了游戏规则，在必要的时候，甚至能以违反游戏规则的方式来达到利益的最大化。

不过，我们注意到，电子游戏的出现改变了"玩者"对"游戏规则"的接收方式。游戏规则可以伴随着游戏进程逐步呈现，如在大型网络游戏《魔兽世界》（*World Of Warcraft*，暴雪娱乐公司，Blizzard Entertainment，2004 年）中，"玩者"打开电脑，进入游戏程序后，游戏会以"教学"的方式向玩者传授游戏的操作方式，以及如何完成游戏中给定的任务等。

这是否意味着游戏规则在电子游戏中变得越来越不重要了？笔者认为并非如此。电子游戏与传统游戏的不同之处在于，它通过计算机程序，已经规避了许多违反游戏的情况出现。

在真实的足球比赛中，球员之间发生冲突的情况屡见不鲜，甚至大打出手，导致游戏进程的中止；但在电子游戏《实况足球 2013》（*Winning Eleven* 或 *Pro Evolution Soccer*，日本科乐美 KONAMI 公司，2012 年）中，球员之间不可能发生大规模的冲突，个别被计算机设定为"易于引发冲突"的球员在冲突发生时，会立刻被红牌罚下。杰斯伯·尤尔在《半真半假》中曾有这样一段描述："在《战地：1942》中，当玩家靠近游戏空间的边缘的时候，会收到一条文字提示信息：'警告！你正在离开战场。逃兵将会被射杀。'这种众所周知的状况通常被描述为'看不见的墙'：虚构世界并未告知我们，这个世界是否有尽头，但不知为何，游戏空间却有它的边界。"① 在电子游戏中，经常会碰到这种"看不见的墙"或是"无法做出的动作"，电子游戏在模拟现实的过程中，已经"过滤"了众多与其"无关"的部分。因此，电子游戏不是不重视游戏规则，而是更加重视游戏规则，并且采取各种手段避免违反规则的情况发生。不过，从一个侧面讲，这也使得某些电子游戏因为约束性条件过多，令玩者失去了选择不同"玩法"参与游戏的可

---

① Jesper Juul，*Half－Real：video games between real rules and fictional worlds*，MIT Press，Cambridge，2005，p. 165.

能性。

有些研究者认为，"游戏规则"是决定游戏进程、形成游戏文本的唯一因素。然而，笔者对此持不同意见，有了游戏规则是不是就可以直接展开游戏了呢？并不是，游戏规则没有义务对游戏展开的物质条件进行规定。这一观点显然忽略了游戏中其他决定游戏进程的因素，规则是影响游戏进程的关键因素，但同时也有许多因素并不包括在规则体系之内。比如：足球比赛规则中，规定了球员的何种行为违反规则，应当受到何种惩罚；但也有关于球场的规格、足球的大小重量的规定，这些规定并没有以命题的方式出现，是必须遵守的基本条件。不同的扑克牌游戏规则对游戏方法和判定胜负的标准做出了规定，却没有规定"扑克牌"的具体样态——它们都视扑克牌为潜在的先决条件，不需要特殊说明。在游戏的命题式的规则之外，还有一种往往没有写入游戏规则之中的框架性因素。

许多游戏研究者都意识到了这个问题，他们使用不同的词汇来指涉游戏中存在的这两个部分。在杰斯伯·尤尔那里，"游戏框架"和"游戏规则"被称之为"虚拟"和"规则"，他认为："游戏'规则'系统将游戏与这个世界的其他部分区别开来；而'虚拟'则创造了一个不同于现实世界的世界。"[①] 尤尔的说法是针对电子游戏的，不过很能说明问题。只是"虚拟"一词的内涵太过丰富，传统游戏与电子游戏不同，也许很难找到确切的"虚拟"或模拟对象。但传统游戏与电子游戏都具有游戏规则外的游戏框架设定，这是我们没有沿用尤尔这组概念的原因。

游戏框架就是对保证游戏得以正常运行的先决因素，如对场地、设备、器械、环境、背景等的符号设定。

对于大部分传统游戏而言，"游戏框架"通常不会加以特别的说明，而是通过游戏的名称就已经潜在地设置好了。我们玩"象棋"或者"围棋"，最直观的区别就是棋子和棋盘的差异。但是，我们也要注意，游戏框架并不一定指向物质存在，无论棋子或扑克牌是由何种材质制造，只要可以加以辨识，不影响游戏的正常运行，都可以使用；甚至，棋盘和棋子可以被大脑思维运算所取代，对弈者可以凭借对游戏内文本的熟悉下"盲棋"。游戏框架是一种符号设定，而选择何种物质来实现这一符号的意图，是玩者的个人

---

① Jesper Juul, *Half - Real: video games between real rules and fictional worlds*, MIT Press, Cambridge, 2005, p. 164.

选择。

在今天，根据"游戏框架"所选择的实体的品质，已经逐渐成为与游戏相关的重要符号。重要的棋类赛事所使用的棋子，都是珍贵材质制成的，以彰显赛事本身的重要意义。四年一届的国际足联"世界杯"每届的"世界杯比赛用球"都不同，迄今已有 11 款不同材质与设计的足球在世界杯中投入使用，如 2002 年韩日世界杯的"飞火流星"（Fevernova），2006 年德国世界杯上使用的"＋团队之星"（＋Teamgeist & auml），2010 年南非世界杯用球"普天同庆"（Jabulani）……足球已经不单单是游戏中的"道具"，匠心独运的设计和制作体现着举办国的特色和期望。而更为"盛大"的"奥林匹克运动会"，它在哪个国家的哪个城市举办，都会成为了牵动亿万人心弦的重要选择。除了奥运会本身可以为国家带来的政治和经济上的促进效应，它更具有显示国家实力、凝聚民族意识等文化意义，如 2008 年的北京奥运会，官方就认为它具有传扬中国文化，彰显中国国力的特殊意义。而如果剥去这些符号的外衣，世界杯无论使用什么样的足球，在哪个场地上进行，只要有 22 个参与者，有一块符合规定的场地，有球门和足球，符合足球比赛基本的规则，那么，这就是一次有效的比赛。奥运会也只是一场大型的联合赛事而已。

重视游戏框架的设计和意义的阐释是当今游戏文化的趋势。在电子游戏那里，游戏框架设计更为重要，它甚至取代了游戏规则，成为游戏的"标出性"因素。电子游戏程序，作为一种商品，能够产生商业价值和利润。从前，没有人会向象棋、围棋或足球、篮球的"游戏设计者"付费；但今天，我们需要通过付费的方式才能购买一张含有游戏程序的游戏光碟，继而才能进行游戏。

在电子游戏中，规则系统"推而广之"的力量并不会对游戏设计本身的特异性起到推波助澜的作用，反而还会导致游戏设计的趋同，为新产品的设计造成阻碍（对于"玩者"来说，电子游戏能够迅速"上手"也是他/她决定选择这款游戏的重要因素）。换言之，"玩者"对游戏活动的参与，已经转变为一种"消费"。而若要让这种"消费"具有合理性，每款游戏必须制造出"特立独行"的东西，需要令使用相同规则和操作方式的游戏程序具有可以被识别的标出性因素，并具有某种程度上的不可替代性。因此，电子游戏的设计团队必须考虑另辟蹊径，除了对游戏规则进行数字化，他们更重要的工作是制作出与众不同的"游戏框架"。因而，在电子游戏中，"游戏框架"

被赋予了更丰富的意义，也具有了更重要的意义。传统游戏在游戏框架的设计上尽量宽泛，以令更多的人都知道如何踢足球，以及让他们找到更多可以共同游戏的伙伴，便于游戏传播；电子游戏的游戏框架设计则尽量具体，以令游戏的消费者明确分辨产品之间的差异，便于游戏销售。

当今的大型电子游戏一般都由专业的游戏公司出品，电子游戏开发公司有专门的部门负责书写游戏脚本或剧本，简言之，就是为新游戏设定独特的叙述背景，使之具有不可复制的叙述内容。"游戏框架"不再是可以变更的因素，而是一个游戏区别于其他游戏的"标出性"因素。

当然，在电子游戏中，我们之前所提到的"游戏框架"中的诸要素如场地、设备、器械、环境、背景等依然有效，场地（可以安置游戏设备的地方）、设备（计算机或游戏机）等因素依然是可以变更的，但游戏场景、游戏剧情或脚本、游戏内的人物环境设计等因素却成了游戏的特质。

计算机本身的"输入设备"（鼠标、键盘、游戏手柄）是一定的，从计算机本身"人性化"的发展趋势上来说，游戏的操作方式将会循着更为舒适快捷的理念，逐渐趋于固定，比如在大多数电子游戏中，按键"W、S、A、D"分别对应了游戏角色的"上、下、左、右"运动，这几乎成为所有游戏在人机交互设计上的定律。即便是我们考虑到"输入设备"本身的变化，如"触感屏幕"的出现，人机交互的设计也仍然符合这一趋势，逐渐走向简明、快捷、易于领会和操作。许多遵循完全相同的规则（相同的键位设置和游戏目标）的电子游戏却因为游戏框架的不同而带给游戏者截然不同的体验。

《荣誉勋章》（*Medal of Honor*）是美国游戏业巨头美国艺电公司（Electronic Arts）于 1999 年发售的电子游戏，迄今已有 16 部面世，其中 15 部都是以"第二次世界大战"的历史作为游戏背景来进行改编创作的。在剧情设计上，《荣誉勋章》更偏向于展现细腻的人物情感，对游戏人物形象和心理的刻画极其丰富，"玩者"会在执行游戏给定任务的过程中，感受到战争的残酷与血腥。《战地》（*Battlefield*）系列也是美国艺电公司发售的。这一系列的绝大多数作品由 DICE（Digital Illusions Creative Entertainment）团队开发。首部作品《战地 1942》于 2002 年上市，截至 2012 年 4 月，《战地》共发售了 9 部作品。与《荣誉勋章》系列不同，《战地》系列的特点是更加侧重对网络对战的支持，通过大规模的协同作战凸显游戏对战争模拟的真实性。《使命召唤》（*Call of Duty*）系列是美国动视（Activision，现已与暴雪公司合并为 Activision Blizzard）公司于 2003 年发售的系列游戏，其中《使命召唤：现代战争》系列的故事构架极其庞大，透过众多美国与俄罗斯特工的视角（也就是"玩者""扮演"和操控的一系列游戏角色），塑造了一批性格各异的高级特工和罪大恶极的极端主义分子，虚构了美国与俄罗斯在"冷战"结束之后数十年的恩怨纠葛。在《现代战争》系列中，与其说是玩游戏，不如说是玩者参与了一部超长电影的演出和拍摄。

　　总而言之，游戏框架与游戏规则共同构成了"游戏内文本"，二者保证了游戏的独立性和特殊性，"游戏内文本"的区别也就是我们通常所说的"游戏"的区别。在总体上，电子游戏内文本的丰富性，是传统游戏不可比拟的。"游戏内文本"以"符号化"为基础，以"计算"为法则。在一般情况下，不因时间变化而变更，不以游戏者的意志为转移。对于游戏者而言，阅读"游戏内文本"是介入游戏的第一步。"游戏内文本"既是一个"可读"的文本，又是一个"可写"的文本，它提供了不可任意变更的游戏框架，同时也提供了供玩者自由"书写"的空间：一盘棋，在规则的允许之下，怎么下都可以。

　　（三）游戏文本

　　第二级符号文本，在"玩者"与"观者"之间形成，笔者称此时所形成的"符号文本"为"游戏文本"。

　　1. 观者（Viewer）

　　"游戏内文本"在玩者的交互与参与之下，会形成一个最终文本，这个文本，就是"游戏文本"。"游戏文本"的"接收者"，我们称之为"观者"（viewer）。对于观者，我们有以下几点要说明。

　　（1）游戏可以没有"观众"（audience）。

　　笔者认为，观众当然是"观者"的一部分，但绝非观者的全部。

　　观众就是观照游戏进程的人。诚然，现代媒体的发展使得大部分游戏都得以被"记录"下来。这种"记录"既有具象的也有抽象的，如棋类游戏的"棋谱"，竞技体育比赛的影像资料等；观众可以选择实时（直播）或反复（录播或转播）地观看他/她所钟爱的游戏。但是，这并不表明所有的游戏都会拥有一批"观众"。家中父子的一局对弈，街角孩童的一场足球赛，网吧里自娱自乐的电子游戏……玩者专注于游戏本身，"不需要"或"找不到"观众。

　　进言之，游戏的"观众"是不是都能"读懂"游戏文本呢？"内行看门道，外行看热闹。"能够"看门道"的人，就是那些对游戏内文本有充分的了解，对"游戏文本"的形成过程非常熟悉并有所把握的人，他们是"内行"，甚至自己有亲身参与游戏的经验，自然能够"读懂"游戏文本，并有能力对"游戏文本"评头论足。"看热闹"的"外行"，则是那些对"游戏内文本"缺乏理解的人。他们当然可以观看，但此时观看的只是"游戏文本"中一些"细枝末节"的部分。例如，在"球迷"中，有不少人对足球规则完全没有了解，仅仅因为球员的相貌英俊就趋之若鹜，而许多球员因此成为"明星"，倚靠的就是"外行"对游戏文本的"衍义"。

（2）游戏必有"观者"。

古特曼称："游戏不需要观众，因为游戏表达了游戏者自身的一种愉悦，这种愉悦无须得到他人的认可。"[1] 这话只说对了一半，游戏可以无"观众"，但却必有"观者"。事实上，游戏玩者本身就是游戏的"第一观者"，在对弈之中，双方棋手所关注的都是全盘的局势，这一点与"观众"看到的并无不同。"观者"与"玩者"是两个符号身份，在同一游戏参与者身上共同体现，这是游戏文本的一个重要特点。

与游戏内文本的框架一道，玩者的游戏行动构成了最终的游戏文本，这要求在游戏文本构成的每一个时段和环节，玩者都必须不断审视和阅读游戏内文本（这不同于熟悉游戏规则之后而进行的游戏行动），并通过自己的行为不断地扩充它。因而，玩者既是游戏文本的生成者，也是解读者；既是解码者，也是编码者。游戏文本在整个形成过程中，都至少有一位"观者"，那就是玩者本人。这听起来像是诡辩，其实在电影、戏剧中也具有相似的情况，没有人看的电影，没有观众的戏剧，并不因此就不是电影或戏剧。观者是逻辑上的符号文本接收者，也并不指向某个具体的人。在这个意义上，玩者也具有"观者"的符号属性。

"玩者"熟悉游戏规则，拥有参与游戏的经验，是绝对的"内行"，甚至可以说，"玩者"是最好的"观者"之一。因此，我们说，游戏文本必然有观者。

赵毅衡在《符号学原理与推演》中提到了这样一个例子，来说明"接收者"对符号文本的"文本化"处理。"足球运动员必须眼观六路耳听八方，看到己方和对方各队员的相互位置与运动速度，并且迅速判断这个'文本'

---

① ［美］阿伦·古特曼：《从仪式到纪录：现代体育的本质》，前引书，第15页。

意义。体育界行话，称这样的球员善于'读'比赛，此语很符合符号学的理解。"① 此处，"足球运动员"所阅读的，除了我们上文中提到的"游戏内文本"，游戏规则和游戏框架，还有在游戏进程中因交互活动所形成的变动文本，这也是"游戏文本"的一部分。因此，无论一个游戏是否拥有"观众"，它必有"观者"。"观者"并不指向任何一个确定的群体，只要是关注游戏进程的人，就是"观者"。然而，"观者"因为各自的侧重不同，视角不同，阐释角度不同，会得到不同的观看效果或曰文本。对弈双方，每一方的"阅读"都是以个人为基础的，他们看到的都是对方的攻势。对甲而言，乙节节败退是他的赢面；但对乙而言，这则是他的劣势。

而作为游戏研究者，我们并没有这种价值倾向，我们需要阅读游戏文本的"全域"，在某种意义上，游戏研究者才是最典型的"观者"。

2．游戏文本（Text of Game）

准确地说，"游戏文本"应该称为"游戏符号文本"，是游戏实例的全部符号的总和。游戏文本是个终极文本，囊括了玩家从参与游戏至游戏结束的全部过程中的全部细节。因而，游戏文本因人而异。一个游戏拥有一个"游戏内文本"，但却可以由此产生无数的"游戏实例文本"；倒过来说，每一个"游戏实例文本"都包含了"游戏内文本"。游戏内文本中的"游戏规则"通过游戏进程中"玩者"对规则的遵守或违反以及"玩者"所受到的奖励或惩罚得到展现，而游戏框架则透过与"玩者"的交互关系在游戏中得到呈现。

从"游戏内文本"那里，我们对不同游戏类别和特征进行分辨；而从"游戏实例文本"那里，我们对动态的游戏进程进行探索。"游戏内文本"与"游戏文本"的关系看似与"叙述学"中的"底本"与"述本"的关系相类似，实则不然。我们在讨论游戏叙述学的时候还会详述。

上文提到了，游戏是可以被记录的。这种被记录下来的文本是不是"游戏文本"呢？显然不是。不过，这至少又从一个侧面证明，游戏乃是一个符号文本，它可以被再次"文本化"，尽管再次"文本化"的过程会遗漏许多东西。

时至今日，我们可以通过多种方式观赏一场足球比赛：到赛场观战，在家里观看电视直播，通过翌日的报纸了解相关的情况，在网络上浏览相关的图片和新闻……然而，任何一种媒介传播方式都不足以展示游戏的全貌。从

---

① 赵毅衡《符号学原理与推演》，前引书，第44～45页。

理论上讲，游戏文本罄竹难书，每一种记录方式都有其侧重，它们只是部分地展现了游戏，是对"游戏文本"进行截取、加工过后形成的新文本，也可以称之为游戏符号文本的"伴随文本"。

也许有人会质疑，称游戏只是一种"现象"，既非文字，亦非影像，不足以称之为"文本"。笔者不想再次重申"符号文本"的定义，我们不妨回想一下戏剧与电影的区别。

戏剧表演是即时性的，它绝非仅是一纸剧本，整个戏剧舞台一览无遗，完全向观众铺展，观众可以去关注主要角色的表演，亦可以关注舞台上的其他部分。对于戏剧观众来说，观看是完全自由的。而电影通过摄像机镜头对观者的视角做出了某种框定，通过剪辑对叙述关系进行了重组，尽管这不妨碍电影观众去关注电影中一些细枝末节的部分，但与戏剧相比，已经出现了重大的差别。对于电影观众来说，观看是受到指引和框定的，而在框定之外的，观众是看不到的。

在戏剧与电影之间，传统游戏与戏剧更加接近，而电子游戏则与电影有更多的相似性。而在电视上收看足球比赛的直播，宛如观看一场录制的戏剧，都是庞大的"文本"的"冰山一角"而已。这也说明了，为什么虽然能够在电视上更加清晰甚至更加"细致"（特写镜头）地观看比赛，但球迷还是愿意自掏腰包买票去现场观看。

那么，游戏研究者是否都是以我们所说的"游戏文本"作为研究对象呢？情况可能不容乐观。我们发现，游戏研究经常无法应对无数游戏文本扑面而来的状况，故而，他们总是择取众多游戏文本中出现比率较大的文本作为研究对象。譬如，尽管拥有行动的自由，但玩者一般不会主动选择失败，在游戏进程中一般会遵循趋利避害的原则，故而，游戏研究者一般只对这种具有"正常"游戏心态的玩者所形成的游戏文本进行研究。而电子游戏的研究者，则通常只是将"游戏内文本"和人机交互关系作为研究对象。

专事电子游戏推介与测评的网络机构 IGN（Imagine Games Network）对电子游戏的测评标准包括以下五项（图 2-5），并最终根据五项的得分进行综合评定：表现力（Presentation）、画面（Graphics）、音效（Sound）、上手度（Gameplay）和耐玩度（Lasting Appeal）。

IGN 的几项标准已经成为电子游戏测评界的"金科玉律"，以 IGN 对电子游戏《阿玛拉王国：惩罚》（*Kingdoms of Amalur：Reckoning*）的测评为例：

　　表现力（Presentation）：《阿玛拉王国》的脚本脱胎自当代最好的奇幻小说作家的令人印象深刻的小说，故事发生在一个奇幻的虚拟世界。但有时候因为过于复杂而导致难以理解。

　　画面（Graphics）：低劣的角色模型拖累了美丽的环境和出色的动画设计。我希望唇形能与对话准确地对接。

　　音效（Sound）：背景音乐较少，但是配音非常到位，为整个剧情增色不少。更好的是为角色设计了很多对白。

　　上手度（Gameplay）：乃游戏的根基。《阿玛拉王国》绝对是游戏中的阳春白雪，玩的过程中会得到极大的愉悦。

　　耐玩度（Lasting Appeal）：我希望你手头有大量的空闲时间，因为《阿玛拉王国：惩罚》会完全占用它。

　　在 IGN 的评测中我们不难发现，对电子游戏的测评涉及了我们提到的"游戏内文本"中的"游戏框架"，如画面、音效、表现力；亦涉及了对"游戏规则"的理解程度，如上手度；而所谓"耐玩度"，则是评测人根据参与游戏所形成的"游戏文本"与个人的游戏经验之间的对比所作出的判断。

IGN RATINGS FOR KINGDOMS OF AMALUR: RECKONING (PS3)

Rating	Description
out of 10	Click here for ratings guide
8.5	Presentation Amalur totes an impressive story penned by one of the great fantasy authors of our time, and it takes place in a fantastic fictional world. It's complex and hard to follow at times, though.
8.0	Graphics Beautiful environments and solid animations are marred by fairly shoddy-looking character models. I wish lip-syncing was more on-point during dialogue.
8.0	Sound Music is sparse, but the voice-acting is well-executed and really adds a great deal to the story. Characters have a lot to say, and that's a good thing.
9.5	Gameplay The bread and butter of the game. Reckoning sets the bar very high for other games moving forward, and is an absolute pleasure to play.
9.5	Lasting Appeal I hope you have a hell of a lot of time on your hands, because Kingdoms of Amalur: Reckoning will require all of it for the foreseeable future.

9.0 Amazing　IGN EDITORS' CHOICE
OVERALL　(out of 10)　GAMERSKY

图 2-5　IGN 对电子游戏所做的测评

断然宣称学术研究与大众传媒之间的差异并不是智慧之举，如何接纳和吸收既有的成果和努力（哪怕仅仅是统计学意义上的），才是游戏符号学理论建设的题中之意。为了便于与其他游戏研究相对接，我们不妨引入一个新的文本概念，即游戏的"正项文本"。所谓"正项文本"，是指玩家在"正常"情况下参与游戏进而形成的游戏文本的集合。它依托统计学和心理学数据，在大量的数据之中归纳出出现频率较高的文本形态，并以之为判断游戏优劣的依据。"正项文本"对于普通玩家具有参考价值，它亦为电子游戏，尤其是单机游戏提供了设定"困难度"的依据。

"正项文本"虽然只是一个泛化的文本概念，不可能作为一个严格的学术研究对象为我所用，但它的确是消费社会重视"对话"的产物。新媒体为游戏设计者、玩家与观者提供了一个可以沟通对话的机会，

通过以上论证，我们已经证明了游戏是个符号文本。"游戏文本"的符码传递过程包含两个紧密关联的层次，在"游戏设计者""玩家"与"观者"之间形成了"游戏内文本"与"游戏文本"。"游戏内文本"是"游戏文本"的一部分，它包含游戏框架与游戏规则两部分，具有相对的稳定性。游戏文本则是全部游戏进程之和，是游戏研究真正所要面对的最大对象。

在游戏中，不存在一个绝对的主体创造、掌控整个文本。游戏文本是游戏设计者、游戏内文本、玩家（在某些情况下也包括观者）交互作用的结果。

在整个论证过程中，我们引入了许多学术界并无明确定义的新的概念和术语，笔者相信，它们不仅仅适用于对游戏活动的研究，也同样适用于其他具有交互性的人类活动。我们在后文中会对这些概念的延展性作更进一步的说明。

二、游戏文本的双重互动结构

游戏活动本身就是人类组织符号、遵循规则、制造意义的结果。任何一次游戏活动，都可以被视为一个完整的符号文本，构成一个"游戏实例文本"，并运用符号学理论对其进行细致的解读。[①]

游戏是人类设计、参与并观看的活动。因此，游戏活动至少勾连着三个在逻辑上具有连贯性的抽象符号身份：游戏设计者、游戏玩家和游戏观者。在一个游戏实例文本中，这三个身份构成两重的信息发送者和接收者，分别

---

① 参见：宗争《游戏符号学的基础》，载《东方论丛》，2011年第2期。

与不同的符号文本相联系。

第一重的发送者与接收者是"游戏设计者"与"玩者"，玩者接收游戏设计者所提供的"游戏内文本"，对其进行阅读和理解，甚至修改。引入"游戏内文本"这一概念，是为了说明游戏玩者的"阅读"对象也是非常具体的符号文本，它应当被赋予一个独立的名称，并在游戏研究中被给予特殊的重视，而这一点，在以往的游戏研究中是被忽略的。

"游戏内文本"是游戏设计者提供给玩者的符号文本，主要包括了游戏规则和游戏框架两部分。玩者对"游戏内文本"的阅读和理解不是一蹴而就的，这一点与阅读小说或观看电影不同，玩者会不断揣摩游戏内文本所提供的信息，逐渐形成自己玩乐的风格和策略。

通过游戏规则的设定和游戏环境的设计，游戏设计者将具体的意义固定在游戏动作之上，为游戏植入潜在的意义架构。然而，如果设计出来的游戏架构无人参与，将仍然不被称为游戏。游戏架构必须经由具体玩者的参与才能够得以激活。

第二重的发送者与接收者分别是"玩者"与"观者"。通过阅读和理解"游戏内文本"，玩者得到参与游戏的资格。在游戏中，玩者们的行为和选择形成不断变化的游戏文本。对游戏文本所进行的阅读具有历时性和连贯性，游戏设计者借助这一点，将诸多具有相关性的游戏文本进行联合。

游戏内文本包含了游戏文本形成的核心机制，游戏文本是游戏内文本的具体衍化。传统游戏中"篮球"游戏、"足球"游戏的分殊，电子游戏中所谓的"同一款游戏"，指的都是"游戏内文本"的同一性。同一个游戏内文本，可以产生无数个游戏文本。然而，"游戏内文本"并不是游戏文本。只有棋盘、棋子和游戏规则，无法形成对弈；只有设定好的计算机程序，无人进行操作，也不成其为电子游戏。简言之，必须有玩者的参与，游戏才能成立，游戏的叙述性也是在此过程中得以呈现的。在游戏意义的生成过程中，游戏的玩者（即参与者）具有两方面的意义：一方面，他/她是游戏架构的服从者和实施者；另一方面，他/她是游戏符号意义的制造者和衍生者。

在逻辑上，游戏文本拥有一个符号意义的接收者，它并不仅仅指某个具体的游戏实例文本的观看者；所有对游戏文本的形成进行观照，在任何角度对游戏文本给予解读和阐释的人都是"观者"。

传统的游戏研究通常会忽略游戏实例文本的特殊性，而过分关注游戏内文本的普遍性。廓清游戏内文本与游戏文本的关系，是我们进行游戏符号学

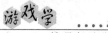

研究的基础，也是游戏符号学研究与其他以"游戏机制"为研究对象的游戏研究的差别。游戏这一特殊的传播形态与结构特点，是游戏符号学和叙述学的基础，也是理解游戏特点的关键。

第三章　游戏的外延

符号学是研究意义的科学。游戏符号学必然要涉及游戏的表意问题研究，而表意问题的研究则不外乎是对游戏意义的"内涵"与"外延"的探讨。游戏活动历史悠久，已经经历了数千年的发展；游戏活动与其他活动之间相互联系，相互影响，分裂合并，因此而出现的游戏现象更加纷乱复杂；而聚集而成的"游戏文化"作为人类文化的重要一支，则更加庞大。今天，无论是讨论游戏的"内涵"还是"外延"，都绝不是三言两语能概括的。笔者想要做的，只是提供研究游戏表意问题的途径和思路，以期能够为此问题的研究设定一条规范的途径。

第一节　"内涵"与"外延"

"内涵"（connotation）与"外延"（denotation）是一组专业的符号学理论术语，罗兰·巴尔特称，符号学家最重要的研究对象是"内涵"，其实就是"内涵科学家"（scientist of connotation）。而对于游戏的符号学研究来说，除了探究游戏的内涵，还需要廓清游戏的外延。没有一项研究像游戏研究一样历时弥久，却缺乏规范——我们在为游戏寻找定义的过程中已经感受到，游戏的定义是何其庞杂纷乱。

何为"内涵"，何为"外延"？艾柯称，外延是"所指物在文化上得到承认的潜在属性"，而内涵是"未必对应所指物在文化上得到承认的潜在属性"[①]。"在文化上得到承认"是个极其模糊的界定，艾柯试图通过"阐释社群"来得到"符号"的相对稳定的释义（他认为阐释应以"简洁经济"为原则，否则就会陷入"过度诠释"而无法自拔）来解决这个问题，但又陷入了

---

① Umberto Eco, *Semiotics and the Philosophy of Language*, Bloomington: Indiana University Press, 1984, p.125.

另一个问题：如何界定"阐释社群"，哪些人可以成为有效的阐释者？前文中已经提到了皮尔斯"符号—对象—解释项"的三分法，赵毅衡从皮尔斯的理论思路入手，重新规范了内涵与外延的定义，他称："外延是适合某个符号的直接指称，也就是皮尔斯说的'对象'。内涵则是对象各种属性的总和，包括暗示意义。内涵实际上是没有边界的，是可以无限延伸的。符号学的主要研究范围，是内涵。"[1] 皮尔斯的办法其实是缩紧符号的外延意义，放宽符号的内涵意义。这个问题的判定不能完全交给符号的接收者或阐释者，外延应当是在意图意义、文本意义和阐释意义的相互对话之间被确定下来的。形象地说，拥有红、黄、绿三种标示颜色的交通信号灯是比较典型的指示符号，它的"外延"，也就是它的"直接指称"，是"允许/禁止"通行的标识，这一意义是由交通信号的制定和推广者通过强制手段告知民众，再由民众主动或被动的接收并认可，而最终确定下来的。"交通信号"具有指示性，它的外延不容许有歧义，有歧义就会发生交通事故。但是，它的内涵意义却可以通过"衍义"无限衍生：一个此前从未见过交通信号灯的人，也许只会将其看作一种建筑装饰物；漠视交通信号的人会闯红灯；而在艺术家那里，信号灯也许会作为"城市的标志"等特殊的符号在作品中呈现……

对于游戏符号文本而言，它的"外延"就是游戏符号文本的直接指称，是游戏活动的边界，是游戏与其他人类活动之间的界线；而其"内涵"，则是游戏进程中所展露出来的丰富的意义。

第二节　外延：什么不是游戏？

给出一个严格的游戏定义，必然会遇到诸如此类的疑问："过家家"是不是游戏？健身是不是游戏？那些已经称为"游戏"的活动有多少不是游戏？又有哪些活动虽然不叫"游戏"实则是游戏？……——解答这样的问题既不明智，也不合理。在这个问题上，严格遵照定义的"唯名论"会罔顾传统，遵照既有命名的"唯实论"则会放弃立场，皆不可取。

前文中，我们曾经提到过，克劳福德利用"种差法"来寻找游戏定义，他将游戏划归为竞赛/挑战/玩乐/娱乐/创造性表达，其间各项逐层包含。进言之，结合横项，他将游戏看作一种允许相互攻击的竞争行为——拥有竞争

---

① 赵毅衡：《符号学原理与推演》，前引书，第102页。

者的挑战行为——拥有目标的玩乐活动——具有交互性的娱乐方式——与利益相关的创造性表达。据此所得到的游戏定义是一个极其狭窄的范畴，是一项与实际利益相关，具有交互性、明确目标、竞争性和攻击性的活动。这种定义游戏的方法存在一些武断和有待商榷之处，而这张图表也杂合了太多的内容，既有动态活动（"竞争"），也有静态文本（"书籍""电影"），因此，也很难从这一图表中推断出游戏与其他活动的关系。

游戏是受规则制约，拥有不确定结局，具有竞争性，虚而非伪的人类活动。游戏定义并不意味着，关于一个活动是否是游戏的判定是刻板而没有余地的。事实上，游戏概念只是圈定了一个判定的范围，也指明了游戏活动与其他人类活动之间的关系。五个基本条件的外延，都存在非常明显的两极滑动。

> 人类活动：人——类人；
>
> 规则：强编码——弱编码；
>
> 竞争：强——弱；
>
> 不确定结局：胜负——表演；
>
> 虚而非伪：现实世界的虚拟化——虚拟世界现实化。

游戏特质的外延滑动最终决定了游戏概念本身的外延范围。任何一个符号，都是在同其他符号的差异比对中产生意义。作为概念的"游戏"，也不是孤立的，而是在与其他活动的差异中体现其特殊性。因此，当我们质询"什么不是游戏"时，其实不仅仅是为游戏概念的判定寻找边界，也是在探寻和明确游戏与其他人类活动之间的关系。

前文已述，游戏活动的判定必须同时满足五个条件，缺一不可，即"人类活动、规则、虚而非伪、竞争和不确定的结局"。依据游戏与其他人类活动的对比，结合是否符合限定条件的判定，我们可以根据符合限定条件的多寡对人类活动进行区分，并借此发现和明确它们与游戏活动的亲疏关系。

由于游戏判定的五要素之中，是否为人类活动是比较容易判定的条件，所以，我们仅根据后面四个限定性条件，对人类活动进行了考量，得到了下面这个表格（见表3-1）。

我们此前已经论证过，游戏是同时具有四种特征的人类活动。而在这四项中，某一个或多个特定因素的缺失会引起新的意义的出现。简言之，四个限定性因素是一个整体，某一项的"有"与"无"并不能被孤立地看待，而是要从整体出发进行考量。因此，我们首先需要对图表本身进行一些特别的说明。

表 3-1　游戏四要素的不同组合方式与其所对应的相关活动

规则	虚而非伪	竞争	不确定结局	对应活动
+	+	+	+	游戏
+	+	+		表演赛
+	+	−	+	嬉戏、戏剧表演
+	+	−	−	部分艺术创作活动
+	−	+	+	劳动竞赛、法庭辩护、决斗
+	−	−	+	社会规范的推行、外交活动
+	−	−	−	宗教仪式、集体舞蹈
−	+	+	+	广告营销
−	+	−	+	健身健美、即兴表演
−	+	−	−	审美活动、大部分艺术创作活动
−	−	+	+	战争、暗杀、解困
−	−	−	+	野外生存
−	−	−	−	衰老、自然死亡

其中"+"表示有，"−"则表示没有

首先，笔者是在游戏定义的基础上使用这四个限定性因素的，也是从这一基础出发去理解这四个概念的。规则，即人类设计的规则系统，具有清晰明确的表述，与约定俗成的礼俗等不同，没有规则，就意味着不存在这种明确的人为约定关系。譬如，商业活动也需要遵从一定的社会法则和行业规范，但这些规范并不具有强制性，自由度很大，因此就谈不上规则；人需要依从一定的社会道德规范，但与法律不同，这些道德规范也不具有"规则"所具有的惩罚性，因此也不能算作规则。虚而非伪，是指游戏框架制造的是一个虚拟的世界，但这个世界中却镶嵌着一个可信任的正解表意模式。这一特征在艺术作品中表现得非常明显。但是，对于其他的人类活动而言，这种构建虚构世界的意图并不明显。大多数人类活动具有明确的"功利性"的意图，与现实世界相联系，遵循现实世界的法则，不存在"虚拟"，也没有构建出不同于现实世界法则的"内部表意结构"。竞争，就是人为约定的竞争关系，它必然会导致一个胜负明确的结果。在现实生活中，有许多活动具有竞争性，但却没有明确的人为规定的竞争关系。譬如商业活动，它肯定具有牟利的性质，某一商业团体会与其他团体形成竞争关系，但这种竞争关系并不是被明确设计和公开说明的；在商业活动中无法盈利，盈利甚少，甚至最终破产，都并不会被判定为失败。而"不确定的结局"，就是因竞争而导致的胜负关系并不是预先给定的，也不具有因果上可以推定的必然联系。许多活动并不存在竞争关系，却有不确定的结局。这就需要在更开阔的立场上进行讨论。因此，此处拥有一个"确定的结局"是较为容易判定的，即某一活动"完成"与否；而不确定的结局则通常指向了那些不具有明确范畴的活动，譬如人的衰老和死亡，就是一个无法确定结局何时发生的事件。

其次，我们省略了一些在逻辑上存在着组合关系，但却很难找到恰当对应的人类活动的组合项。细心的读者也许会发现，在表格中，我们只列出了一项竞争存在而不确定结局不存在的人类活动，即表演赛。拥有竞争关系，除非是人为预先规定了结局，或是极端不合理的对抗，如人与起重器比举重，结局都具有一定的不确定性。结局取决于概率，除非获胜概率为100％，否则结局都具有不确定性。

最后，我们对表格中的内容作一些具体的解释。

游戏活动同时拥有四大要素，而与游戏活动相对的，笔者列出了"衰老和自然死亡"两项。其实，这两项只是日常生活的抽离。游戏与现实生活相对，游戏依托规则系统，隔离出独具规格的虚拟世界；而恰恰是作为一种对照，游戏活动需要有始有终，需要提醒玩者虚拟与现实的区隔，它通过竞争关系来强化这种观念，通过不确定的结局来维护玩者持续的兴趣。游戏中的种种设定得自于游戏设计者对于现实世界的理解，这并不是单纯的对象性"拟真"，不是"再现"，而是集合了抽象的认知和观念。因此，即便是未来的电子游戏，它在图像上能够达到相当高的拟真程度，游戏也绝不会替代现实世界。电影《黑客帝国》已经展现了这种对未来世界的担忧，不过，尼奥总会出现，现实总会被发现。人们总能在现实生活中发现游戏中所不具有的东西。

表格中显示出了游戏同其他人类活动的远近亲疏关系。它的目的绝不是割裂游戏与其他活动的联系，而是唤醒我们对于游戏的认识。在这个问题上，笔者受到了赫伊津哈的启发。他认为法律诉讼"是一种以比赛的形式完美地实现司法功能的文化活动，因而仍是严格意义上的游戏"①。而战争则可以"称做最猛烈、最有力，同时也是最明显、最原始的游戏"②。当然，赫伊津哈给予游戏最宽泛的定义，我们却可以在上表中找到理由。法庭辩护占据了三项，仅仅缺少"虚而非伪"一项。法律虽然也是符号设定，但其对应的却是实际的人类活动中产生的问题，法律诉讼的结果则直接影响诉讼双方的未来生活。关于战争的问题似乎更为复杂，从毫无规则的原始争斗到遵循道义的古典战争，再到并无约束的近代战争，直至今日，战争在理论上受制于国际法和联合国公约的约束。然而，规则在战争之中，始终没有取得共识。春秋时期晋楚的城濮之战，晋文公遵循信义，报楚当年相待之恩，退避三舍，但这不妨碍他最终佯退诱敌，暗设埋伏，使用计谋，最终取得战事胜利，成为春秋五霸之一。战争中的"规则"，并非强制，可有可无，现代战争中亦有破坏规则之举。1999 年 5 月 8 日清晨，以美国为首的北约使用导弹袭击了中国驻南斯拉夫联盟共和国大使馆，造成人员伤亡，馆舍严重毁坏。这一事件严重违背了国际法和国际关系准则。但对于类似的举动，除了国际社会谴责和受害国对其进行经济制裁之外，并没有一位高于其位置的"裁判"对其进行惩罚。

尽管我们已经给予了游戏一个确定的定义，但笔者在前文中也提到，为了便于论述和增加学术上的严谨，这一定义有意缩小了游戏的范畴，与"游戏"的通俗意义有所出入。文学创作经常被称为"文字游戏"，哲学思辨则被称为"思维游戏"……这些活动被冠以游戏之名，或是和游戏并置，都与游戏存在千丝万缕的联系。事实上，许多人类活动与游戏活动只有一线之隔，而某些游戏活动也会"降格"为普通活动。

体育锻炼与体育竞赛通常都被归于"体育"（sports）一类。但在西方历史上，大规模的体育锻炼直到 17、18 世纪民族国家兴起之时才受到官方的重视，基于西方医学和保健学的发展，并在学校中得以推广，sports 或athletics（体育）一词在汉译时带有明显的倾向性，已经植入了"教育"的概念。体育锻炼的目的并不是为了在赛场上取胜，它更重要的目的是提升人的身体素质和民族凝聚力。相比之下，是否需要在锻炼的过程中引入一套规则系统就显得不是那么重要了。因此，许多体育竞技项目也被引入体育健身

① ［荷兰］约翰·赫伊津哈：《游戏的人》，前引书，第 94 页。
② ［荷兰］约翰·赫伊津哈：《游戏的人》，前引书，第 97 页。

之中，只是削弱了其竞技性。而身体锻炼添加一些条件后也会转化为游戏活动，譬如举重运动。"过家家"通常被我们看作孩童的一种游戏，但是我们也不难理解，孩子们只是在一段时间内进行一种角色扮演的尝试，它拥有一个潜在的目标（"扮得像真的一样"）；但是这种竞争并没有外在的约束，甚至只在孩童自己那里有效，这种心理上的约束有时候稍纵即逝，我们很难对其作出判断。

游戏的概念不是铁板一块，它的外延非常模糊难辨。从人类活动中分离出游戏并没有实际的意义，重要的是人们如何区分现实与游戏。

人们视人生为"一场游戏一场梦"，是对外在虚假的竞争环境的一种语义上的穿透。人们在游戏中获得荣誉，恰如在现实中获得声名，一旦"身与名俱灭"，声名的符号系统就坍塌了，在游戏中表现为游戏不再吸引人，胜负已然不再重要。现实构建了游戏，游戏反过来强化我们对于现实的认识；而当现实变为残酷的竞争，游戏又成为人们逃避现实的一种途径。这是游戏与现实深刻的辩证法。

第三节　赌博是不是游戏

在上一节关于游戏外延的表格中，有一种活动并没有被列入，那就是赌博。在通俗意义上，赌博活动被视为游戏，但同时也被视为一种可以增加/减少经济收益的实际手段。它几乎拥有游戏的所有特征，但同时也与现实世界保持着非常紧密的联系。弄清楚赌博是不是游戏，其实在某种程度上，就是对游戏的外延作精细的探究，这绝不仅仅只是对某一人类活动的判定，而是游戏研究中最需要回答的问题之一。

在世界上，有许多国家都禁止赌博活动，但是对其的判定却总是模棱两可。

2003 年，《文摘报》刊登了摘自 2002 年 9 月 5 日《检察日报》的一则消息，题为《为加大打击非法赌博活动力度，希腊禁止玩电子游戏》[①]，称希腊政府于 2002 年 7 月底颁布新法律，禁止任何人在任何场合玩有电子装置和软件的电子游戏，原因在于政府很难对电子游戏与赌博机进行区分，故

---

① 张娟：《为加大打击非法赌博活动力度，希腊禁止玩游戏》，载《检察日报》，2002 年 9 月 5 日。

以此来加大力度打击非法赌博活动。消息刊发后，有网友辟谣，称此消息不实，根据此新闻的英文原文推测，希腊政府实际只是禁止一切"非法"（illegal）的游戏和赌博行为（gaming & gambling），并非禁止所有的电子游戏。

而事实上，许多国家都有类似的"禁赌"条例。《中华人民共和国治安管理处罚法》第七十条规定："以营利为目的，为赌博提供条件的，或者参与赌博赌资较大的，处五日以下拘留或者五百元以下罚款；情节严重的，处十日以上十五日以下拘留，并处五百元以上三千元以下罚款。"这条法律其实是对两种行为的惩罚：一是组织赌博，同时又从中营利的行为；二是参与赌博，但是赌资较大的。也就是说，对于免费提供赌博条件，或是赌资较小的，我国并不追究其法律责任。在四川、重庆、湖北、湖南、广东等省份，赌博行为历史悠久，麻将、扑克牌的牌局总是要有点"彩头"，完全禁止赌博既不可能，也不可取。民众一般会投入较少的赌资以增加游戏的刺激性和娱乐性，而众多酒楼、茶座也通常会免费提供棋牌场所，只收取茶水费用。"禁赌"而不"禁游戏"，对赌博和游戏的判定并没有非常明确的依据，它往往根据的是执法者个人的阐释。在"禁赌"的国度，存在着一种不言而喻的共识——对赌博，放任自流和因噎废食都不可取。

一、赌博中的游戏特征

游戏研究中一件有趣的事是，西方最早关于游戏的记载出自希罗多德的《历史》，而从对这个游戏的记述来看，它恰恰与赌博相关。据称，是吕底亚（Lydia）人发明了游戏，而他们发明游戏的契机却并不像我们想象的那么愉快："在玛涅斯的儿子阿杜斯王当政的时代，吕底亚的全国发生了严重的饥馑。起初的一段时期，吕底亚人十分耐心地忍受这种痛苦，但是当他们看到饥馑持续下去毫无减轻的迹象时，他们便开始筹划对策来对付这种灾难。不同的人想出了不同的方法。骰子、阿斯特拉伽洛斯（羊蹠骨，俗称羊拐子——译者）、球戏以及其他所有各种各样的游戏全都发明出来了，只有象棋这一项，吕底亚人说不是他们发明出来的。他们便用这些发明来缓和饥馑。他们在一天当中埋头于游戏之中，以致不想吃东西，而第二天则只是吃东西而不游戏。他们就这样过了十八年。"①

───────────────

① ［古希腊］希罗多德：《历史》，王以铸译，北京：商务印书馆，1997年版，第49～50页。

　　赌博经常是依托游戏而存在的，《现代汉语词典》对"赌博"的解释是这样的："用斗牌、掷色子等形式，拿财物作注比输赢。"我们通常将涉及"赌注"与"赔率"的活动都称为赌博。赌博的主要目的，也就是参与者最重要的参与理由，当然在于"以小博大"，通过较少的投入得到较多的收益。赌博需要利用一定的形式，也就是说，必须首先有一个事件，具有"不确定的结局"，同时又有人对事情的未来趋势和结局持不同的意见，继而他们都愿意拿出一定的财物作为赌注，此赌局才能够成立。如此，赌博为什么和游戏活动关系密切就很容易理解了，因为游戏具有"不确定的结局"。赌博通常是作为附加在游戏上的条件而存在的，它几乎可以涵盖了所有的游戏，譬如我们熟悉的赌球、赌马、麻将、扑克等，都可以用来赌博。

　　有许多游戏研究者都视赌博为游戏，卡约瓦说："虽然虚拟和情绪因素看似能够显现甚至替代规则所发挥的作用，但规则本身可以制造虚构。一个人无论是下棋、玩'抓俘虏游戏'、打马球或是赌牌，一旦他严格遵循这些游戏各自的规则，他就与现实生活相分离，在生活中，你也绝不会找到与这些游戏真正对应的活动。这也是为什么下棋、玩'抓俘虏游戏'、打马球或是赌牌总是携带着一些实际目的的原因，虽然这并不是必要因素。"[1] 赌博具有非常明确的规则，这种规则的强制性甚至超过许多游戏。在游戏中，许多规则可以根据具体的情况进行临时的修改。赌博的规则比较简单，临时修改的成本很大，需要所有的参赌者同意才行。然而，并非"严格遵循规则"，就一定会"与现实生活分离"，社会生活中有诸多法则，正是为了应对现实而设立的。

　　赌博的规则可简可繁，但无一例外地基于"约定"和"概率"。"约定"是指，由参与者根据对事件的判断，约定投入与收益的差额；"概率"则通常作为参考数据，概率越小的事件，收益也就越大，反之则收益越低。由于赌博是建立在对"赌注"资本的重新分配上的，它制造了一种潜在的竞争关系：赌注是一定的，胜者将会拿走大部分甚至所有的钱，负者则输掉其赌注。赌局的胜负与它依托的游戏活动的胜负并没有一一对应的关系。通俗地讲，你可以买某一方胜，也可以买某一方负，只要结果与你买定的结果相符，你就能够根据赌注获益。因此，赌博的残酷性更多地体现在它能够瞬间

---

① Roger Caillois, *Man*, *play*, *and games*, Translated from the French by Meyer Barash, Champaign: University of Illinois Press, 2001, p. 8.

转移某人的大量资产，而并非是"竞争"导致的。这听起来令人有点难以接受，但回想一下那些与赌博有关的影视作品，莫不是最终设定出二人的赌局来增强这种竞争性（电影《赌神》最终安排了高进和陈金城两人的扑克牌赌局），这一点也就不难理解了。在实际的赌博中，你很难找到一个与你有明确对抗关系的竞争者。

赌博利用的是"不确定的结局"，当然也就拥有"不确定的结局"。理论上讲，赌博可以环环相扣，直至无穷，因为每一轮都可以赌，赌博参与者的最终结果，也可以作为赌博的依据；赌场中有"场内下注"和"场外下注"，其实就是"以赌为赌"的最好例证。

如此看来，赌博符合游戏的竞争、目标、规则诸因素，只在"虚拟作假"一条中显得晦暗不明。

前文提到的克劳福德的图表中，将"财富"（money）列为游戏的特质之一，他认为，游戏中存在对现实生活具有实际助益的物质利益。的确，游戏会带来实际利益，即便不依靠赌博，在游戏中也能够获利。国际田联黄金联赛，每个赛站除了发给前 8 名优胜者奖金外，还为整个联赛设一份 50 公斤的纯黄金金锭，由各站保持不败的 6 名选手分享价值 100 万美元的黄金大奖，全部六站赛事中任意五站冠军的选手都可以分享 100 万美元奖金总额的一半———50 万美元，余下的 50 万美元则归夺得全部六站冠军的选手所有。这份收益远远超过了普通民众一年的工作收入。如此一来，还能说游戏是"虚而非伪"吗？

笔者认为，游戏的"虚而非伪"至少包括如下几个层面：

玩者身份的"虚拟作假"

"玩者作假"就是"玩者假装成某人或某个身份"。"游戏内文本"为玩者提供了一个"游戏者"身份，"玩者"需要在最低限度上承认这种身份（你可以不遵守规则，但至少要认可自己已经"进入"游戏）。根据游戏内文本的要求，根据自己意欲在游戏中展现出的样态，玩者可以将自己假扮成不同的人：在拳击场上是斗士，在棋局前则是谋略家。这与戏剧中的演员一样，之所以称之为"假"，是因为这个身份仅仅在游戏中有效，一旦离开或退出游戏，这个身份也就随之消失了。游戏内文本越奇幻，玩者在游戏中越投入，游戏文本就越"假"，就与现实世界离得越远。玩者在退出游戏时，就越发不能"当真"。

游戏内文本的"虚而非伪"

讨论游戏内文本虚拟的问题如同讨论文学作品虚构的问题。但尴尬的是，游戏活动毕竟是真实发生的人类活动，体育赛事要占用时间和空间，"鸟巢"（北京奥运会主场馆）就在那里，不可能视而不见。它不像福克纳笔下的"约克纳帕塔法"（Yoknapatawpha）一样，只在书中存留。因此，对游戏所制造出的虚拟效果的考量，就只能集中在它构建并依从的原则和最终取得的效果上。

弗拉斯卡如此定义"模拟"（Simulation）："就是通过一个特殊的系统去模拟一个（本源性的）系统，而那一特殊的系统保留了人类源始系统中的部分运转方式。"[①] 其实弗拉斯卡根本不必如此费力，"人类源始系统"如同"模拟"一样，也是个需要说明的概念。无论游戏设计者想让自己的游戏看起来更像是现实中发生的事还是反之，他必然要制造一些规则和框架来支撑自己的立场，而这种"制造"符号的过程一旦开始，游戏就与它的虚构对象产生了距离。最终的结果并不一定是游戏内文本所构建的游戏框架与现实世界的完全分离，而更可能是明确"区隔"的产生。一场足球赛当然是真实发生的，但是球迷们都知道，在竞赛时球迷不得入内，即所谓的"我们是看球的，不是踢球的"。游戏也在利用各种符号制造幻象，游戏是"真实"的虚构，是在现实世界中划出一块时间和空间供游戏使用，一方面透过它与现实世界格格不入的姿态，另一方面透过游戏的实际样态，它在观者和玩者心中构建独立的符号系统，使用独立的表意方式。

游戏效果"实而不真"

游戏效果包含了两方面：一是游戏结果在游戏中仅具有符号价值，需要通过游戏外的转换才能成为物质利益；二是游戏效果在游戏中呈现，在现实中免责。

游戏的效果与游戏的结果不同。胜负已判之后，游戏就宣告结束，结果就是胜与负。胜利或许能够带来荣耀与赞誉，但那须依靠伴随文本之力，并非一定之事。至于胜利者得到的是橄榄枝编成的头冠，一块沉甸甸的金质奖牌，或是美人的青睐，或是一块富饶的疆土，与游戏本身无关。游戏通常被"借用"来解决争端，是因为它的"中立性"和影响力，具有令争斗双方心

---

① 译文参见恭扎罗·弗拉斯卡：《拟真还是叙述：游戏学导论》，宗争译，载《符号与传媒》2011 年第二辑。

服口服的能力。游戏本身不可能对那些"不在场"的意义负责。

然而，游戏并不能决定参与者的心态，那些在游戏中的争胜之人很可能破坏游戏所意图保护的虚拟界限，他们会将一场游戏的胜利看作具体的收益。不过，无论如何，他们只是加快了将游戏中的胜利转化为实际收益的速度，并没能打破现实与游戏之间的隔阂，取得收益之前依然需要取得游戏的胜利。

游戏形式割裂了劳动与收益最直接和天然的关系。稍加留意，就会发现这一点。尽管在游戏中付出辛劳与汗水，但的确看不出有什么实质性的产出。"胜利意味着在游戏的结局中显示出自己的优越。"[1] 在游戏中，取胜的意义远比获得实际的收益更令人心驰神往。现代社会正在弥合游戏与现实的区别，它为玩者提供了机会，大批将"游戏"视为"工作"或"事业"的"职业"运动员正在依靠"游戏"取得实际的收益。单从表面上，我们很难看清楚他们与其他工作者的不同，甚至他们自己对此也深信不疑，他们不愿意承认自己是"不劳而获者"。"艺术和游戏使我们与常规惯例中的物质压力拉开距离，使我们去作这样的观察和询问。作为大众艺术形式的游戏，给一切人提供了充分参与社会活动的直接手段，任何单一的角色或工作，都不能给任何人提供这样一种直接的手段。所以，所谓'职业'体育运动是自相矛盾的。当通向自由生活的游戏之门导向专业的职业时，人人都觉得是不适合的。"[2] 仅仅是"不适合"还不足以说明其中的原委，与其说是游戏与现实的界限正在逐渐模糊，不如说是消费社会正在模仿"游戏"的方式，利用符号自身的繁殖来创造价值。一个"赌徒"和一个"职业运动员"的心态是完全不同的，但吊诡的是，反而是在"赌徒"那里，在那些承认自己不劳而获的玩者那里，游戏的精神一息尚存。

游戏当然具有价值，但是其价值并不是在内部产生的。而是由游戏这一事件与其他伴随性事件的联系制造出来的。运动员在拍卖他们在奥运史上取得的金牌时，往往能获得比同等重量的黄金更多的收益。更形象的例子是：一个演员，在影视剧中扮演一个辛勤耕作的农民，他最终所获得的收益只与"演员"的身份有关，而与他在剧中"农民"的身份无关。同理，职业运动员以"参与"游戏为职业，以游戏所获得的"效果"为领取报酬的标准，至

---

① ［荷兰］约翰·赫伊津哈：《游戏的人》，前引书，第53页。

② ［加］马歇尔·麦克卢汉：《理解媒介——论人的延伸》，前引书，第295页。

于他在游戏中所付出的"劳动"，倘若没有得到"效果"（拿到名次），则没有任何实际的意义。因此，那些备受关注的体育项目的运动员（如足球、篮球等）能够得到更多的收益，而冷门项目的运动员，尽管"劳动"强度更大，却收益甚微。将"游戏"视为"工作"就要承受这种"投入与产出不成正比"的"不公"，因为二者之间的联系本就是符号幻觉。

游戏中的效果是真实的，拳击比赛的确是拳拳到肉，不是在表演。有人会说电子游戏是完全虚构的，那是忘记了操作者在鼠标和键盘上飞舞的手指。然而，在规则允许范围内，因竞争导致的参与者的身体或精神损害，玩者并不负道义上的责任。拳击运动员在拳台上做激烈的搏斗，并不影响他们私下的关系。当然，我们无法割裂游戏与现实的关系，游戏的确为玩者带来了荣誉，这种荣誉在现实中依然有效，因此，在游戏中失败的玩者经常会心生愤懑，无法释怀，会被视为"玩不起"。在现代拳击中，伤亡通常是一种"意外"，但出现"意外"的可能性却被看作游戏精彩程度的指标，这或许是文明与野蛮之间的博弈。

"虚而非伪"意味着，在游戏设计者、玩者与观者之间达成了一种总体上的共识：承认游戏世界的有效性，承认游戏空间与现实世界的区别，承认游戏结局与现实生活没有直接的联系。

我们回到赌博的问题，会发现赌博活动之间存在极大的差异。有些赌博活动可以与现实生活建立最为密切的关系，俄罗斯轮盘赌堪称是赌博活动的极致。它的规则很简单：在左轮手枪的六个弹槽中放入一颗或多颗子弹，任意旋转转轮之后，关上转轮。游戏的参加者轮流把手枪对着自己的头，扣动扳机。中枪的当然是自动退出，怯场的也为输，坚持到最后的就是胜者。旁观的赌博者，则对参加者的性命压赌注。在电影《猎鹿人》中，这一赌博屡次出现，用以比喻越战的荒谬和残酷。俄罗斯轮盘赌当然不是游戏，它用生命做赌注，参赌者都明确游戏可能发生的结果，与游戏中的意外死亡不同，这已经超越了在意识上构建虚拟世界的范畴。赌博也可以对生活几乎没有任何影响，希罗多德的《历史》中提到的吕底亚人，利用游戏和赌博消磨时间，以渡过饥荒，赌博本身没有意义，只是它能够占据的时间和精力的能力有意义。赌博也可以与许多非游戏活动相联系，譬如在法律中有"射幸条约"的规定，玉石交易领域有"赌石"，以及依托"可能性"而诞生的保险行业。

从我们对游戏的定义上来讲，"赌博"并不是一个文本，而是一类现象的统称，并且，各种赌博活动之间，拥有共同点。赌博与经济活动（而实际上，商业活动逐渐规范在发生学上还在赌博活动之后，它身上有许多古老赌博活动的影子）相类似。一场赌博若想展开，首先需要一个作为中介的信用机构（所谓的"庄家"），由它来给予参与者以基本的信用保障（有时候这个信用机构就是一张众人都看得见的桌面而已），参与者则需要明确"买定离手""愿赌服输"的基本规则，在做出最终的决定之后，无论胜败，不得反悔。信用机构负责维持游戏秩序，它甚至负责审核参与者的资产，以确定他/她能够"输得起"。这是赌博的框架。

然而，赌博的共性明确，但各种赌博活动之间的差异更加明显，各种具体赌博活动所利用的"结局不定的事件"具有明显的不同，只是，这一统一的命名（"赌博"）总是让人对这种明显的差异视而不见。

赌博是不是游戏，非常难以判断，这取决于两点：一是赌注本身与人的关系，它是否对人的生活产生实质性的影响；二是兑现赌注的阶段是否可以具有能够被识别的符号区隔，赌注是直接兑现还是间接兑现，俄罗斯轮盘赌就是最典型的直接兑现赌注的例子，生命终结的刹那赌注兑现。据此，我们可以这样说，赌博活动包含有游戏的某些特质，是一种与游戏活动具有亲缘关系的"类游戏"。

二、被游戏改造的赌局

依靠"运气"赚取钱财，通常被认为是赌博的"专利"，这通常被视为一种不劳而获、非正常的"生财之道"。赌博甚至算不上一种智力活动，在随机性面前，一切盘算都显得力不从心。在各种文明之中，运气都与想象中的神祇有关——得到上天（或某位神祇）的眷顾，才能获得奖赏。

赌博与游戏相联系，或是依托游戏而进行的赌博活动，会不自觉地携带上游戏的特性，被游戏所改造。

赌博的意图外露，非常明显，就是为了获利；游戏则总是有意隐藏意图，或者即便是设立了意图，也往往在具体的游戏活动中失效。诸多模拟游戏最早被设计用来培训战士或特种职业者（如驾驶员或飞行员），以减少直接进行实地训练而造成的成本损耗。但这些游戏一旦流入市场，它的最初设计意图就被模糊化甚至舍弃了。游戏的设计意图并不是游戏中的关键因素。对于赌徒而言，如果他放弃在赌局中牟利的想法，转而以一种非常轻松的心态加入赌局，赌博对他来说也就只是一个游戏。

赌博被游戏改造，更具特色的是对游戏符号化的设计，集中体现在"赌注"的符号特性上。赫伊津哈说："每场游戏都有赌注，它可以具有物质的价值或者象征的价值，但是都带有理念化的色彩。"[①]"理念化"的色彩，就是赌注的符号属性。在赌博之中，财富被小心翼翼地转化为"赌注"，具体的钱财物品，通常会被替换成只在赌场通用的筹码（这通常是游戏之前的工作），而赌博本身只是置换那些符号化的"赌注"，对它到底对应货币还是实物（有可能是一头牲口或是一栋房子）没有兴趣。至少在游戏过程中，所有作为赌注的"抵押物"，都失去了"物性"，而只具有"符号性"。参与者按照事先约定好的赔率获得相应的奖励或惩罚，直到游戏结束，当这些抵押物被重新分配之后，他/她再去将筹码转换为他需要的东西（通常是货币），这时它们才重新获得实际的价值和意义。在赌局中，货币其实就是充当着"筹码"，省略了"兑现"的步骤而已。

赌博要求，"赌注"必须是可以度量和计算的——想想《威尼斯商人》中的夏洛克最终无法割下的那"不带血的一磅肉"，就不难理解这种特殊的属性了。只有在最低级的赌博中，这一符号中转过程才因为过于短暂而被忽略掉。或许我们在此可以借用马克思那句话：金银天然不是赌注，赌注天然是金银。赌注的样态可以有很多种，但使用金银—货币这种便于计量价值的符号，是赌博自身符号化的一个体现。

尽管赌博的符号性并没有改变，但是其虚拟的特质却随着历史进程奄奄一息，经济活动与赌博之间的差异已经寥寥无几，它并不像耕作与赌博之间的差异那么大。问题不在于赌博，而在于社会的原则已经被"游戏化"了。不过，我们可以说，至少在历史上很长一个时期内，赌博是被当作"游戏"来看待的，虽然需要经过一番论证才能说明，但"赌博"甚至仍然符合今天我们对于"游戏"的定义和认识。

很遗憾，历史的发展逐渐模糊了赌博与经济活动的界限，以至于我们也很难区分赌博与股票投资之间的区别，"前者纯粹的幸运通常得到承认，后者的参与人却用他能预计未来市场趋势的幻想来欺骗自己。无论如何，二者在智力上的差别是极其微小的"。对于那些没有任何经济学常识的"散户"来说，进入股票市场与赌博没有什么本质上的区别，而赌博则转变为一种复杂的"劳动"——依靠数学思维与计算，转变为对概率的预测。然而，这种

---

① ［荷兰］赫伊津哈：《游戏的人》，前引书，第54页。

"劳动"与"所得"之间并没有直接的联系。尽管看起来它好似一种"智力活动",但却没有生成任何新的东西。只要我们拥有一点数学常识,就知道"随机"(Random)与"可能性"的关系——无论一个随机事件出现的概率有多大,它还是有可能不发生。

这来自于随时代发展而出现的新的"解释项"的力量。正如"游戏"正成为一种被认可的"劳动",在游戏中的"劳动"能够转化为现实世界的有效价值一样(看看那些在现实生活中兜售网络世界物品的人),在不远的将来,很可能游戏也会得到一个新的"解释项",颠覆我们现有的对游戏的全部认识。那些巨额彩票奖金的获得者似乎也在证明,他们并非仅仅是"撞大运",而是具有某些常人不能及的耐心和计算能力。

其实赌博从未丧失自己的游戏性,禁赌的原因很可能不是来自于赌博本身,而是来自于赌博活动中存在的大量高明的骗术;更远一点,这也许关系到国家意识形态对劳动本身的态度,或是与政府对财政收入流失的担忧相关。

赌博是不是游戏,不仅仅是一个概念与范畴的问题,它也包含着研究者自身的价值取向。从这个意义上讲,即便是与科学相类似的符号学研究,也不可能保持完全的价值中立。形式上对虚拟、作假的判定,与时代的变革,与研究者的世界观和价值观息息相关。对于古希腊人而言,命运真实不虚,谶纬之术亦有其可以理解的现实层面;而生命与肢体,也可能在特定的条件下(譬如奴隶的角斗),成为赌注的一部分。而对于现代人而言,这种携带着神秘主义意味的活动本身已经与日常生活产生了观念上的背离,对生命权、财产权等的保障和维护,成为我们判定一个游戏活动的立场上的界线。

从发生学的意义上讲,赌博是最为古老的游戏形式,它奠定了后世游戏活动的基础。但是,具体的赌博活动,则很有可能与我们之前所确定的游戏定义中的某些重要因素相违背,因而无法称之为游戏。

笔者关于游戏的外延问题的讨论是建立在游戏定义的基础之上的。

第四章　游戏的内涵

在上一章，我们分析了游戏的外延，这一章，专论游戏的内涵。符号学的主要研究对象是内涵，符号学也可以称为"内涵学"。理论上讲，内涵是无限的。但是内涵的衍义具有一定的规律。游戏的内涵问题中最为重要的，是游戏符号文本的表意问题。

第一节　游戏符号文本的表意

前文提到，西方历史中，最早关于游戏的记载出自希罗多德的《历史》，吕底亚（Lydia）人发明了游戏，"他们便用这些发明来缓和饥馑。他们在一天当中埋头于游戏之中，以致不想吃东西，而第二天则只是吃东西而不游戏。他们就这样过了十八年"①。游戏占用时间和精力，在这个例子中，游戏被用来以一种比较愉悦、易于接受的方式消磨时间。这个例子展示了游戏的魔力。沉迷于电子游戏的玩者可能会与吕底亚人有相同的感受，游戏的确具有令人废寝忘食的力量，玩游戏玩到忘了吃饭。今天，在游戏机房或大学的寝室里，我们依然不难见识到这股强大的力量。

尽管这段历史的确震撼人心，但却没能给我们的游戏表意问题研究开一个好头：吕底亚人把游戏拖入了一个非常现实的境遇中，游戏的源起与效果意义如此"重大"，以至于倘若我们论证的结果没能将游戏与重大的意义相对接，就会显得底气不足。"游戏以渡过饥荒"——这其实都不是游戏自身的意义，也不是游戏设计者借助游戏所要传达的意义，这是游戏的实际效果，与游戏文本所要传达的意义是两回事。

表意问题的探讨仍需回到符号学的框架之内，因为"意义问题（包括意义的产生、发送、传达、接收、理解、变异）是人文与社会学科的共有的核

---

① ［古希腊］希罗多德：《历史》，王以铸译，北京：商务印书馆，1997年版，第49~50页。

心问题，而符号学的任务就是提供研究意义的基本方法"①。

我们已经证明了，游戏乃是符号文本。符号文本必然表意。而问题在于，游戏符号文本是如何表意的？它是否拥有"对象"？"对象"与"解释项"的关系是怎样的？

游戏文本的形成过程是双重的，这使得我们不能像对待文学作品、法律文书或广告一样对待游戏。它们之间的区别其实早就得到过揭示——游戏最接近戏剧表演，如同戏剧表演与文学文本的差异，游戏与一个静态文本的最大差异在于交互性。

双重的游戏表意过程，其实对应的就是"符号衍义"的过程。游戏内文本作为第一重的符号文本，由"游戏设计者"发送给"玩者"，玩者带着自己对"游戏内文本"的理解与阐释，其实就是"解释项"，生成下一级的"符号文本"，并最终发送给"观者"。但游戏文本之所以没有走向"无限衍义"，是因为它自己设定了"意图定点"，主动终止了衍义过程（当然，这不影响"观者"对其进行"过度阐释"）。

表意问题仍需参考符号文本的形成过程。上文已经论证过，游戏文本的形成过程是极其特殊的，它分为两个部分：游戏内文本的形成和游戏文本的形成，而又因游戏内文本乃游戏文本的题中之意，因而，游戏表意问题的讨论最终要落脚到游戏文本上。当然，游戏内文本依然是重要的研究对象。

符号在传播过程中会出现三种意义：

发送者 —→　符号信息 —→　接收者
（意图意义）　（文本意义）　　（解释意义）

我们先来看看"游戏内文本"。作为游戏内文本的意义"发送者"，"游戏设计者"携带着什么样的"意图意义"呢？

游戏设计者的意图意义通常有两类：

一是为了维护游戏的运行和完整性所进行的游戏规则的设定，它的意图在于令参与者能够尽快地领会并执行。这一意义往往被人甚至游戏设计者自己所忽视，但它却是最为基础的意图意义。

二是游戏设计自身的符号意义，游戏设计者希望通过游戏活动的开展来达到与游戏本身无关的其他目的，最为典型的就是在游戏中渗透教育意义。

------

① 赵毅衡：《符号学原理与推演》，前引书，第22页。

柏拉图在《法篇》中假托"雅典人"之口称："我们要在玩游戏中度过我们的一生……由此获得上苍的恩宠，并且在我们不得不与敌人战斗时，驱逐敌人和征服敌人。"① 柏拉图只是个潜在的"游戏设计者"，没有证据表明哪些古老的游戏是出自他的设计。但他显然希望，在他的"理想国"中，游戏应该根据一定的理念进行设计，即城邦的公民可以通过游戏竞技的方式锻炼身心，达到"既有利于国家又有利于家庭"② 的效果。由此，柏拉图的"意图意义"就显而易见了——培养对共同体或城邦有益的人才。

中国象棋的缘起似乎也具有同样的意义，北宋晁补之在《广象戏格·序》中考证："象戏，兵戏也。黄帝之战驱猛兽以为阵；象，兽之雄也，故戏兵以象戏名之。"③ 虽然这是一种发生学意义上的推测，并且还是从游戏内文本的样态进行的倒推（晁补之认为"象棋"名称中的"象"字代表"大象"，是野兽，并由此推衍出黄帝命名和设计象棋游戏的初衷），但假定他的推测是成立的，黄帝，作为象棋的"设计者"，其"意图意义"则为"演练兵法"。

值得庆幸的是，今天我们不必作这样的"倒推"就能够十分清楚地知晓游戏的"设计者"（设计者之一，不要忘记玩者对于游戏设计的后续作用）是谁，"电子游戏"的出现帮助我们实现了窥探"游戏设计者"意图的愿望，尤其是那些通常由个人设计完成的小游戏。

2009—2010 年流行的电子游戏《植物大战僵尸》的制作者约翰·威瑟（John Vechey）在接受媒体采访时称："这是一个关于僵尸的游戏，但都是些笨笨的卡通僵尸，所以不会有恐怖的感觉"，"做这个游戏只是出于个人喜好而已。我不会把游戏设计看得过于严肃，但也不会随意迎合玩家的低级趣味。所以当我开始创作《植物大战僵尸》时，我确定它能在主题和趣味上达到真正的平衡。在游戏中你能拥有这些娇媚的植物，但僵尸的存在能使整个游戏画面不会过于甜蜜。"④ 今天的电子游戏设计者的"意图意义"听起来会更加轻松，他们不会在游戏上附着太多的宏大意义，一种有趣的尝试、吸

①　[古希腊] 柏拉图：《柏拉图全集》，王晓朝译，第三卷，北京：人民出版社，2003 年版，第 561 页。

②　[古希腊] 柏拉图：《柏拉图全集》，前引书，第 552 页。

③　马端临：《文献通考》卷二二九，经籍五六，杂艺术，北京：商务印书馆，2006 年版，第 1833 页。

④　引自：http://www.gamersky.com/news/201103/171881.shtml.

引更多的人来参与或是能得到一点经济上的报偿……就是他们的"意图意义"。

走进今天的幼儿园，会发现各种各样不同的新游戏，它们大都根据那些旧有的游戏模式改造而成。而游戏的设计者，通常就是幼儿园的教师，他们无一例外地宣称其设计的游戏最大的意义在于"教育"。

其实，在游戏表意的过程中，游戏设计者的意图意义并不是最重要的，问题在于，这些"意图意义"是不是完整或部分地带入到他们的设计之中了，是否在"游戏内文本"中得到了体现，是不是能够被意义的接收者所领会。

游戏内文本的两个部分：游戏框架与游戏规则都是"强编码"符号，简言之，就是将意义强制注入符号组合，这决定了游戏内文本的"文本意义"必然体现游戏设计者的"意图意义"。古希腊奥林匹克运动会要求在比赛过程中，全体运动员必须裸体参赛，并在全身涂抹橄榄油，以令身体在阳光照射下熠熠生辉，显示健美的体态；而优胜者则会得到一顶由双亲健在的 12 岁少年用纯金刀子从神树上割下来的新鲜橄榄枝精心编织而成的"橄榄冠"，以示和平与幸福。[①]

当然，"文本意义"亦有超出"意图意义"的部分，我们今天观看体育赛事，往往会发现在赛场的周围有比赛赞助商张贴的广告。这是游戏文本自身的衍生，与游戏设计者最初的意图意义无关。由于"游戏内文本"具有一定的"弹性"，它的"文本意义"通常比"意图意义"更加丰富。

作为"接收者"的"玩者"是否能够理解"游戏内文本"的"文本意义"呢？"文本意义"是否能够与"解释意义"相对接呢？

熟悉规则、理解游戏内文本是"玩者"参与游戏的第一步，这种理解甚至是半强迫性质的，并且，它要求"玩者"的解释意义必须与游戏内文本的文本意义保持基本一致。游戏形式需要传播自己，必然以简洁经济为原则，因而，游戏设计者的第一类意图意义，是能够被玩者所领会，也基本能在玩者的参与中得到体现。

当然，第二类意图意义的传播则不会如此顺遂。"玩者"的解释意义不必一定与"游戏设计者"的"意图意义"保持一致。找不到游戏设计者，

---

① 参见"中国奥委会官方网站"：http://www.olympic.cn/olympic/ancient/2004-04-16/142724.html.

"意图意义"缺失，玩者也就失去了与游戏设计者对话的机会。在"游戏设计者"明确的情况下，依靠深入的对话，"意图意义"至少会在玩者的"解释意义"那里占有一席之地。幼儿园的孩子们喜欢做游戏，他们也许很难体会到，自己在游戏中受到了何种教育。不过，依靠对话或阐释，老师会将游戏的意图传达给孩子，如教会孩子如何识别交通信号灯，无论孩子们是否认同，这起码构成了一个有效的解释意义。

"游戏文本"是"玩者"参与到"游戏内文本"之中形成的动态文本，因而，我们很难为"游戏文本"找到一个能够负全责的"发送者"。粗略地看，"游戏设计者"提供了其中一部分"意图意义"，而"玩者"的"游戏心态"提供了另一部分"意图意义"。玩者的"行为"和"游戏内文本"的交互形成了"游戏文本"。

但问题在于，玩者的"游戏心态"是具有趋向性的：由虚到实，从"玩玩而已"到"全身心地投入到游戏世界"；而玩者的游戏"行为能力"也具有趋向性：由弱至强，从"菜鸟"到"高手"。并且，这两种趋向在游戏过程中不断变化。因此，即便是对同一玩者来说，不同时间、不同状况之下所形成的游戏文本也是完全不同的。即便是同一个游戏内文本，在不同玩者的作用下，我们也将得到数量庞大的游戏文本。

玩者会将"意图意义"带入游戏文本的构成，在竞争环境之中，轻松、愉悦或紧张、刺激，都清晰地写在脸上，很难掩饰。作为一种交互性活动，玩者不能独自掌控游戏，无论他/她如何期待取得胜利，他/她的"行为能力"却未必允许他/她轻松地驾驭游戏。实力强劲的玩者，也许只是抱着"玩玩而已"的心态，却轻松取胜；而实力稍逊的玩者，抱着"积极投入"的信念，却很可能落败。投入程度与游戏的结果往往大相径庭，因而，对于玩者而言，他/她灌注在游戏文本中的"意图意义"与实际呈现出的"文本意义"往往会有偏差。

那么，观者能否得到这个"文本意义"？

面对一个不断衍生的文本，我们不可能做统计学的分析，也无法计算到底有几成的观者能够得到这个文本意义。但能够肯定的是，必然有观者得到。这个论断是有根据的，一个简单的例子就足以证明了：看看足球赛场边或焦躁或兴奋的教练员，就会明白笔者所言非虚。

观者不仅得到了"文本意义"，还可以在游戏结束之前改变这个意义。作为"观者"的教练员完全可以依靠调度运动员的方式来改变既有的结果，再听听球场上球迷的呐喊，回想一下同一支球队在主客场截然不同的表现，那么，"观者"影响文本的含义就更加容易理解了。

从逻辑上讲，游戏文本存在一个"对象"，一个外延明确的意指（在那些被利用的游戏形式里仍不难发现这一"对象"，比如广告游戏、供军事实战模拟使用的飞行游戏或射击游戏），但是它或是由于条件所限无法实现，或是被淹没在浩如烟海的"解释项"之中难以找寻。中国象棋的目的是训练阵法，具有明确的实用功能，但在当今社会，它演变为一种娱乐形式；电子游戏《光荣使命》（见图4-1）[①]，是由南京军区与无锡巨人网络公司联合开发的军事模拟射击游戏，它的"军用版"现已经在全军服役，但对于广大的电子游戏爱好者来说，这只能算作一个颇具吸引力的噱头而已。

图4-1　由南京军区与无锡巨人网络公司联合开发的军事模拟射击游戏《光荣使命》

但换言之，对象的缺失或无效并没有令游戏符号文本失去意义。游戏与战争的区别在于：免于责任和降低危害。无论一款战争游戏多么忠实地力图还原它的这个模拟对象，游戏自身的特性决定了，它一定会有所保留，小心翼翼地为二者画出界限。麦克卢汉称："战争够不上是真正的游戏之处，恐怕也是股票市场和生意够不上是真正游戏的原因——它们的规则既不为所有游戏人了解，也不被所有人接受。况且，人民参与战争和生意的程度太深，所以战争和生意不可能成为艺术，正如土著社会中无所谓真正的艺术一样，因为每一位土著人都从事制作艺术品的工作。艺术和游戏需要规则、常规和观众，它们必须从总体环境中走出来，成为其典范，以便使总体环境的游戏

---

① 参见：http://www.plagame.cn/index.html.

性质保持不变。"①

游戏文本"虚拟作假"的特性，能够令它制造出一种奇特的效果，甚至与麦克卢汉所说的"真正的艺术"一样——符号指向自己，它部分地切断了自己与原有对象的联系，将更大的意义投注在自己身上。这个宏大的"文本意图"贯穿在每个游戏之中，牵引着所有的玩者"只为玩而玩"，难怪伽达默尔一心要清算游戏中的所谓"主体性"——他将游戏称为"一种被动式而含有主动性的意义"②，"往返重复运动对于游戏的本质规定来说是如此明显和根本，以致谁或什么东西进行这种运动倒是无关紧要"。③

或许我们可以改变一下思路，根据艾柯的说法，看看能否找到"所指物在文化上得到承认的潜在属性"，即找到一个相对稳定的"解释项"？

网络电子游戏似乎为这种尝试提供了可能。在网络游戏之中，游戏设计者（直观地说，就是那些对游戏程序有修改权限的人）、玩者和观者三者是共存的，并且无论是在游戏中还是游戏外，都为三者提供了深入对话的可能性。我们能够看到一个良性局面的产生：三者可以开诚布公地交流各自的意图，并根据游戏文本的即时形态，对游戏文本施加干预、影响、平衡，并达成共识，确定"意图定点"，防止"无限衍义"。

让我们再回到开头的例子，难道吕底亚人通过游戏渡过饥荒是虚假的吗？这难道不说明游戏具有非常实际的功用吗？在这个例子中，游戏除了"令人沉迷其中"以"占用时间"外，没有给我们提供任何其他的意义，而这恰恰也说明了，游戏文本强大的"自指性"能令参与者欲罢不能。游戏活动与阅读行为不同，一本书，无论你如何醉心于它，都不可能改变它原有的叙述形态和格局，但玩者却可以随时看到自己的力量对游戏文本的改变。至于能够抵御饥饿，这只能算是通过转移注意力引发的效果，非游戏之功，倒是应该感谢那些想出这个办法的人。

从宏观上讲：游戏表意问题难解，关键在于游戏表意本身分为几个层次；各个层次的表意文本是不同的，相对应的目标阐释者是不同的，并且，最终文本所遭遇的实际阐释者也是不同的，这导致了游戏文本表意的复杂样态。

游戏表意最终可以分为三个相互关联的层面：

---

① ［加］马歇尔·麦克卢汉：《理解媒介——论人的延伸》，前引书，第 298 页。

② 伽达默尔：《真理与方法》，洪汉鼎译，北京：商务印书馆，2007 年版，第 146 页。

③ 伽达默尔：《真理与方法》，前引书，第 146 页。

内部表意层面

内部表意层面的意义呈现主体是"游戏内文本"以及动态的游戏进程文本，这一意义文本的目标阐释者是玩者。这个表意层面的特点是表意清晰明确，对于游戏的参与者或曰"玩者"而言，意义真实不虚，必须给予认同和理解，否则，游戏将无法进行。内部表意层面只在游戏内部发生效用，不与外部世界形成意义交换，因而也就不存在现实世界中的对意义的真实或虚假等判断。在这个层面，玩者必须认为游戏文本是"真"的，正如京剧中演员必须认为画着轮子的旗子就是战车、一根马鞭就是战马。

外部表意层面

外部表意的意义主体是游戏活动的全部，这一意义文本的目标阐释者是"内行的"观者，现实所遭遇的阐释者是所有观众（有内行也有外行）。在这个层面，游戏文本是被当作与其他人类活动所形成的文本相对照的一个文本存在的，因而也就出现了对于文本本身真实、虚假的价值判断；换言之，游戏文本处于人类活动全部文本的序列之中，在这个层面打量游戏文本，也就是在询问游戏文本与其他文本的意义的差异。游戏文本因其特殊性，自然与其他文本具有巨大的差异，游戏的特性作为游戏文本意义的特殊性而呈现出来。我们称游戏为"虚拟作假"，实际上是称游戏文本的作用范围和效果有别于其他人类活动，它对于现实生活的影响与其他人类活动不同：在拳击比赛中激斗不会结仇，在电子游戏中开飞机不会真的机毁人亡……

内外部交互表意层面

游戏之特殊之处在于，游戏具有第三个层面——"内外部交互表意层面"。

传统的文学文本也可以划分为如上两个层次，即内部表意层面和外部表意层面，但是，因为文学是个静态文本，是个过去式文本，它自身的特性决定了它很难进行内外部的交互。读者在阅读过程中被文学叙事所吸引，产生移情、内化等效果，但掩卷之后，因为能够持续影响读者的交互性力量，他完全可以轻松地撤出这一身份。当然，不排除某些读者会自己制造交互性，比如"士兵枪杀舞台上的黄世仁"等事件，这背后有其他因素的影响，不可一概而论。

游戏产生这种特殊的交互性与社会环境和游戏特性有很大的关系，其直接的方式就是模糊玩者与其现实身份的关系和模糊观者与其现实身份的关系。

体育联赛是最好的例子。一场孩童间的足球赛，踢完就结束了，不会留下交互的空间；但是，如果他们相约每周踢一次，形成更为复杂的伴随文本，这周足球赛的胜负结果就与下周联系起来，赛后的战术分析、人员调配等因素也就掺杂进来了。

体育联赛就是利用了这种拉长游戏进程的方式，同时，佐以媒体对于游戏的推广、分析和预测，完善游戏内部与外部表意层面的交互性。结果是：(1)玩者的身份无法迅速从游戏中撤离，回到现实身份之中。一位足球运动员，在不踢球的时候仍然是一位足球明星，需要根据游戏文本的特性来塑造自己的身份，比如身体强壮、掌握大量足球技术等。(2)将游戏活动转换为经济活动，打破游戏文本与其他人类活动文本之间的界限，使得"游戏"成为"劳动"，并使得参与者能够通过游戏获取一定的经济收益，而非仅仅是符号化的"荣誉"。《游戏的人》的作者赫伊津哈痛斥"现代奥林匹克运动"，认为其背离了游戏的本源，就是因为游戏本身的"仪式性"经由这种改造被大大削弱。(3)放低对观众的要求，培植更多与游戏无关的观看点。游戏的观者本来应该是"内行"，应该具有辨识内外部两个表意层面的能力，但是由于现代媒体的作用，这种能力的要求被降低了，观众甚至可以仅仅因为关注运动员的样貌和身材而去关注游戏。

交互表意层面的存在使得游戏表意问题变得极其复杂，阐释者数量增多，并且站在不同的立场对游戏给予阐释，增加了游戏的可阐释空间。

据此，称游戏是拟真还是作假，其实可以看作站在不同的表意层面所作出的判断。而区分不同的表意层面，是研究游戏表意问题的基础。

对表意问题的探讨最重要的是确立表意文本和文本接收者。游戏文本的二重性决定了它的表意文本至少有两个：游戏内文本和游戏文本，因而也就至少存在着两重的表意过程，更形象地说，就是"钻进去看"和"跳出来看"。游戏内文本中游戏规则的强制性决定了"钻进去看"时，其意义必定为真，即便表意符号可能非常粗陋，与"真实"差距甚远，它也希望隐含读者将其读为"真实"的。而一旦脱离游戏——"跳出来看"，游戏本身的粗陋和简化形式则直接与现实世界形成强烈的对比，即便是拟真效果较好的电子游戏同样不能与真实世界相媲美。如此一来，真与假的判断就在游戏文本之上以辩证的姿态存在，它的两极是游戏内文本的"真"和游戏文本的"假"，由于文本阐释者身份的交互形成真假混杂的情况。因此，倘若我们笼统地称游戏为假，会受到从教育学角度对游戏进行批判的人群的反对，他们会举出种种事例说明游戏对现实生活中游戏者的真实影响；如果我们称游戏

为真，又会受到大部分游戏研究者的反对，因为游戏是强制性的符号设计。研究者从不同的立场出发，站在内部与外部表意层之间，因而产生了这种混乱的认识。

第二节　游戏的类型

所谓"游戏内文本"，就是游戏设计者提供给玩者的符号文本，主要包括了游戏规则和游戏框架两部分。

游戏内文本包含了游戏文本所形成的核心机制，游戏文本是游戏内文本的具体衍化。我们对于游戏类型的区分和判断，主要取决于游戏内文本的差异。譬如在传统游戏中，我们可以根据"游戏规则"明确地区分"篮球"游戏和"足球"游戏。而在电子游戏中，游戏内文本中的"游戏框架"则充当了区分"产品"或"品牌"的标识。电子游戏由于受制于输入输出的硬件设备（键盘、鼠标、游戏手柄等），不太可能形成差异极大的游戏规则系统（如足球只能用脚和头击球，而篮球则只能用手触球）。如我们今天能够接触到的"射击类"电子游戏，基本上都沿用了"WSAD"作为"前进、后退、左移、右移"，鼠标右键"开启瞄准器"，左键"射击"的操作模式。因此，在同一台电脑上运行的不同的游戏程序，之所以被区分为不同的游戏，依靠的是在游戏编程之中对"游戏框架"的不同设计。射击类游戏中的Activision公司的《使命召唤》系列和EA DICE公司的《战地》系列分别具有不同的故事架构和人物、环境设计，令玩者在玩乐过程中能够体验到不同风格的情节和情感变化。

面对我们反复提及的维特根斯坦及其"家族相似性"之论，我们终于可以做出正面的回应了。任何游戏的分类都有其依据，而从游戏符号文本的特性入手，我们则不难发现，构成游戏各个类型的基本符号元素单位为何——这将是我们解开"家族相似性"的钥匙。

第三节　游戏的分类

根据不同的判断标准和依据，游戏可以被划分为不同的类型，如：根据游戏活动中游戏者所使用能力的侧重不同，游戏可以被划分为"智力型游戏"和"体力型游戏"；根据参与人数的不同，分为单人游戏、双人游戏和多人游戏；根据游戏展开所使用的场地的区别，游戏可分为桌面游戏（电子游戏实际上也是桌面游戏的一种）、场地游戏；根据游戏所使用的媒介不同，游戏可分为电子游戏和非电子游戏；根据游戏的竞争程度的差异，罗杰·卡约瓦将其划分为"嬉玩"与"竞玩"两类，又根据游戏具有"赌、斗、仿、晕"的特性，将其特性相互结合，分为十几个类别；根据游戏内容的侧重，电子游戏被划分为 RTS（即时战略游戏）、FPS（第一人称射击游戏）、RPG（角色扮演游戏）、SLG（策略类游戏）、AVG（冒险类游戏）、SIM（模拟类游戏）、PUZ（益智类游戏）、SPT（体育运动类游戏）、ACT（动作类游戏）等种类。

面对纷繁复杂的游戏样态，任何一种分类法都显得力不从心，各种类型之间界限模糊，很难明确地区分。难道"体力型游戏"没有"智力投入"吗？在现实世界中对弈与在网络的虚拟棋牌上对弈又有何本质上的区别？而电子游戏的繁复分类也只能说是权宜之计，各类型之间没有绝对的界限，且从电子游戏日新月异的发展来看，这一分类法很可能要被重新改写。

能否找到一个分类法，能够有效地划定各个类别之间的界限，同时又能够与游戏研究相对接？又或者，哪一种游戏研究能够给我们提供一套新的分类依据，以便我们对游戏活动进行重新整合，而不必在种种不明确的游戏类型间纠缠？

既然我们能够利用符号学理论观照游戏文本，游戏文本内部必然存在着某种形式上的"语法"系统，能不能通过那最小的语法"单位"，为游戏重新分类呢？

这一"最小单位"其实并不难以找寻，它呈现在每一种游戏之中，决定游戏进程的走向和最终样态，即"动作"（act）。无论是在最简单的赛跑还是最复杂的电子游戏中，我们都很难找到比"动作"更为直观、直接的"最小单位"了。

一、"动元"：为"动作"编码

赵毅衡称："21 世纪是符号世纪。"人类从来也无法摆脱"符号"。笔者妄言，人类的历史就是一部从简单编码不断走向复杂编码的历史，人类的文化史就是从"直接意指"走向"含蓄意指"的历史。游戏的发展自然遵循了类似的运行规律。从游戏规则的设定到游戏框架的设计，从伴随文本的丰富到对各种新式媒介的使用，游戏文本不断丰富自己，为自己打造"符号帝国"。

人的身体和动作都是"潜在符号",一旦被特别审视或赋予其特殊的意义,随时都能够展现出丰富的符号性:聋哑人士能够通过"手语"学习,掌握一门表意丰富的"语言"。"肢体语言""人体彩绘"皆是对身体的符号性的利用。

法国符号学家格雷马斯已经就动作编码的问题进行过足够丰富的讨论。"我们发现,人体作为一个形体,它拥有充当表达代码之载体的所有条件:人造的动作信号系统——它所参照的内容代码理所当然是自然语言——便为此提供了一个附加的证据。人体的活动形式,放在一个特殊的文化背景中,被改造成一个强制性的系统之后,就会像一个发讯源的代码那样运作。"① 在格雷马斯看来,对某些动作进行编码只是表明了动作本身的特性。想要通过动作达成表意的目的,则需要"一个强制性的系统"和"特殊的文化背景"。

"合抱之木,起于毫末;九层之台,起于累土",正如音乐建基于"音符"、语言建基于"音素"、电影建基于"镜头",游戏大厦则是建基在"动动手指"这样细微的动作之上的——格雷马斯称之为"动元"。

格雷马斯随后以原始村落中为预祝狩猎成功的舞蹈为例,来阐述这一问题。"舞蹈本身并不是一个旨在传递意义的活动,也不是一个客观的'行动',而是一个旨在改变当前世界的意愿。"由此,作为对照,他将"动作实践"分为两类:"旨在实用的动作和与它对立的具有神话意味的动作。"② 祭祀、祈福使用的舞蹈,之所以被看作一个"意愿"(狩猎成功),而非一个对狩猎过程的"模拟",能够不被村落的居民"误读"(这些舞蹈当然很可能被我们所误读),是因为舞蹈动作"在不同的上下文中被纳入了不同的动作意群:实用的和神话的"③。然而,"神话动作并不仅仅是实用动作的简单内涵,我们不应将其与交流动作混为一谈,也不应将其与模仿活动混在一起,模仿活动处处可见,但却并没有因此而构成一个独立的符号学层面"④。那些仅仅将游戏视为对其他活动的模仿的学者不应该忽视游戏设计者在动作编

---

① [法] A. J. 格雷马斯:《论意义——符号学论文集》上册,吴泓渺、冯学俊译,北京:百花文艺出版社,2005 年版,第 61 页。
② [法] A. J. 格雷马斯:《论意义——符号学论文集》上册,前引书,第 67 页。
③ [法] A. J. 格雷马斯:《论意义——符号学论文集》上册,前引书,第 67 页。
④ [法] A. J. 格雷马斯:《论意义——符号学论文集》上册,前引书,第 67 页。

码上的良苦用心，游戏中不乏"模仿动作"，但其只不过是"神话动作"的素材，格雷马斯的论述也更进一步地向我们证明，游戏设计者在构建一个以动作为单位的符号系统（此处仅仅指游戏形式）上所付出的努力。

舞蹈与游戏的相似性已经在赫伊津哈和卡约瓦那里得到了证明。15世纪欧洲的宫廷舞蹈堪称是对动作进行编码的典范，庄重与优雅并不是透过舞蹈者的身份显现，而是通过严苛的舞步本身。而当来自民间的"波尔卡"和"华尔兹"在贵族中广为流传的时候，这种强制植入的"神话性"一再遭到破坏，并最终演变为"语义模糊"的大众狂欢。

当然，我们也观察到，游戏与舞蹈的不同在于，游戏活动本身提供了更多的自由动作空间，它并不像舞蹈一样对动作的"轨迹"都做出了严格的规定。格雷马斯称："人体，具有能指功用，既然我们把它当作一种动态构形来处理，那么它相当大的一部分能动性被当作位移间距的制造者，它的空间运动终将产生与内容并行的类别划分，也就不足为奇了。"[1] 在物理学中，"位移"指示了起点和终点，与"运动"最大的区别在于，它并不指示"路程"。

游戏对动作的编码关注的是"位移"，因此，它从不担心会出现"语义丢失"的现象。在游戏实例文本中，在"位移"的过程中，一切动作都是自由的，它可以是实用的、模仿的或神话的。NBA篮球运动员迈克尔·乔丹（Michael Jordan）喜欢在扣篮的时候吐出舌头——但这不影响他得分；2010年6月17日，在尼日利亚对战希腊的世界杯赛场上，尼日利亚国家队守门员文森特·恩耶亚马（Vincent Enyeama）面对对方球员已经突袭至"禁区"的底线进攻，居然靠在门柱上茫然地发呆（见图4-2）——这也不影响他成为当时那场比赛的"最佳球员"。

这些看似与游戏无关的"似是而非"的动作完全出自玩者的个人选择。因此，我们若以游戏实例中实际出现的"动作"为单位，事情就会变得难以掌控。尽管要受到规则的制约，但玩者在游戏中还是具有极大的灵活性和自主性，"有意义"和"无意义"的动作是混杂在一起的。格雷马斯称："一套自然动作若想被看作一整套编码操作——在此便是如此——我们就必须承认，如果不是在事实上至少也是道理上，事先存在一根交流轴，并以一个编

---

① ［法］A. J. 格雷马斯：《论意义——符号学论文集》上册，前引书，第69页。

码发讯员和一个解码收讯员为其先设。"① 格雷马斯只说了一半，除此之外，这种"编码"必须是"强编码"，必须具有抗干扰和清除杂质的能力，并且提供通畅的渠道（交流轴）来避免"误读"的出现。

因此，我们对游戏的分类将以可以被游戏设计者"强编码"的"游戏内文本"作为对象，从他们对"动作"的编码开始。简言之，游戏的分类也就是"游戏内文本"的分类，这也与当今通俗意义上的游戏分类法（尤其是电子游戏分类）具有兼容性。

图 4—2　尼日利亚国家队门将恩耶亚马在比赛中倚靠在门柱上

二、游戏的分类

在游戏内文本的设计中，编织意义系统和赋予行动以意义是同时进行的，因而，游戏中的意义就不能仅仅依靠"红灯停、绿灯行"式的简单规约

① ［法］A. J. 格雷马斯：《论意义——符号学论文集》上册，前引书，第61页。

而完成，它必定包含对互动性行动的考量，因而也就必然涉及差异。从这个意义上讲，任何一个游戏的规则系统都是很好的符号学研究样本，可以进行深入的探究，以分辨其间"大同小异"的编码方式。然而，面对游戏总体，我们不可能将这些异同一一展现。

格雷马斯试图将所有的动作编码一网打尽，然而，他的理论过于抽象、繁难，曲高和寡。对于游戏而言，我们只强调，根据编码繁简建立符合符号学基本规律的新的游戏分类法。根据这一原则，笔者将游戏分为三类：

（一）简单型："动作—意义"

简单型游戏即编码方式简单的游戏。通常，在游戏规则的设定上是直接赋予特定动作及其效果以特定意义。这种编码方式，如同格雷马斯所述，强调将动作的初始状态和结束状态作为一个简单的符号系统来看待，并赋予其特定的意义。

这一类型涵盖了大部分的体育竞赛。赛跑是最简单的例子，"从某个位置起跑（初始状态）—奔跑—越过终点线（结束状态）"构成一个简单的符号系统，"比其他人提前越过终点线——胜利"则是在差异中赋予这一符号系统以特殊意义。因而，"跑"这一行为本身也就在规定的线路和距离之内获得了直接的意义。拳击比赛虽然为两人对抗，但对于任何一人来说，规则符号系统都是适用的。"出拳击打（初始状态）—击中对手（结束状态）"为一个短符号链，"击中对手的'有效'部位—得分"是赋予符号系统的特殊意义。

简单型只是指游戏的编码方式的繁简，并不是指向游戏本身的难度和意义。这种编码方式其实为参与者提供了很大的选择空间。游戏规则并未对"初始状态—结束状态"之间的动作做出限定。戏言之，百米赛跑并不反对玩者以曲线行进。只是出于竞争性，这种情况绝少发生罢了。

而从对动作的人为编码这个意义上来看，简单型游戏就已经让我们看到，游戏并非模仿。

（二）对象型

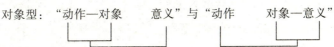

对象型："动作—对象　　意义"与"动作　　对象—意义"

对象型游戏包括两种：一种是动作施加于对象之上，并引起对象的变化或迁移，与对象构成"动作—对象"符码，并继而赋予这一整体符码以具体

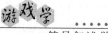

意义；另一种则首先赋予对象本身以意义，构成"对象"符码，然后再对动作与这一新符码的关系进行编码。

对象型中的第一类对应了体育竞赛中需要借助器械执行的诸多项目。如举重比赛，"按照某一特定姿势举起一定质量的杠铃"，"动作"的持续时间和"对象"的质量是胜负的标准。再如各种球类体育比赛，尽管球进入球门或被投入篮筐中是"得分"的判断标准，但动作本身仍然被赋予意义，与对象共同形成构建游戏形式的最终符码。

绝大部分"智力游戏"，如棋牌游戏等则属于第二类。棋手移动棋子，引起棋子在棋局中的位移，而棋子的位移方式和效果则是提前规定好的；牌手打出某种组合的牌，这种组合的"值"也是事先规定好的。"动作"本身只是为了要启动"对象"符码。

对象往往不是单个的（诸如足球、篮球），中国象棋的棋盘上共有 32 个棋子，每一颗都有自己既定的移动方式。动作与对象也并不是一一对应的，既有一个动作对应多个对象的情况（如"移动"这个动作就可以对应棋盘上所有的棋子），也有多个动作对应一个对象的情况，如射击由一系列连贯的动作（举枪、瞄准、扣动扳机）组成，却只对应"枪"这一个对象。

（三）媒介型

媒介型游戏就是利用其他媒介来呈现简单型或对象型游戏的游戏。

我们必须承认"盲棋"是一种有别于它所倚靠的游戏形式——"象棋"——的一种新游戏。盲棋依靠了"心灵媒介"[1]，这往往被研究者所忽视。棋子、棋盘、棋局的变化全部都显现在对弈者的脑海中，所有的动作也都内化为"言语"（"说"出棋子的位移）。但在此时，媒介并没有形成新的编码方式。

从编码方式上来看，电子游戏与"盲棋"没有什么本质上的不同。正如"盲棋"并没有改变棋子位移方式和对应的意义，电子游戏其实并没有增加什么新内容，只不过是在"对象型"游戏之前添加了"媒介"。依托图像技术和电子技术，电子游戏几乎可以"改造"所有的传统游戏，它对"动作"重新进行编码和精简，复杂的游戏动作被转化为计算机输出设备（鼠标、键盘、游戏手柄）上对应的按钮、按键，但却仍然服膺于一个完整的编码系统。

---

① 赵毅衡：《符号学原理与推演》，前引书，第 127 页。

　　尤尔曾举过一个很有趣的例子，他称在真正的足球比赛中，皮球经常会被踢出球场外，而在电子游戏《FIFA2000》（见图4-3）中，足球却永远不会跳到屏幕外面来。这种说法其实不完全对，电子游戏中的足球一样会出界，只不过这种情况发生在屏幕内显示的那个足球场。在电子游戏操作中，游戏者拨动鼠标或敲击键盘的动作会引发屏幕中的对象的动作，继而屏幕中的对象代替游戏者，传导游戏者动作。仅就编码方式而言，数字化并没有产生什么新东西。或者说，如果条件允许，媒介型游戏可以随时转化为对象型或简单型游戏。

图4-3　电子游戏FIFA的操作界面（图中显示了两种不同的视角之下的游戏画面）

　　游戏符号学分类法并没有向大众推广的野心，它只是在游戏的符号学研究范围内进行的一个实验。这个实验已经为我们提供了很多重要的数据：我们看到了游戏规则对动作的基本编码方式——在"初始状态与结束状态"之间的"自由地带"，也看到了电子游戏的编码方式与传统游戏编码方式的密切关系。我们或许能够在游戏行为中归纳出更为详尽的"语法"，而"语法"的基础，无疑仍然是"动元"。

　　如此，"家族相似性"的秘密其实就存在于游戏符号文本的最小单位"动元"上，正如语言系统的单位语素，言语表达所依靠的"音素"。"动元"的组成方式构成了游戏的不同类型，恰如家族相似性所仰赖的遗传因子

DNA，它隐藏在游戏活动的肌理之中，控制着游戏形式的变化。

第四节　游戏文本的伴随文本

正如理解言说需要依靠语境，阐释小说需要上下文关系。对于一个符号文本而言，它的解释方式一方面是由文本本身决定的；另一方面，伴随文本的种类、数量和品质也在一定程度上影响文本的解读。

所谓伴随文本，就是"伴随着一个符号文本，一道发送给接收者的附加因素"[①]。根据赵毅衡的定义，伴随文本可以分为显性伴随文本、生成性伴随文本和解释性伴随文本三大种类。在赵毅衡的《符号学原理与推演》一书中，他也以足球比赛为例，条分缕析地列出了一场足球赛的伴随文本[②]：

副文本：显露在文本表现层上的伴随因素，如球场的布置（草坪的质地、图案）、使用的足球、观众的气氛、场边的广告牌等。

型文本：指明文本所从属的集群，即文化背景规定的文本归类方式，如对于足球比赛而言，它就是一种体育团体竞技项目的类型。

前文本：一个文化中先前的文本对此文本生成产生的影响，如球赛对战双方此前的比赛经历，对战双方各自的比赛"风格"。

同时文本：与文本生产同时出现的影响因素。如在比赛过程中，教练员对场上运动员的指导，形成的"技战术"文本等；裁判员对球员的判罚，形成"场上执法"文本；足球评论员的现场评论形成的解说文本等。

元文本："关于文本的文本"，文本生成后被接收之前所出现的评价，如媒体或足球评论专家对足球赛的预测和深入解读。

链文本：接收者解释某文本时，主动或被动地与某些文本"链接"起来一同接收的其他文本。如球队的球员借游戏中的出色表现成为众人追捧的"明星"，他们会受到特别的关注。

先后文本：两个文本之间的特殊关系。如在联赛中引起的"积分"和"排名"上的变化。

---

① 赵毅衡：《符号学原理与推演》，前引书，第141页。
② 参见赵毅衡：《符号学原理与推演》，前引书，第151页。笔者对此作了增删和改动。

而他认为，"如果没有这些伴随文本，球赛只是 22 人踢球玩而已"①。

符号文本在传播过程当中，会受到其他因素的影响，符码接收者在接收、理解文本的过程中，需要依仗既有的知识体系和阐释能力。因此，随同符号文本发送的必有其他因素，符号文本必有伴随文本。每个游戏文本都有其伴随文本，然而，对于游戏符号学的分析来讲，仅仅罗列出某个具体的游戏符号文本的伴随文本，只是说明了"其然"，而未道明其"所以然"。游戏当然拥有伴随文本，重要的是探索游戏伴随文本与游戏文本的关系，其特殊的作用和价值。

赵毅衡的例子其实预先设定了一个观点，他所分析的是足球联赛中的一场足球赛，而不是一个孤立的足球赛。"伴随文本控制着符号生产与理解。"② 这提醒我们，能否从"22 人踢球玩"这个最基本的游戏文本入手，关注游戏活动的演变与伴随文本的关系，并由此理顺游戏的成熟过程，发现游戏文本伴随文本的一些特征。换言之，我们可以通过理清足球赛衍变为足球联赛的过程，发现伴随文本对于游戏文本本身的作用。

一、游戏的"伴随文本执着"

相较其他符号文本，游戏文本是有意且必须借重和依靠伴随文本的。游戏符号文本与其伴随文本的这种关系，是游戏活动的一大特点。笔者称这种现象为"游戏的伴随文本执着"。

在游戏活动中，游戏设计者、玩者、观者都需要依从游戏的伴随文本。我们都非常熟悉"田忌赛马"的故事：

> 忌数与齐诸公子驰逐重射。孙子见其马足不甚相远，马有上、中、下辈。于是孙子谓田忌曰："君弟重射，臣能令君胜。"田忌信然之，与王及诸公子逐射千金。及临质，孙子曰："今以君之下驷与彼上驷，取君上驷与彼中驷，取君中驷与彼下驷。"既驰三辈毕，而田忌一不胜而再胜，卒得王千金。③

这个故事再浅显不过，通过改变马匹的对战顺序，孙子使资源整体实力

① 赵毅衡：《符号学原理与推演》，前引书，第 151 页。
② 赵毅衡：《符号学原理与推演》，前引书，第 153 页。
③ （汉）司马迁撰，（宋）裴骃集解，（唐）司马贞索隐，（唐）张守节正义：《孙子吴起列传第五》，载《史记》第七册卷六五，北京：中华书局，1959 年，第二一六三页。

偏弱的田忌最终赢得比赛。孙子的计谋是建立在他对马匹情况掌握的基础之上的。正是因为"忌数与齐诸公子驰逐重射",才能对马匹(参与者)的实力有清晰的认识;他对马匹进行等级的区分,并在"君上驷"与"彼中驷"之间作出判断。而如果田忌只是仗着马壮,并没有依靠伴随文本,不免会输掉比赛。

田忌赛马只是一个游戏文本,孙子依靠的是这一游戏文本"伴随文本"中的"前文本"。在实际的游戏活动中,玩者也总是通过历史经验来认识参与同一游戏形式的对手,通过相同类型的游戏形式之间的对比来判断游戏之间的趣味和投入程度,通过游戏进程来了解其他信息。玩者需要反复阅读、书写游戏内文本,才能在游戏中逐渐总结经验,形成取胜的策略和游戏的风格。观众虽然只能在游戏外"阅读"游戏文本,但依靠的仍然是对游戏内文本的逐渐熟悉。游戏内文本的相对稳定性,保证了观者能够建立起对游戏的理解;游戏文本的丰富性,则培养起观者对游戏的兴趣。这些都与游戏的伴随文本有关。

除了玩者,游戏设计者也需要利用伴随文本所产生的效果。游戏文本是游戏内文本经由玩者具有能动性的解读、参与、衍义而形成的符号文本。游戏内文本是游戏的核心,也是游戏类型的决定性因素。游戏的这种结构特点决定了,单个的游戏文本很难获得社会价值和广泛的传播效应,因此,游戏文本之间以及游戏文本与伴随文本,必须相互结合,形成规模更大的"文本束"。设计者也往往利用这一点,将游戏内文本相同的游戏通过某种方式结合在一起。传统游戏与体育竞赛能够历久弥新,恰恰是利用了游戏文本的这种特性。当今的游戏,几乎没有完全独立的游戏文本,都是以"文本束"的形态存在的。

英国人创造了现代足球的历史,他们在1888年建立了足球联赛并延续发展至今。足球联赛制度的出现,最直接的原因是参与游戏的人数的增加和符合规格的足球场地较少。足球比赛仅允许22人上场比赛,这意味着,其他参与者如果也想参与这项运动,就必须进行另外的比赛;而如果一支球队希望与另外某一支球队进行比赛,就必须首先考虑到对方的时间和场地安排是否允许。在这种情况下,球队的负责人之间就必须相互进行协调,安排比赛的时间、地点和方式,保证每支球队都有相互对战的机会,形成和谐有序的比赛制度。球队之间的胜负关系也将被记录下来,并通过某种特定的计算方式列入整体的考量。NBA的常规赛有30支球队,它们需要在常规赛赛季进行 1230 场比赛，每个球队在常规赛中参加的比赛场次数都是 82 场。而英格兰足球协会挑战杯（简称"足总杯"）2004/2005 赛季则共有 660 支队伍参赛。如此庞大的体育赛事对于比赛安排的要求越来越高，促使这种组合方式不断调适、演化，形成了现在比较常用的几种联赛制度，主要有淘汰制、循环制和积分循环制等。

淘汰制，尤其是单败淘汰制，顾名思义就是在多轮次对战的前提下，两人或两队对战，负者即被淘汰，胜者则进入下一轮比赛。这种赛制易于理解和操作。N 名选手参加的单淘汰赛，只需要 N-1 场比赛就可以决出冠军。这种赛制能够将悬念留到最后，确保了冠军在最后一场比赛中产生。而在循环制或积分循环制的比赛中，都经常有提前夺冠的情况。同时，淘汰制也提高了赛事的偶然性，实力最强的选手或队伍并不一定能最终取胜，冷门随时都有可能发生。这种赛制常见于象棋和围棋比赛。"足总杯"也采用这种赛制，只是在半决赛之前的赛事中还增加了"重赛制"，各轮比赛如果在 90 分钟内打成平手，均需重赛；重赛如果在 90 分钟内仍打平，则需加时再决胜负（加时分上、下半场，每段 15 分钟）；如果加时仍未能分出高下，则以点球决胜负。这一方面缓解了参赛队伍过多带来的场地和调度上的压力，另一方面偶然性增加，也提高了比赛的悬念。

双败淘汰制稍微复杂，即游戏参与者在比赛中输掉两局就被淘汰。比赛通常会根据第一轮的对战情况将参赛者分为胜者组和败者组，其后，胜者组比赛中的负者就会进入败者组，而败者组的选手再输即被淘汰。最后的决赛是在胜者组冠军和败者组冠军之间进行的。因为围棋有先后手之分，"一局定胜负"对后手棋手有一定程度的不公，所以这种赛制通常被用于围棋比赛，只是在决赛阶段的赛制会略有差别，如日本围棋的十段战，胜者组冠军输给败者组冠军就会被淘汰；而韩国的某些围棋比赛则是败者组冠军要在对胜者组冠军的决赛中两连胜才夺冠，而胜者组冠军只需要一胜即可。

循环制，即在一场比赛中每一竞技者均与除自身外的所有参赛者轮流捉对比赛，依据全部场次的比赛结果判定比赛名次。每两名参赛者之间只比赛一场的称为单循环赛，比赛两场的称为双循环赛。在有多支队伍参加的赛季比赛中，一般采用双循环制，即每支队伍与其他每一只队伍都要进行两场比赛，一般分主客场进行，常见于各国的足球联赛中。单循环赛常见于赛会制的分组比赛中，例如世界杯足球赛决赛阶段的小组赛。由于每一支球队都要面对同样的对手，而偶然的一两场失利并不一定会丧失争夺冠军的资格，所

以一般认为循环赛制相对于淘汰制而言偶然性较低，更能体现参赛者的真正水平。上面提到的英格兰"足总杯"，比英格兰足球联赛历史还要悠久，但由于足总杯使用淘汰赛制，无论是对于球队还是球迷，其冠军价值远不如经历了双循环赛的联赛冠军。当然，循环制也存在一些问题。在赛事的最后几轮，经常会出现一方需要为夺冠或保级努力，而对手成绩位居中游，胜负并不太重要而导致消极对战的情况。或是事先已经出线的球队可能会为了挑选下一阶段的对手而故意输掉比赛。2012 年 7 月 31 日，伦敦奥运会羽毛球女双最后一轮小组赛中，为了避开提前与本方队友在淘汰赛中相遇，女双 A 组的于洋/王晓理与郑景银/金荷娜，以及女双 C 组的河贞恩/金旼贞与波莉/乔哈里，都选择了消极对待比赛，最终这几位选手被世界羽联取消了参赛资格。

积分循环制又称瑞士制，最早出现在 1895 年在瑞士苏黎世举办的国际象棋比赛中，故而得名。循环制通常也会有积分，譬如，在各国足球超级联赛中，单场比赛获胜的队伍积 3 分，双方战平则各积 1 分，负者不得分。但这种赛制的积分计算方法更为复杂，因此二者不可混同。比赛总轮次是赛前预先确定好的，一般为 3 到 9 轮。第一轮比赛可通过抽签决定或者根据赛前排名决定。比赛的胜者获得 1 分积分，负者不得分，如果打平双方各得 0.5 分。不管胜负如何，所有选手都进入下一轮。以后每一轮的配位，胜者对胜者，负者对负者，即根据此前的积分决定，积分相同或最相近的选手将相互对阵。当然前提是二者在前面的轮次中尚未交手过。最后的名次由选手的总积分决定。如果出现积分相等的情况，可以通过计算小分决定。所谓"小分"，就是该名参赛者所有比赛过的对手大分总和。最终的总得分＝大分＋小分/最高大分×2−轮次数。积分循环制无须淘汰任何参赛者。选手不用担心会被提前淘汰。但是，瑞士制并非像淘汰赛一样把悬念保留到最后一场比赛，有的时候某名选手的领先优势过大，提前一轮甚至几轮就可以确保冠军。

在实际比赛中，比赛经常分几个阶段，不同阶段用不同赛制。比如刚刚过去的 2014 年巴西世界杯，就是在小组赛使用单循环制，半决赛阶段使用单败淘汰制。

联赛制度，是游戏设计者为平衡和处理"游戏文本束"之间的关系所构建起的计算方法。这一制度本身也是游戏文本的伴随文本依据，它使诸游戏联合成一个大游戏，其间，每一个单个的游戏文本都与其他文本相联系。由此，游戏的观者就能够对游戏产生持续的关注甚至感情。"任何一个符号文本，都携带了大量社会约定和联系，这些约定和联系往往不显现于文本之中，而只是被文本'顺便'携带着。……所有的符号文本，都是文本与伴随文本的结合体，这种结合，使文本不仅是符号组合，而且是一个浸透了社会文化因素的复杂构造。"① 在观看游戏的过程中，我们不可能不关注到游戏文本的相关伴随文本。因此，游戏的"伴随文本执着"现象在游戏设计者、玩者、观者三个层次之间均有体现，甚至可以说，缺乏伴随文本的支撑，游戏无法持续，玩者无法提高技术水平，观者不会也不能关注游戏。

二、体育竞技的"量化"倾向

游戏文本相互之间的结合，建立伴随文本中前后文本的关系，通常是以数字记录为基础的。这导致了游戏领域"数目字化"的趋势。2006 年，中国田径运动员刘翔在瑞士洛桑的田径超级大奖赛男子 110 米栏的比赛中，以 12 秒 88 打破了沉睡 13 年之久、由英国名将科林－杰克逊创造的 12 秒 91 的世界纪录，并夺得金牌。20 世纪之后的体育竞技领域，创造或打破纪录的意义已经超过了夺取金牌的意义。2012 年 5 月 5 日，在 NBA 洛杉矶湖人队与丹佛掘金队的比赛中，科比·布莱恩特贡献了 22 分和 6 次助攻，职业生涯季后赛总助攻次数达到 1000 次，他更因此成为继乔丹之后，NBA 历史上第二个季后赛得分 5000＋、篮板 1000＋、助攻 1000＋的球员。但这场比赛湖人队客场 84∶99 负于掘金队。在前一个例子中，刘翔取得了比赛的胜利，又破了纪录；而后一个例子中，科比破了纪录却输了比赛。纪录的意义超过游戏的胜负结局意义，是现代体育的一个重要特点，阿伦·古特曼称之为"量化"（Quantification），"结合量化的冲动以及获胜、超越、成为最好的欲望——其结果就是纪录的概念"②。

纪录是"先文本"，"各种竞技打破纪录，就是后文本相对于先文本的纪录数字差异"③。纪录有非常重要的作用，"它不仅使得在同场竞技的运动员之间的竞争成为可能，还可以使那些不同时间和空间里的运动员们的竞争也成为可能"④。但是，纪录同时也是游戏文本的简化，它将生动的游戏进程

---

① 赵毅衡：《符号学原理与推演》，前引书，第 141 页。
② ［美］阿伦·古特曼：《从仪式到纪录——现代体育的本质》，前引书，第 54 页。
③ 赵毅衡：《符号学原理与推演》，前引书，第 149 页。
④ ［美］阿伦·古特曼：《从仪式到纪录——现代体育的本质》，前引书，第 55 页。

简化为了一个数字，游戏的丰富内涵被数字所掩盖。玩者对纪录的执着，能够将一场游戏的胜利赋予"史诗级"的意义；观者对于纪录的追捧，则使对游戏的阅读成为一种"科学"。

在阿伦·古特曼看来，重视纪录是古典体育精神的丧失，"量化成绩的观念与世俗系统的标准更一致，而不是与神圣的超验领域相接近"①。古希腊人并不是缺乏测量数据的方法，而是没有这种观念。他们认为，人类是测量一切事物的标准，而不是不断被测量的对象。对于古希腊的参赛者而言，戴上桂冠，赢取荣誉和名声，这就足够了。而现代人已经失却了这种个人的神圣荣誉感，取而代之的是以对虚妄的数字的追求，来掩盖古典体育精神由神圣降为世俗之后的一种失落感。因此，纪录"是取得难以想象的好成绩的动力；是阻碍我们努力的心理障碍；是一种狂热；是理性化疯狂的一种形式；是我们文明的象征"②。

古特曼认为，现代体育具有7个重要的特点，除了"量化"，其余6个分别为"世俗主义、平等的竞争机会和条件、角色专门化、理性化、科层化和追求纪录"。这6个特征其实可以分为两大类，一是世俗化倾向，二是理性化倾向。笔者认为，古特曼还忽略了一个特征，就是现代体育的狂欢化。

奥运会的开幕式表演堪称是这种狂欢化的典型。现代奥林匹克运动会的开幕式包括基本仪式和体育文艺表演两部分。基本仪式是固定内容，包括了诸如奥委会主席讲话、各国体育代表团入场、运动员及裁判员代表宣誓、演奏或演唱主办国国歌等内容。体育文艺表演则不是规定内容，由东道国自行决定。1896年在雅典举行的首届现代奥运会，在基本仪式之后，只是演奏了希腊的古典弦乐《奥林匹克圣火》。这首乐曲后来被国际奥委会确定为奥林匹克会歌。1912年，第五届奥运会于瑞典斯德哥尔摩"科罗列夫"运动场正式开幕。大会首次举行了隆重的开幕仪式，并从此形成传统。直到1924年在巴黎举行的第8届奥运会，开幕式文艺表演也只是由四个乐队、两个合唱团进行集体演奏而已。1936年第11届奥运会时，国际奥委会正式规定，在主体会场点燃象征光明、友谊、团结的奥林匹克火焰。此后这一活动成为每届奥运会开幕式不可缺少的仪式之一。20世纪50年代之后，奥运会逐渐走向豪华，开幕式也越来越被重视，文艺表演更是成为其中工作量最

---

① ［美］阿伦·古特曼：《从仪式到纪录——现代体育的本质》，前引书，第58页。
② ［美］阿伦·古特曼：《从仪式到纪录——现代体育的本质》，前引书，第57页。

大、准备时间最长、花费最多的部分。1984 年洛杉矶奥运会，开幕式耗资700 万美元；1992 年巴塞罗那奥运会，花费便增长到三倍多，达到 2500 万美元；2004 年雅典奥运会的开幕式花费了约 8100 万欧元，创下了历届奥运会开幕式费用最高的纪录。

开幕式文艺表演本是作为"游戏文本束"的奥林匹克运动会的"副文本"。它最初的意义在于配合"基本仪式"，反映出以和平、团结、友谊为宗旨的奥林匹克精神。然而，随着奥运会的国际地位和价值的不断提高，开幕式的内涵也不断扩展，需要展现出东道国的民族文化、地方风俗和组织工作的水平，同时还要表达对世界各国来宾的热情欢迎。开幕式文艺表演逐渐脱离奥运体育赛事本身，自成一体，成为宣扬东道国特色文化的符号。2008年的北京奥运会使用了大量与中国历史和传统相关的文化符号，以凸显中国的民族精神和综合国力，而这些符号与体育竞技几乎没有关系。当然，这并不影响观众对于开幕式的期待和欣赏。

体育领域对"量化"的重视并没有使得游戏本身停滞或倒退，导致古典体育精神失落的原因并不在于人们对游戏伴随文本的执着，而是存在这样一种趋势：游戏伴随文本的意义超越游戏文本本身。赵毅衡说："伴随文本是符号表意过程造成的特殊的语境，是任何符号文本不可能摆脱的各种文化制约。"[1] 在游戏领域，通过伴随文本的作用，游戏逐渐扩充自己的内涵，形成一种独具特色的游戏文化形态；而特殊的是，游戏伴随文本的意义往往会超越文本本身，又使游戏文化走向更大的扩张。而此时，当我们回望最初的游戏文本，会发现，它已经淹没在了伴随文本的海洋之中。

三、游戏"伴随文本"自成一体

游戏借由伴随文本之力，形成游戏文化；而电子游戏产业也正是借由伴随文本之力，不断推出与游戏文本相关的"衍生"产品，并带动相关产业的发展，来制造商业上的"神话"。有时候，伴随文本甚至可以脱离游戏文本，成为独立的符号文本。例如角色扮演类电子游戏（RPG）《仙剑奇侠传》，它的伴随文本包括以下内容：

副文本：玩家进入游戏程序所使用的计算机的软硬件配置，如鼠标、键盘、计算机处理器、显卡、操作系统等。

---

① 赵毅衡：《符号学原理与推演》，前引书，第 152 页。

型文本：仙侠题材的 RPG（角色扮演类）电子游戏。

前文本：玩家此前对同类游戏的体验。

元文本：游戏网站对该游戏的测评、攻略等。

链文本：在游戏中，提供了多个结局供玩家选择并自己推进。

先文本：制作游戏所参考的一系列中国仙侠小说与电影。

后文本：游戏公司在该游戏取得销售成功之后推出的《仙剑奇侠传》系列游戏，伴随此游戏而出现的游戏角色 Cosplay，根据游戏剧本改编而成的同名电视剧。

电子游戏《仙剑奇侠传》于 1995 年发行，其故事框架的设计来源于《蜀山剑侠传》等武侠小说和《蜀山传》一类的武侠电影。而电视剧《仙剑奇侠传》于 2005 年 1 月上映，是中国第一部由电子游戏改编的电视剧，播出后获得了 11.3％的平均收视率。两个文本互为"先后文本"，在情节设定上有明显的相似性。两个文本的产生相距 10 年，电视剧的播出显然瞄准了对游戏有特殊印象和情感的受众。但是，也有很大一部分观众并没有接触过游戏《仙剑奇侠传》，但这并不影响他们观看这部电视剧，追捧剧中的影视明星。

在消费社会，玩家们不仅消费电子游戏这种虚拟产品，还会消费在这个虚拟符号基础之上通过二次模拟建立起来的符号，符号的生产—消费、再生产—再消费成为这个时代最大的特征。波德里亚称："现在是另一个价值阶段占优势，即整体相关性、普遍替换、组合以及仿真的阶段。仿真的意思是从此所有的符号相互交换，但决不和真实交换（而且只有以不再和真实交换为条件，它们之间才能顺利地交换，完美地交换）。这是符号的解放：它摆脱了过去那种指称某物的'古老'义务，终于获得了自由，可以按照一种随意性和一种完全的不确定性，展开结构或组合的游戏，这一游戏解体了以前那种确定的等价法则。"① 一款电子游戏，甚至可以将那些从未涉足过此领域的人拉扯进来，通过自我复制、生产和衍义，促进消费。这期间，索绪尔式的"能指/所指"的一一对应关系被皮尔斯式的无限衍义所替代；甚至，出现了伴随文本喧宾夺主，取代游戏文本本身的现象，这就导致"我并不懂足球，但我特别喜欢贝克汉姆"一类人的出现。

---

① ［法］让·波德里亚：《象征交换与死亡》，车槿山译，南京：译林出版社，2012 年版，第 4 页。

　　综上所述，伴随文本对于游戏文本而言，具有举足轻重的意义。在游戏中，伴随文本是必不可少的条件，游戏设计者、玩者、观者都需要伴随文本才能对游戏进行阅读、阐释和再生产。游戏文本借助伴随文本因素，形成更大的"游戏文本束"，是当今游戏的一个显著特点。伴随文本超越游戏文本本身，自成一体，形成与游戏文化相关的次生文化，是游戏领域的发展趋势。

　　理论上讲，游戏的内涵是无限的。游戏符号学则首先提供了研究游戏内涵问题的途径，包括：从游戏文本出发，对游戏表意机制的探究；从游戏内文本出发，对游戏类型划分机制的探究；从游戏伴随文本出发，对游戏文本与伴随文本关系的探究。而这三个问题，基本上涵盖了对于游戏内涵问题未来探索的途径。

第五章　游戏性

所谓"游戏性"，就是游戏符号文本的符号衍义中被广泛接受的部分。游戏性是人们在认识、理解、阐释游戏现象时出现的，是游戏内涵问题的延伸和拓展。不同的研究者，对游戏的定义不同，从不同的角度出发，会形成对游戏的不同认识。从理论上讲，"游戏性"其实是无限拓展的，而我们之所以能够在一定的论述框架之内谈论这个问题，是在理论场域之中通过不断的对话获取"意图定点"，从而将话题铆定在一定的范围之内的结果。

对游戏性的讨论基点在于：从游戏文本的动态性这一基本立场入手，利用我们对于游戏符号文本双重结构的理论架设，观照游戏活动的复杂性——我们将游戏视为一种特殊的符号文本。游戏因此而展示出来的一切特性就是游戏文本所传达出来的意义。游戏符号学对"游戏性"的阐释基于我们之前对游戏的定义。因此，我们是在游戏概念的外延框定之中寻找游戏所具有的特性。这决定了，我们今天讨论的游戏性，不会是个极其庞大的概念，它只能被局限在与游戏相关的现象中。

第一节　游戏中的"扫兴的人"

对于一个符号或符号文本来说，意义的衍生是无限的，任何人都可以做出自己的阐释。学界认为，需要借助"阐释社群"才能确定相对稳定的"意图定点"。游戏性在诸多游戏研究者那里，是一个极其随性的概念，各种与游戏活动相关的观念通常被一股脑地塞进"游戏性"之中，造成了语义上的混乱。

在笔者看来，至少在游戏文本中，在"最不合作的参与者"那里，往往可以找到这个"意图定点"。他们所认可的意义，既标识出游戏文本本身所规范出的边界，也展现出游戏性的外延。

"扫兴"看似是一种因人而异的感觉，实际上是一种特殊的状态。在游戏中，"最不合作的参与者"即是"扫兴的人"（killjoy），这个词还有另一个更为形象化的表述："A skeleton at the feast"（直译为"宴会上的骸髅"）——据称古代欧洲和亚洲的一些民族，在节日庆典、大宴宾客的时候，会为一具骸髅专门安排一个座位，目的是令人在宴饮享乐的同时不要忘记苦难。这具令人毛骨悚然的"宴会骸髅"当然也就成了"扫兴的人"的代名词。

参与过游戏的人，都不难理解"扫兴的人"一词的含义。用通俗的话说就是："跟这样的人一起玩没意思！"为什么他们的加入会令"意思"和"趣味"消失呢？

"扫兴的人"是这样一类人：他们与其他参与者一样，自愿进入游戏、参与游戏、推动游戏进程；他们是规则的违背者（规则一旦确立，只可能遵守或违背，不可能被破坏）；他们是目标的背弃者，他们是与世无争的人，他们是戳破游戏幻象的人——他们自愿地参与到游戏中来，却不愿意循规蹈矩地进行游戏，他们的行为试探着游戏的底线，他们的心思游离在游戏之外。"扫兴的人"破坏了游戏的各个环节。"游戏设计者"厌恶他们，因为他们丝毫没有珍视其精心设计的作品，甚至连参与都是慵懒的；"玩者"厌恶他们，因为他们欲拒还迎的姿态，消耗了竞争所带来的快感；"观者"厌恶他们，因为他们漫不经心的参与，令游戏看起来毫无生趣。"扫兴的人"往往既非赢家，也非输家，他们甚至不愿意承认自己是竞争者，仿佛激烈的游戏竞争与他们无关。他们比其他参与者更可怕，问题不在于他们是否是强有力的竞争者——那恰是游戏所需，反倒会令游戏变得更加刺激、有趣——而是他们是游戏的潜在毁灭者，他们令游戏变成一块鸡肋，食之无味，弃之可惜。他们让我们对游戏那些先入为主的理解全部落空。但令人遗憾的是，我们绝不可能杜绝此类人出现在游戏中，没有任何一个游戏中的任何一项规则能够避免他们的参与，或是避免某些参与者转变成一个"扫兴的人"。而恰恰就是那些将兴致勃勃的参与者变成"扫兴的人"的游戏形式，面临着渐渐被人遗忘的命运。

然而，不得不承认，只有从"扫兴的人"那里，我们才能一窥游戏的本质；只有"扫兴的人"，那些厌弃了游戏的人，才能冲破游戏所制造的藩篱，搭建游戏世界与现实世界之间的桥梁，让我们看清楚游戏活动的真正面貌。无论我们如何厌恶"扫兴的人"，游戏并没有拒绝他们。而游戏研究倘若忘记了他们，只关注游戏的趣味和娱乐，便会与游戏的丰富性失之交臂。每个

人都不免会成为这种"扫兴的人"。当我们放弃一款游戏，对其失去兴趣之时，对其他热衷于此游戏的人来说，我们也令他们"扫兴"。

扫兴的人为游戏文本提供了在胜与负之外的"第三项"，这使得游戏文本跃入新的符号衍义中，"扫兴的人"考验游戏文本的容量与弹性，指示我们找到那个"意图定点"。如果说其他游戏的人极力维护着游戏世界的独立、完整与自足，"扫兴的人"则是那些为游戏世界夯实界碑的人。

第二节　规则、竞争、运气与虚构

2012年7月31日，伦敦奥运会羽毛球女双最后一轮小组赛中，为了避开提前与本方队友在淘汰赛中相遇，女双A组的于洋/王晓理与郑景银/金荷娜，以及女双C组的河贞恩/金旼贞与波莉/乔哈里，都选择了消极对待比赛。最终，于洋/王晓理在对韩国选手郑景银/金荷娜的小组比赛中0比2告负。这场比赛双方消极比赛，引发满场嘘声。世界羽联秘书长托马斯·伦丁说："这几对组合被指控违反了世界羽联球员行为守则第4.5和第4.6条，即'没有尽全力去赢得比赛'，和'在场上的行为明显有害于羽毛球运动'。"此事件后，中国羽联服从世界羽联的判罚，没有做出上诉。

毫无疑问，这场比赛令人"扫兴"，两组选手都是世界上出色的羽毛球运动员，她们的问题并不是出在羽毛球技术上，准确地说，她们只是"利用规则消极比赛"。当然，她们都是"扫兴的人"。

这一事件在中国媒体引起了广泛的讨论，也引发了我们对于游戏或体育竞技的思考，为什么"利用规则消极比赛"要受到处罚？

一、规则

游戏规则的确立意味着，游戏与现实分开了，规则产生了新的秩序。卡约瓦说："虽然虚拟和情绪因素看似能够显现甚至替代规则所发挥的作用。但规则本身可以制造虚构。一个人无论是下棋、玩'抓俘虏游戏'、打马球或是赌牌，一旦他严格遵循这些游戏各自的规则，他就与现实生活相分离，在生活中，你也绝不会找到与这些游戏真正对应的活动。这也是为什么下棋、玩'抓俘虏游戏'、打马球或是赌牌总是携带着一些实际目的的原因，虽然这并不是必要因素。"① 游戏规则的确立标志着游戏形式的诞生。游戏形式的核心因素就是规则，在最基本的游戏形式中，游戏框架只是不刻意点明的时空因素。

游戏规则通常不会设置门槛，将参与者拒之门外；反之，它力图适用于所有人。现代竞技体育与大众体育的分化，从符号学的角度来讲，就是游戏规则为自己设定限制性条件。

规则是强编码符号，也就是说，在"符号—对象—解释项"的三分法中，这种符号文本强制性地将自己与确定的对象联系在一起，并为阐释者衍生其他的解释项的有效性划定了范围。玩者的"自由"则体现在，根据这种强制性的理解，他/她可以在行为上做出"遵守/违反"的选择，并且接受因此带来的后果，但前提也一定是，他/她"理解"规则。

游戏规则的建立可能源于一种尝试，我们不妨假想一下：当两个奔跑的孩子约定，两人同时出发，从一棵树跑向另一棵树时，规则也就诞生了。在这个例子中，已经透露出很多信息：规则来源于双方认可的约定；他们最初的目的可能并不是要看看谁跑得更快，而只是让奔跑更有趣而已。规则并不天然地与"竞争"相联系，它的意义在于：建立秩序，免于破坏。通过规则来维持秩序所产生的良好效果，而非通过武力或其他，已经被人类历史的经验所证明。

作为强制性编码，规则必须面对自己的反对者。在游戏中，游戏需要参与者。它需要守规矩的人，但也不排斥不懂规矩的人，它甚至欢迎那些利用规则的人，如为田忌赛马出主意的孙子。因而，规则与禁令的区别是，它必须拥有两面性。简单地说，规则必须既能够"被遵守"，又能够"被违反"，这才算得上是一条可行的规则；与此同时，规则必须为每一种违反规则的行为做出恰当的判罚，同时保证判罚的有效。交通信号灯中的"红灯"表示禁止通行，尽管"对象"明确，却仍然有人愿意以身犯险，主动去"闯红灯"——"规则"需要植入一个有约束能力的框架才能发生效用。

游戏规则是"游戏内文本"的组成因素。这也就意味着，它是"游戏设计者"制定的。大部分规则是在一个游戏正式面世之前制定的，但这并不代表游戏规则不容更改。我们在前文已述，"游戏设计者"与"游戏开发团队"

---

① Roger Caillois, *Man, play, and games*, Translated from the French by Meyer Barash, Champaign: University of Illinois Press, 2001, p. 8.

并不是完全对应的，在必要的时候，游戏规则是可以更改的，甚至是可以重新创立的，而更改的依据往往来自"玩者"在交互过程中所出现的各种状况。

游戏规则的订立和修改有其特有的规律。从游戏内文本的符号编码方式来看，编码的对象是动作的"初始状态—结束状态"，因而，订立或修改规则的首要目的在于，保证这一状态的完整性。从这个意义上，它可以衍生出：保障"动作的发出者"（如足球比赛中禁止拌摔和带有危险性地冲撞对方队员），保障动作起始状态的清晰完整（如赛跑中禁止在发令枪响之前抢跑）等。

这些原则的最终目的都是为了保证游戏的正常运行和胜负的清晰判定，显然与"公平、公正、公开"的原则还存在一些阐释上的距离。

赫伊津哈考证，法庭上的"正义"，并非来自惩恶扬善的原则，而是来自对规则的遵守。古希腊的荷马时代，"是不存在道德真理的问题和任何正义远胜于邪恶的观念的。这种观念是很久以后才产生的"[①]。而恰恰是游戏的"规则性"，启发了人们对正义含义的确立。"人们使正义，而且是极其真诚地，跟从于游戏的规则。"[②] 游戏，包括游戏规则的设立，远比"公平、公正、公开"的原则出现得更早。我们有理由相信，并不是这些原则在左右规则的设定和修改，而是订立游戏规则的过程令人们归纳出这些原则。恰如在法律中，也不存在一个可以判定的"绝对正义"，重视证据而非推断，是"程序正义"的表现。而"正义"观念恰恰来自游戏的"规则性"。

在游戏中，规则会在更大的场域中发生效力，而不仅仅是针对玩者。

"规则性"也就是游戏中规则本身所展露出来的特性，可以概括为两点："制衡"与"运气"，二者维护着游戏的两维——赌与斗。

"制衡"的对象是设计者、玩者与观者，游戏规则就是三者之间的博弈。一场"一边倒"的比赛（尽管我们必须承认它们也是游戏）无论对玩者还是观者来说都是极其无趣的，必须要尽量避免这样的情况发生。体育赛事中的联赛制度、淘汰赛、量级等划分，均是在这一原则的指导之下制定的。奥运会的拳击比赛只允许业余运动员参赛，并且根据体重将选手分为 12 个量级。大型网络游戏《魔兽世界》数次修改游戏人物的属性，而影响修改的一个重

---

① ［荷兰］约翰·赫伊津哈：《游戏的人》，前引书，第 86 页。
② ［荷兰］约翰·赫伊津哈：《游戏的人》，前引书，第 85 页。

要的依据就是玩者选择的游戏角色类型的数量。这种修改通常会令大部分玩者感到毫无"公平"可言。简言之，游戏设计者对游戏世界中的少数族裔给予关照，赋予他们更强的力量；而一旦更多的新玩家扩充到这个少数族裔之中，力量比对失衡，他们又会采取新的策略。网络游戏的规则设定还涉及游戏公司的运营成本、新玩家的加入、老玩家的稳定等复杂的问题，足以扩充出一门"游戏政治学"。

"制衡"原则还体现在，它会根据取得共识的人群来分化原本的游戏形式，本来相同的游戏会因为规则的些许不同而成为大同小异的多个游戏。在围棋界，就流行着三种不同的判定胜负的标准：中国大陆的"数子法"、日韩的"数目法"和中国台湾地区的"应氏规则"计点制度。

"运气"或"幸运"是非常难以定义的概念，现代数学试图用博弈论、拓扑学、概率论来解决"幸运"问题。人类很早就认识到运气一事，至今仍然无法破解其中奥妙。

最能够体现"运气"的游戏是"掷骰子"。对于很多民族来说，掷骰子构成了他们宗教经验的一部分。在《摩诃婆罗多》里世界本身即被设想为一场湿婆同他的皇后所玩的骰子游戏。骰子本身结合了不容置疑的数字和立刻显现的结果；并且，与玩扑克牌不同，骰子游戏没有任何智力上的投入，一旦我们将其与那古老的命运观联系起来思考的时候，骰子上的数字就指向了不容更改的宿命。理性时代的到来重组了人类的生存结构，清除了现实生活中的绝大部分不确定性，实在无法清除的，则将其小心地禁锢在某个特定的领域。当然，人们依然希望依靠运气发财，譬如买卖彩票，就是将"希望"作为买卖对象的商业行为，而在法律上，则特别用"射幸合同"这个概念来解决此类情况所产生的纠纷。

而游戏恰恰是承装命运观念的最大容器。凭借骰子，无法把握的命运观仍然被完整地保留在了游戏中。这种形式在当下的电子游戏内文本设计中亦得到了广泛的应用。桌面游戏《龙与地下城》使用七颗（六种）骰子所产生的随机数作为判定具体游戏事件成功率的数学基础，这一计算方式被称为"D20"系统（见图5-1）。在电子游戏的设计中，这一"计算方式"经由数字化成为一种隐形的法则，多应用在具有"触发性"的RPG电子游戏中。

图 5-1　使用七颗（六种）骰子所构建的"D20"核心规则系统

"扫兴的人"提示我们，他们在游戏世界中存在的合理性。"规则"强调制衡，并承认运气。因此，任何企图证明"游戏性"中包含着"理性"和"正义"原则的努力都是徒劳的。前国际足联裁判委员会主席的苏格兰律师戴维·威尔曾指出："足球裁判员不是心理学家，不可能在足球比赛高速进行时猜测到球员的动机，只能根据足球运动员的动态尤其是动作的后果，根据规则的相应条款做出判罚。"

"扫兴的人"是规则的违背者，但不是破坏者。规则通过不断地理解、沟通、越界、惩罚来确立自己。回到我们开头的例子，"扫兴的人"被取消了参赛资格，而不是在比赛中被禁止比赛，与足球场上被红牌罚下的人不同，这一判罚方式体现了对规则系统的尊重，尽管"消极比赛"，但成绩依然有效；同时，作为一个备受瞩目的竞技赛事，消极比赛伤害了观众的观看体验，与根据游戏所构建出的体育精神不符，因此，由游戏设计者（世界羽联）而非"裁判"做出了这更高一级的游戏外的判罚。

这一判罚无所谓公正不公正，因为它并不是根据"游戏规则"进行的判决，而是根据游戏文化衍义过程中不断确立起的价值观念（《世界羽联球员行为守则》）来判断的。

二、赌与斗

罗杰·卡约瓦认为，在游戏中存在四种特殊的状况：

对在规范的竞争中展现个人价值，取得胜利的渴求（斗）；

对（赌博）轮盘能够符合个人意志，停在自己期望的位置的焦虑却恭顺的期待（赌）；

对假扮成另一种特殊个体的渴望（仿）；

对眩晕感的追逐（晕）。①

弗拉斯卡在其论文《拟真还是叙述：游戏学导论》②中，将"斗、赌、仿、晕"视为四种游戏类型，其实是一种误判。在上文中，我们不难发现，卡约瓦实际上指的是"玩者"在游戏中的四种心态，但是他在后文中却直接做出了概念上的转换，将这四个名词直接与能够引起玩者不同"反应"的游戏类型相对应，如对弈是典型的纯"斗"游戏，"老虎机"则是纯"赌"，化装舞会是纯"仿"，攀岩则是为了获得"晕"。然而，他认为大多数游戏都集合了两种特征，能够集合三种以上特征的游戏则非常罕见："关于玩乐的四个基本（姿态）类别——斗、赌、仿和晕——并不是孤立存在的。我们不难发现，许多时候，它们会相互吸引，并结合在一起。甚至有为数不少的游戏被创造出来正是基于它们这种相互结合的能力。此外，它们的结合总是泾渭分明的，不会模糊不清地混杂在一起。"③他列举了"赛马"（horse race）的例子，在笔者看来并不是非常恰当。上文已经论证，赌博通常会附着在其他游戏形式之上，卡约瓦所谓的集合了三种形态的"赛马"，其实是"赛马"与"赌马"构成的游戏群而已，它呈现出更为复杂的形态也就不足为奇了。

我们在讨论游戏定义的过程中提到过卡约瓦，他并没有提出比较明确的游戏定义，但他将游戏分为"嬉玩"（*paidia*）与"竞玩"（*ludus*）两类，因此，许多超出我们定义范围的娱乐活动，诸如舞蹈、登山等，也在其讨论范围之内。但他的"斗、赌、仿、晕"四要素说，的确为我们的游戏研究开辟了一些新的思路。

卡约瓦的欠妥之处在于，他在将四要素进行转化的时候，并没有明确转化的依据为何。而在符号学视野之下，这个问题就迎刃而解了——如果说四要素最初指涉的是"玩者"对游戏的心理反馈，是一种"解释意义"，转化后的"四类型"是对"游戏内文本"的抽象概括，那么卡约瓦的"转化"也就是一种逆推，试图将解释意义与文本意义相对接。在对接的过程中，"斗、

① Roger Caillois, *Man, play, and games*, Translated from the French by Meyer Barash, Champaign: University of Illinois Press, 2001, p. 44.

② Gonzalo Frasca, "Simulation versus Narrative: Introduction to Ludology" in Mark J. P. Wolf & Bernard Perron, ed. *Video/Game/Theory*. Routledge, 2003. p. 230.

③ Roger Caillois, *Man, play, and games*, Translated from the French by Meyer Barash, Champaign: University of Illinois Press, 2001, p. 71.

赌、仿"三项都可以得到有效的还原和保护，仅"晕"一项是"玩者"的主观心理感受，无法在游戏内文本中找到支持。

人类学家们已经找到了"斗"和"赌"的源头。"斗"渗入现实生活，暗示着一个人获得幸福的能力，身体、智力、财富、口才、意志力……这些"实力"在任何时候都能显示出其优势。"赌"，那无常的运道，则像一道挥之不去的怨气，成为人们失败时怨天尤人的借口。

然而，当阿喀琉斯这样的英雄也在感叹命运的无常时，事情就显得不那么简单了。

> 神们是这样给可怜的人分配命运，
>
> 使他们一生悲伤，自己却无忧无虑。
>
> 宙斯的地板上放着两只土瓶，瓶里是
>
> 他赠送的礼物，一只装祸，一只装福，
>
> 若是那掷雷的宙斯给人混合的命运，
>
> 那人的运气就有时候好，有时候坏；
>
> 如果他只给人悲惨的命运，那人便遭辱骂，
>
> 凶恶的穷困迫使他在神圣的大地上流浪，
>
> 既不被天神重视，也不受凡人尊敬。①

赫伊津哈是这样论述原始游戏的宗教性的："所有这些竞赛形式一再显示出其与宗教仪式的关联，它归因于这样一种坚定的信仰：这些活动对于季节的平安运转、谷物的成熟和全年的丰收并非是可有可无的。"②

古老的游戏形式本身包裹的是一种极其原始的世界观（论证这种世界观的物质基础没有意义）——回想一下直到中国封建社会末期仍然遵循不悖的"祭天"大礼——其间，可以把握的实力（斗）与不可把握的天命（赌）都居于其中，我们应当辛劳工作，但这并不意味着一定会取得丰收，是否能够收获最终依靠的是上天的怜悯。

饮酒和赌博在不同的文化中含义迥然不同。在我们具有强烈个人主义和切割色彩的西方世界中，痛饮（boose）是一种社会纽带和介入节

---

① ［古希腊］荷马：《荷马史诗·伊利亚特》，罗念生译，选自《罗念生全集》第五卷，上海：上海人民出版社，2004年版，第621页。

② ［荷兰］约翰·赫伊津哈《游戏的人》，前引书，第60页。

日活动的手段。与此相对，在扭结紧密的部落社会中，痛饮对一切社会格局都具有破坏性，它甚至是神奇体验的一种手段。另一方面，赌博在部落社会中是一种受欢迎的手段，用来表现创业者和首创精神。一旦搬进个人本位主义的社会中，赌博和赛马似乎会对整个社会秩序构成威胁。赌博将个人首创精神推向嘲弄个人本位社会结构的程度。部落的美德成了资本主义的丑行。①

"赌"与古老而深刻的世界观（天命观）的联系在今天已经细若游丝，但却将其最初的形式保留在了游戏形式中。"斗"和"赌"构成了游戏的两极，它们都通向最终的结果。所有的游戏，无非都是在"斗"与"赌"之间滑动。"斗"涵盖着游戏中所有可把握的因素，"赌"则恰恰相反，它是那些无法靠算计、筹谋所把握的因素。主要依靠实力（力量、敏捷、计算、韬略）取胜还是主要依靠运气取胜，不仅成为"游戏设计者"设计游戏内文本时就已经考虑在内的因素，也成为"玩者"进行游戏时可资选择的路线。

即便是最精于算计的智力游戏，也并非没有"赌"的成分。一次意外的走神、一次错误的判断，都可能成为竞争对手的"好运气"，导致一个与"实力"不符的结果。一个游戏倘若没有"赌"，而纯粹是实力的比拼，没有出乎意料的结局，观赏的期待将会大打折扣。这又一次回应了我们对于规则不涉及"公平"的论断，"运气"无关乎"公平"，高手相争，伯仲之间，但幸运女神的天平会向谁倾斜，谁也说不准。

换言之，那些看似全靠撞大运的游戏，也包含着一点"实力"的成分。赌桌上的任何一个肢体动作都可能泄漏你的秘密，审时度势也是一种"实力"。香港电影人数度将"赌博"搬上银幕，并不是仅仅依靠展示"运气"，动作、神态、气度、心理承受能力等都是游戏文本的一部分，"赌神"的白色西装与黑色风衣是关于游戏的深刻的修辞术。

任何游戏最终都会决出胜负，弗拉斯卡宣称"竞玩"一定会带来一种二元对立的倾向。"毫无疑问，这种亚里士多德主义/竞玩的方法在戏剧和游戏领域被广泛应用，且堪称完美。我们都很熟悉'好莱坞式的结局'以及产业化叙述背后的'非好即坏'的马尼切主义（manicheist）普遍逻辑。简单来说，竞玩给我们提供了两种可能性结局：胜与负。这一模式的普及自然导致

---

① ［加］马歇尔·麦克卢汉：《理解媒介——论人的延伸》，何道宽译，北京：商务印书馆，2009年版，第209页。

了其二元结构的单一性，而这也正是其最大的局限性。自然，竞玩特别适用于二元对立的世界，这也部分地解释了为什么目前电脑游戏很难摆脱幻想和科幻领域。换言之，在游戏设置为童话般的环境中，竞玩的二元逻辑便显现出来，即所有事物是非黑白都很明晰。而一旦我们转移到其他主题上，例如人际关系，那么是非黑白的界限就很难判定了。而嬉玩，因其逻辑更为模糊且范围并不仅限于胜与负，因此可以给游戏设计提供更为宽广的环境，并提高其艺术价值。"① 然而，游戏绝非仅仅是为了获得这个结果才被设计出来，在游戏中，竞争性与可能性是相伴而生的。竞争性提供了游戏运作的原动力，可能性则提供了游戏的代入感。

奥运会中流传着两条家喻户晓的格言：一是"更高、更快、更强"（*Citius*，*Altius*，*Fortius*），是由顾拜旦的好友，巴黎阿奎埃尔修道院（Arcueil College）院长亨利·迪东（Henri Didon）于 1890 年左右最先使用的，当时的目的是鼓励学生到运动场上去参加运动。顾拜旦提请国际奥委会采用，并于 1920 年第七届安特卫普奥运会正式采纳。另一则是"重在参与"。1908 年第 4 届伦敦奥运会期间，在伦敦圣保罗大教堂举行的一次宗教仪式上，英国大主教彼得有感于马拉松比赛的艰难，称："奥运会重要的不是胜利，而是参与。"顾拜旦深有同感，遂将这句话确定为奥林匹克运动的口号之一。

"更高、更快、更强"并不是竞技活动的题中之意，因此它才成为一条"口号"，以期形成一种外部的驱动力，让玩者更加关注游戏的竞争性。这是"符号"的基本功能——正是因为爱情之意无法显现，我们才向爱人奉上玫瑰花这一符号。

"重在参与"则是一句慰藉人心的喟叹，它亦道出了游戏的本质：游戏"不仅是'为了'某种目的，而且是'用'某种方式和手段来干的。"② 目的本身并不重要，重要的是过程。对于那些倚靠实力"不太可能"取胜的人来说，"运气"是他们取胜的唯一砝码。可能性消解了争斗所带来的紧张感。玩者应该明白，在取胜之外，游戏依然有很多好"玩"的地方。

里维斯·普斯弗（Lewis Pulsipher）将这两类玩者——重视参与和重视胜负——称之为"社交型玩家"和"竞技型玩家"："喜欢一群人一起玩的玩

---

① 恭扎罗·弗拉斯卡：《拟真还是叙述——游戏学导论》，宗争译，前引书，第 254 页。
② ［荷兰］约翰·赫伊津哈：《游戏的人》，前引书，第 55 页。

家都是社交型玩家。不少欧式的桌面游戏和休闲的视频游戏都是这类风格的，某些玩家即使是在一局竞技游戏中也拒绝去攻击任何对手。社交型玩家玩游戏是享受和其他有着相近兴趣的人的交互的，而对统领别人或者击败别人没什么兴趣。至于竞技型玩家就不需要多说了，我们都知道，不少玩家玩游戏的主要目的就是为了获胜，为了超越所有人。"[1] 而在即便是在"竞争型玩家"那里，也有各种不同的心态和思路，"有些人喜欢预先进行良好的规划，考虑好各种选项，然后为每一次选择挑选一个最好的执行。而另一些人更多是对当时遭遇的环境的随机应变"[2]。我们很难确定人们是带着什么样的目的和心态参与游戏的，这种心理学上的归纳和揣测并没能让我们得到些什么。在游戏中，没有什么可以"抓得稳"的东西。游戏研究必须正视这一点，并以此作为研究的基础之一。

那些声称游戏仅仅是"竞赛"的人显然没有考虑到游戏中"扫兴的人"。游戏的竞争性表现在，游戏内文本总是希望能够刺激"竞争"，但却不能保证所有的"玩者"都倾心于你争我夺。游戏正是如此，它支持竞争，但不强制竞争。允许心不在焉的人存在，是游戏文本的"肚量"。

"扫兴的人""消极比赛"，其实就是漠视游戏的竞争因素。这对于游戏而言当然是合理的。但是，一旦游戏拥有了观众，游戏的传播效果达成，游戏本身就不再是"玩者"本人的事情了，"游戏设计者"也需要考虑观者的感受，来促成更精彩的竞争。

作为人类活动的游戏是一场博弈，表面上看，它是用荣誉将参与者们集合在一起，刺激出一种竞争的效果，但倘若我们瞥见那些"扫兴的人"，就会发现，游戏允许他们存在，并为他们的漫不经心留有余地，甚至还拿他们没办法。竞争性与可能性共存，这是游戏中深刻的辩证法。而游戏的乐趣之一，恰恰在于，那些看起来其貌不扬的家伙，依靠上天的眷顾，转败为胜，扭转乾坤。

三、虚拟性与交互性

关于游戏世界与现实世界的区别的问题已经快成为游戏研究界的"陈词

---

[1] Lewis Pulsipher, Why We Play, from: http://gamecareerguide.com/features/625/why_we_.php

[2] Ibid.

滥调"了。卡约瓦称:"虽然虚拟和情绪因素看似能够显现甚至替代规则所发挥的作用。但规则本身可以制造虚构。一个人无论是下棋、玩'抓俘虏游戏'、打马球或是赌牌,一旦他严格遵循这些游戏各自的规则,他就与现实生活相分离,在生活中,你也绝不会找到与这些游戏真正对应的活动。这也是为什么下棋、玩'抓俘虏游戏'、打马球或是赌牌总是携带着一些实际目的的原因,虽然这并不是必要因素。"① 问题在于,二者的边界在哪儿?

卡蒂·赛伦(Katie Salen)与艾瑞克·泽尔曼(Eric Zimmerman)创造了一个新的术语"魔圈"(Magic Circle),试图为现实空间与游戏空间划出界线。"在此处,我们使用这个简单的词来表示游戏创造出的包含着时间和空间的特殊场域,这是我们简略记录自己想法的一个方式⋯⋯这是一个闭合的圈环,它所包裹的空间是完全封闭的,与现实世界相分离⋯⋯一个基本的认识就是,魔圈就是游戏发生的地方。"②

这个定义十分含混,并陷入了"同义反复"的窠臼,它只是给了一种情形一个说法而已,但却并没有阐明这条边界设定的机理。因此,尤尔(Jesper Juul)在引用这一术语的时候特意配上了一幅图(见图5-2)。这幅图简单明了,但却未必真正经得起推敲。第一,现实空间是开放的,并不是封闭的;第二,未点明"游戏空间"是预先"设定之地"还是实际"发生之地";第三,没有考虑玩者的位置。我们不禁要反问:如果以球场的边界作为游戏世界的界限,那么我们如何解释在足球场边掷界外球的球员,难道他不是在游戏中吗?我们又如何解释"下盲棋"的对弈者,难道在没有物理空间支持的情况下就不能游戏吗?

看起来,"魔圈"并没有发挥它的"魔力"。"魔圈"也许确实存在,"这只是个游戏!"言外之意,"何必当真呢?!"虚拟性,是我们对游戏的基本认识,也是在游戏中最重要的意识。简言之,游戏之所以能够构建相对独立的虚拟世界,在于有些规则只在某个具体的游戏中适用,某些话、某些判断只在某个具体的游戏世界中有效(准确地说,是只有这款游戏的"玩者"才承认这些判断)。但倘若将"魔圈"仅仅作为一个时间空间意义上的间隔就太过于机械了。

---

① Roger Caillois, *Man*, *play*, *and games*, Translated from the French by Meyer Barash, Champaign: University of Illinois Press, 2001, p. 8.

② Katie Salen & Eric Zimmerman, *Rules of Play —Game Design Fundamentals*. MIT Press, Cambridge, 2004. p. 95.

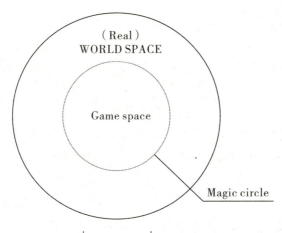

| Figure 1.1 |

A physical game (such as soccer): The game space is a subset of the space of the real world

图 5－2　"魔圈"用以区分游戏空间与现实空间

　　海德格尔关于"空间"的讨论也许对我们有所助益，他称："此在本质上不是现成存在，它的空间性不可能意味着摆在'世界空间'中的一个地方上；但也不意味着在一个位置上上手存在。……此在在世界'之中'。其意义是它烦忙着熟悉地同世内相遇的存在者打交道。……而'在之中'的空间性显示出去远与定向的性质。"① 确定空间的不是物理分割，而是在实际操作中不断地经由试探得到更为明晰的关系，并借此确定空间的范围。"只因为此在以去远和定向的方式具有空间性，周围世界上到手头的东西才能在其空间性中来照面。"②

　　张新军的观点是可取的："现实世界与虚构可能世界之间是一种相互依存、复杂互动的关系。我们对虚构可能世界的认知需要征用我们关于现实世界的知识；同时，我们对虚构世界的体验反过来又导致恐惧、伤感乃至尖叫等直接的身心反应，并间接地调整我们关于现实世界的某些看法。虚构与现实之间具有连续性而不是泾渭分明的对立。"③ 在游戏空间与现实空间之间，不存在绝对的差别，甚至也不存在包含与被包含的关系。游戏具有构建一个溢出现实空间的世界的能力，仅仅依靠物理空间对游戏进行框定，既是小觑

---

　　① ［德］马丁·海德格尔：《存在与时间》，陈嘉映、王庆杰译，北京：三联书店，1987 年版，第 130 页。

　　② ［德］马丁·海德格尔：《存在与时间》，前引书，第 136 页。

　　③ 张新军：《可能世界叙事学》，苏州：苏州大学出版社，2011 年版，第 50 页。

了游戏本身的能力，也是轻视了计算机及网络的能力。没有一款传统游戏像电子游戏这样"不现实"——它几乎没有现实触感，只能通过观看图像去进行游戏；然而，也没有任何一款传统游戏能够取得今天电子游戏在模糊虚拟与现实这件事上所取得的成绩。

这种区别不可能存在于我们看得见的地方，"魔圈"不应是一条看得见的界线，游戏世界与现实世界并不能那么容易和清晰地被分割开来。"对在世起组建作用的'让世内存在者来照面'是一种'给予空间'，我们也称之为设置空间。……设置空间的活动揭示出先行提供出由因缘规定的可能的位置整体性，于是我们能够实际上制定当下的方向。……向来先行得到揭示的场所以及一般的当下空间性都并不曾鲜明地映入眼帘。"① 游戏空间建基于玩家对于游戏空间与现实世界的认知上，在这一点上，有发言权的并不仅仅是游戏设计者。游戏世界的边界不是球场的边沿，而是"玩者"在内心中为足球比赛所划定的框架。谁能否认站在足球场边大呼小叫的教练员是游戏的一部分呢？难道他的指导没有左右游戏的进程？

游戏的空间显然不仅仅是物理意义上的（其实这种物理意义也是建立在规则的约定之上的），它首先是借由游戏规则所建立起的语义约束，继而通过"玩者"对规则的有效理解而发生作用（游戏规则会不断修正以确保它自身能够被正确地理解与阐释），并最终通过"玩者"的交往行为形成具有内在约束力的"语义场"。游戏世界的构建不是游戏规则或游戏设计者决定的，而是实践游戏行为的"玩者们"通过交往共同构建的，也就是海德格尔说的"空间首先就在这样一种空间性中随着在世而被揭示"②。

设定一个"魔圈"并不能真正解决问题，游戏世界与现实世界并不能那么容易和清晰地被分割开来。游戏构建的虚拟世界必须依靠"玩者"在游戏交互过程中所形成的共识和契约。游戏内文本的诸因素虽然是达成"共识和契约"的前提，但却并不是虚拟世界形成的决定性因素，"玩者"必须主动甚至创造性地理解这些因素（在必要的时候，他/她可以利用规则，而无须顾忌所谓的公平精神等），并通过不断地实践来测试游戏框架的承受能力，构成适合自己的玩乐之道。然而，玩者既然只是"游戏的人"的身份选择，必然包含着人的丰富性，玩者以什么心态看待游戏框架，以什么方式进行游

---

① ［德］马丁·海德格尔：《存在与时间》，前引书，第 137 页。
② ［德］马丁·海德格尔：《存在与时间》，前引书，第 137 页。

戏，完全是他/她的自由。既然游戏形式必须通过玩者才能构建"第二世界"，也就必须承认玩者的多样性在游戏中的显现，亦必须承认"玩者"的这种双重性：强制性和自由性。

游戏世界并不是游戏设计者制造出来的，而是通过游戏玩者对游戏架构中空白意义的填补来实现的。游戏世界与现实世界的分野不仅仅基于游戏设计者对游戏架构的虚拟性设计，它必须通过游戏玩者对符号行为意义的共同的心理认同来完成。游戏的交互性使这种"契约性共识"成为可能。如果说玩者对游戏的理解为游戏空间与现实空间划定了一条宽阔的"魔带"，那么，玩者之间的交互则在不断地使这条界线变得清晰。通过合作与竞争，相互"阅读"与"对话"，玩者之间建立起新的认同感，对游戏这一符号文本的众多"解释项"会在不断的变化中逐渐趋同（当然，它不可能走向完全的一致）。玩者通过游戏规则所未经设定的行为来制造新的意义，从而创造出完整而自足的游戏世界，这就是游戏的自由性。

游戏的研究者或是将游戏作为研究佐证的学者在"游戏中玩者是否自由"的问题上存在着不小的分歧和争议。

体育社会学研究者、从教育学角度对儿童游戏进行研究的学者通常强调游戏规则对游戏玩者的限定性作用，他们通常会有这样的疑问："如果一个人服从组织管理，又怎么能处于自由的国度里呢？"[①] 而他们也从教育对人的塑造作用等角度，来申明游戏的不自由性。

而哲学家们，如康德、席勒、伽达默尔等，则视游戏活动是"自由"的。他们从游戏架构所创造的自足的游戏世界，和游戏玩者在游戏活动中所获得的自在的意识和心理体验出发，来说明游戏世界和游戏玩者意识的自由性。

在康德的《判断力批判》一书中，"游戏"（spielen）一词频繁出现，超过 60 次，常见的词语搭配如："内心诸能力的游戏"[②]、"认识能力自由的游戏"[③]、"想象力的转瞬即逝的游戏"[④]、"感觉的自由的游戏"[⑤] 等。康德借助"游戏"来阐明审美活动所具有的"无目的的合目的性"。他说："艺术甚至

---

① ［美］阿伦·古特曼：《从仪式到纪录：现代体育的本质》，前引书，第5页。
② ［德］康德：《判断力批判》，邓晓芒译，北京：人民出版社，2002 年版，第 64 页。
③ ［德］康德：《判断力批评》，前引书，第 74 页。
④ ［德］康德：《判断力批评》，前引书，第 162 页。
⑤ ［德］康德：《判断力批评》，前引书，第 170 页。

也和手艺不同：前者叫作自由的艺术，后者也可以叫作雇佣的艺术。我们把前者看作好像它只能作为游戏，即一种本身就使人快适的事情，而得出合乎目的的结果（做成功）；而后者却是这样，即它能够作为劳动即一种本身并不快适（很辛苦）而只是通过它的结果（如报酬）吸引人的事情，因而强制性地加之于人。"①

如果从游戏符号学的角度出发，我们也许可以调和这种对于游戏自由与否的判断的矛盾。康德做出如上的判断，其实是他在不同的理论层次之间跳跃的结果，或简言之"跨层"。游戏玩者参与游戏，首先需要放弃现实世界中"功利性"的目的，以"游戏心态"进入游戏，遵从规则。游戏拥有目标，但这一目标仅在游戏内对游戏玩者有效，跳出游戏则失去了原有的意义——古特曼称游戏"活动的目的是为了活动"。但从更高的层次上讲，游戏制造出的游戏世界本身与现实世界形成一种或积极或消极的对应关系，游戏是人类理解现实生活的一个重要的参照系。因此，游戏活动本身能够"渗透出"人类所追求的"崇高"境界，是更高层次的"目的"。

游戏不同于艺术创作，它不可能创造一个完全自足独立的虚拟世界。莎士比亚的《哈姆雷特》所构建的"虚拟世界"为每个人物都提供了生存的条件，它能够被视为真正平行于我们这个现实世界的"虚拟世界"；反过来说，除非游戏所构建的虚拟世界能够为参与者提供"空气、食物和水"，否则这一"虚拟世界"永远都不可能完全独立。

不要忘了"扫兴的人"，"扫兴的人"总是在破坏其他玩者将游戏视为一个独立、自足、完整的虚拟世界的"幻想"，他/她总是在提醒大家，游戏与现实的联系而非区别。

我们继而追问，游戏好玩吗？游戏是否真的都具有趣味性？

游戏的符号特性在于，它通过设置符号来构建游戏框架，通过填充符号来推进游戏进程，通过丰富符号内涵来构建游戏文化。而扫兴的人通过否定游戏符号的值域来摧毁游戏性。扫兴的人的加入，导致这样的结果：游戏不是不能玩了，而是不好玩了。

游戏是否好玩取决于游戏的严格的符号设定和有效的符号内涵空间之间的张力。从理论上讲，游戏内涵是无限的，但却并不是全部有效的，有效与否，在于这些内涵是否在玩者之间通过对话与交往得到了认同。

---

① ［德］康德：《判断力批评》，前引书，第147页。

想让游戏不好玩，并不是不参与游戏，而是"我遵守一切游戏规则，但我反对关于游戏内涵的演绎"。游戏好玩，其实并不仅仅在于游戏设计（当然很重要），更重要的是，在符号内涵的演绎过程中，意图定点的高度统一。游戏需要玩者团体的支撑，需要他们"构建另一个世界"并"活在里面"。

为什么体育游戏的玩者可能对棋牌游戏不感兴趣，是因为肢体的运动并没有作为符号设定出现在棋牌游戏中，这是游戏符号设定上的区别。而为什么传统游戏的玩者（包括体育和棋牌）通常会对电子游戏嗤之以鼻，是因为电子游戏太过具象，阻碍了玩者通过自身努力构建游戏世界的企图。而这被视为玩者"被游戏牵着鼻子走"，通常会被解释为电子幻象的迷惑或消费社会中对人的主体性的冲击。但实际上，任何游戏的玩者都不能宣称自己具有某种程度上的优越性，只要你参与游戏，就已经承认了"被设计"这个前提了。

四、小结

为什么游戏中会有扫兴的人？他们弃绝了竞争与目标，却依然能够在游戏中找到一席之地。为什么游戏没有将他们驱除出去？"扫兴的人"是游戏文本的内部"衍义"，他们蕴涵着一股破坏性力量，不断试探游戏的自身张力。

游戏性不在于规则本身，而在于遵守秩序的意愿，将自己植入一种秩序中的冲动；不在于竞争本身，而在于热情投入到竞争之时对胜利的向往，同时在失败之后对其余可能性安之若素的心态；不在于幻境本身，而在于相信幻觉并以此为真的态度。

那些站在游戏之外看游戏的人不能体会这一点，而沉迷于游戏的人则不能清醒地意识到这一点。柏拉图试图给游戏提供一个严肃的目的，令它成为工作的附庸和准备，也许是出于对"理念"的追逐，令他没能正视游戏带给人的欢愉；康德和席勒沉迷于游戏所提供的自由感，希望借由"游戏"来完成主体性的确立，却没能看到游戏令人痴迷癫狂，丧失自我；伽达默尔注意到了游戏的观者，却没有看到那些孤芳自赏的玩者。

游戏性并不在游戏中得以彰显，它在与现实的比对中确定自己。只有在谈论"非游戏"的其他事物的时候，游戏性的多个维度才得以相继展开。我们不会称赞职业运动员富于竞争精神，因为这是他/她应当具备的素质，这样的称赞只会给那些我们根本没有意识到他们会参与游戏的人；我们更不会

说一个沉迷游戏的人"游戏三昧，超然物外"，因为我们不知道他/她到底是在逃避现实，还是窥到了真理。

因此，只有"扫兴的人"，那些"欢愉的扼杀者"，那些"宴会上的骷髅"，才能够令游戏性显露无遗。也只有当我们意识到游戏中"扫兴的人"的存在，才能够更为客观、理性地看待游戏可能渗出的种种特性。

第六章　游戏与叙述

　　叙述，是人类组织个人生存经验和社会文化经验的普遍方式。叙述学（有时候也被称为"叙事学"）最早关注的是文学叙述，最初的研究对象是较为古老的童话和短篇故事形式，研究者们希望借此整理出叙述的基本框架和机制（如热奈特和托多罗夫等人的研究），并应用到其他文学类型中去。然而，无心插柳柳成荫，叙述学范式反而被新闻学、历史学、法学、医学、心理学以及经济学话语吸收和利用，从外部逼迫叙述学关注这些非文学艺术领域，与此同时，戏剧、电影等艺术形式也从内部为狭义叙述学的瓦解提供了动力。叙述学的研究对象从对记录性叙述文本向演示性叙述文本等更开放的文本转化，并且，其自身的理论构架也在发生本质性的改变，这一转变被称之为"叙述学转向"。

　　玛丽-洛尔·瑞恩（Marie-Laure Ryan）是较早且较为系统地探索数字游戏叙述问题的先锋。她主编的《跨媒介叙述》（*Narrative Across Media*）一书有不少针对电子游戏叙述问题的论述。

　　这意味着，游戏的叙述问题正在受到学界的关注和重视。然而，本书并没有将游戏叙述问题仅仅局限在电子游戏这个特殊的游戏领域，游戏符号叙述学应当是针对全部游戏的。因此，我们需要解答的问题更为基本，也更为关键。

　　艾斯本·阿尔瑟斯在第一届游戏国际会议上曾经这样说：对我们当中有些人而言，电子游戏的文化重要性已经超越了电影和体育。它在未来将扮演的文化角色在 2001 年就已经显得毋庸置疑。显然，这些游戏，尤其是网络游戏，以一种以往所有大众媒介——戏剧、电影、电视、小说——所不可能运用的方式将艺术性与社会性统一了起来。传统媒介拥有大量观众，分享价值观和持续的市场，但这些大众媒介的群落依然只是一种"想象"（本尼·迪克特语），成员之间很少，甚至几乎没有直接的联系。显然网络游戏就不是如此。在《MUD1》《网络创世纪》《雷神之锤竞技场》这些游戏中，艺术

145

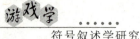

性和社会性是统一的,这可以被认为是自千百年前歌队创立以来,观众构成上最大的革命。①

阿瑟斯的"豪言壮语"告诉我们:关于"游戏"是否是艺术或者是否会成长为一种新的艺术形式的争论也许永远不会停止。乐观的研究者将游戏,尤其是电子游戏视为一种多媒体的交互性传播方式,与"电影"一样,它裹挟着新的艺术呈现方式,必将成为一种新的艺术形式,并受到与"电影"一样的待遇,被学界所认可。但更多的学者则视电子游戏为消费社会中的一种娱乐形态,只作壁上观,对它能否在严肃的学术领域获得一席之地持保留意见。

关于"何为艺术"的讨论在很大程度上就是关于艺术形式的讨论——研究者的意图并不在于争论某部作品是否属于艺术,而是某种艺术呈现方式是不是所谓的"艺术",而这一争论最终也转化为对新的艺术呈现方式的认可之争。

对此,阿尔瑟斯非常乐观,他称:有些人将电子游戏仅看作好莱坞最近的自我更新,这种想用旧瓶来装新酒的看法忽视了电子游戏的这种艺术—社会性。不错,从 20 世纪 90 年代初期失败的"互动电影" (interactive movies) 开始,游戏工业开始出现值得关注的好莱坞化,但同时,还出现了一个世界范围内的非商业性的共同游戏运动,这个运动比以往任何业余运动都有更好的群众基础。好莱坞,就像唱片工业一样,最重要的就是发行,而现在有了在发行机制上挑战票房的互联网。即使是比尔·盖茨也没本事吞并整个网络,好莱坞就更没有理由能够如此。从任天堂的封闭体系到网络上游戏社区的开放资源,游戏研究必须两者兼顾,认为"任天堂—好莱坞"体系将控制乃至消灭其他形式的看法是错误的。作为文化研究的策略,这将如同准备打一场过去的战争。② 他认为,电子游戏自身的发展就自觉地包含着从封闭向开放的各种传播形式,传统的研究方式根本啃不动这块硬骨头。

这一宣言除增加了游戏行业内人员的信心之外,也令更多的学者开始重视游戏的作用和意义。

今天,我们并非要对游戏是否是艺术做出一个判定,我们缺乏判断的依

① Espen Aarseth, "Playing Research: Methodological approaches to game analysis", MelbourneDAC2003,http://hypertext.rmit.edu.au/dac/papers/Aarseth.pdf.

② Ibid.

据，而是在面对游戏中的诸多因素已经影响到其他艺术形式和叙述文本的情况下，探讨一些游戏叙述的基本问题。一些电影导演也承认，自己在电影中借用了电子游戏所带来的新视角，包括 3D 电影中大量使用的第一人称视角镜头。

当然，我们的关注点并不仅仅局限在那些被电影（笔者指的是包含着镜头、剪辑、后期制作等过程的一种艺术生产方式）所借鉴的电子游戏，而是如我们保持之前论述的一贯方式，关注游戏总体（这其中自然包括了体育竞赛和电子游戏两大领域）在叙述中展现出的力量，以及这种力量为电子游戏乃至其他叙述形式带来的影响。

第一节 作为符号文本的游戏是不是叙述文本

在游戏研究领域，研究者所关注的并不是"游戏能否叙述（narrative）"这样一个专业的叙述学问题，它通常会被简化为"游戏能否讲故事（storytelling）"这样一个相对通俗的问题。这意味着，"叙述"这个概念从来没有被真正厘清过。

何为"故事"？"故事"是不是只能是"过去之事"？一个"故事"是不是对所有人而言都是一个"故事"？只对某一部分人而言是"故事"的故事是不是"故事"？"讲故事"是不是具有理论上的普适性？我们很难在既有的关于游戏的论述中找到这些问题的答案。

故而，引入一套新的、能对这些基本问题进行回答的理论话语是必要的。我们求助于叙述学。"叙述学"（Narratology）本身已经是一门成熟的理论，从叙述学的角度对游戏叙述问题进行讨论，无疑有助于很多问题的廓清。在此，我们使用"叙述"这一更明晰的词汇，而不是使用"讲故事"一词，来对游戏文本的叙述问题进行探究。

游戏是个符号文本，作为一个由人类自主构建的活动形式，游戏中包含诸多符号化的因素，如游戏者身份的规定、游戏规则的设计、游戏结果的判定等。那么这些游戏内的符号是不是能够"叙述"呢？作为符号文本的游戏是否可以叙述呢？游戏文本是不是同时也可以被视为一个叙述文本？

赵毅衡在《符号学原理与推演》一书中，为"叙述文本"给出的最简定义为：

1. 有人物参与的变化，形成情节，被组织进一个符号文本。

2. 此符号文本可以被接受者理解为具有时间和意义向度。①

"叙述文本"的最简定义与我们前文提到的"符号文本"的定义极其相似。不同之处在于：叙述文本强调"人物的参与"与"情节"。叙述文本都是符号文本，但只有具有"情节"的符号文本才是叙述文本。符号文本不是陈述就是叙述。叙述文本同样强调"接受者"的作用，简言之，在满足第一个条件的前提下，只要有一群甚至一个"接受者"（包括符号文本的作者本人）能够解读这一符号文本的时间和意义向度，此文本即为"叙述文本"，叙述文本的判定无须经过"所有人"的认可——也正是在这个意义上，"讲故事"一词就无法涵盖"叙述"的意义了，叙述并不一定要"重述过去之事"，它完全可以即时展开，这恰恰也是广义叙述学与狭义叙述学之间的区别。

广义叙述学是游戏符号叙述学得以成立的理论起点。

正如"符号"的判定最终来自于"接受者"，叙述文本的判定也应该符合这样一条基本的法则。游戏能否叙述？除熟悉游戏规则的"接受者"之外，恐怕很难有人能够"读出"游戏自身的叙述，这就让游戏叙述的判定变得尤为困难。游戏之所以不被看作具有"讲故事"的能力，或者根本没有受到叙述学研究的关注，原因恰恰在于，认可游戏叙述的人或能够接收到游戏叙述的人只占少数，对于某一种特定的游戏而言，游戏人群终究占少数。而在广义叙述学的理论框架之内，只要有"接受者"认可游戏的叙述能力并可以加以阐释，就可以对此进行判断。

"所有的符号文本，不是陈述，就是叙述。"② 而陈述与叙述的判定在于：文本中是否包含"人物在变化中"的情节。

游戏作为一种人类活动，必然是有人物参与的，而游戏总有胜负的结果，参与者经过一番努力，或胜或负，因此，人物的状态在不停地发生变化。

不过，对于游戏而言，"人物"的问题可能更加复杂。在游戏符号文本中，参与者经历了特殊的身份变化：他/她必须遵从游戏规则对于"游戏者"的规定，并且投入自己主动的行为和选择，成为"玩者"。进言之，对于"游戏形式"而言，谁参与游戏是无关紧要的，"游戏者"只是个"规约符"，

---

① 赵毅衡：《符号学原理与推演》，前引书，第 327 页。

② 赵毅衡：《符号学原理与推演》，前引书，第 328 页。

没有"人性"。这就导致了，一旦游戏研究的对象仅仅是游戏形式或者是我们前文所提到的"游戏内文本"，那么游戏叙述的问题就不能成立。许多学者也是从这个角度去理解游戏的，如伽达默尔强调人不是游戏中的主体，是游戏在掌控人，而非人在操控游戏。

游戏叙述的问题一定是在具体的游戏活动中产生的，从"游戏者"到"玩者"，参与者会体现出自己的个性、风格和特点，"游戏者"的符号规定仅仅是最低的要求。如在国际男子 60 米栏径赛中，刘翔与罗伯斯对抗，就不仅仅是游戏者 A 与游戏者 B 的竞争，通过玩者自身特质的显现和伴随文本的作用，它已然与个人气质、民族气节等其他因素关联起来，因而体育竞技最容易成为牵动人心的大事件。当然，在某些类型的游戏中，参与者则会收敛自己的个性，隐藏自己的情感，如牌桌上那些喜怒不形于色的赌徒。因此，游戏叙述的问题杂合了叙述性强弱的问题，需要条分缕析地进行分析才能得到有效的结论。

第二节　游戏文本与游戏内文本

在此，我们重新强调这一组概念：游戏文本与游戏内文本。

前文已经提到，根据文本的"阅读者"的差别，将游戏文本划分为两类：

一是"游戏内文本"，也就是玩者所"阅读"的文本。每个独立的游戏都有一个游戏内文本，这个文本是游戏设计者的产物，规定了游戏的时间、参与方式、奖惩方式、胜负条件等因素，它基本可以被看作一个静态的形式文本，除非游戏设计者引入新的规则来改变它形成新的游戏文本。有些学者认为，游戏规则是决定游戏进程、形成游戏文本的唯一因素，笔者认为，这一观点忽略了游戏中其他决定游戏进程的因素。规则是影响游戏进程的关键因素，但同时也有许多因素并不包括在规则体系之内，比如作为扑克游戏的前提的扑克牌，并不能用游戏规则来涵盖。而在许多电子游戏文本（尤其是角色扮演类游戏）中，游戏内文本不仅包括游戏规则，也包括游戏场景、游戏剧情或脚本、游戏内的人物环境设计等因素。许多规则完全相同（相同的键位设置和游戏目标）的电子游戏却因为游戏设计的不同而带给游戏者截然不同的体验。我们可以说，"游戏内文本"以"符号化"为基础，以"计算"为法则，不因时间变化而变更，不以游戏者的意志为转移。对于游戏者而言，阅读"游戏内文本"是介入游戏的第一步。"游戏内文本"既是一个"可读"的文本，又是一个"可写"的文本，它提供了不可变更的游戏框架，但同时也提供了游戏者自由"书写"的空间：一盘棋，在规则的允许之下，怎么下都可以。游戏规则规定了：游戏者是否能够将棋子 x 从某个位置移动至某个位置，将会产生什么样的后果，却并没有限制、指示参与者一定要移动某个棋子。

二是游戏文本，也就是游戏活动的即时样态，是游戏的观众所阅读的文本。游戏者参与到游戏中来，遵循游戏法则进行游戏，最终得到与自己的智力或体力投入相应的结果。游戏文本囊括了游戏者从参与游戏至游戏结束的总过程，因而，游戏文本因人而异，一个游戏只有一个"游戏内文本"，但却可以由此产生诸多"游戏文本"。游戏的观众能否"读懂"游戏文本，取决于他对游戏内文本的了解程度。"内行看门道，外行看热闹"，对游戏内文本不了解，当然也可以观看，但此时观看的只是游戏文本的"衍义"，而非游戏文本本身了。

游戏内文本是游戏的基础形式，游戏文本是主体介入游戏内文本而产生出的不同进程和不同结果的展示。在游戏中，不存在一个绝对的创作主体来掌控整个文本，游戏是游戏设计者、游戏形式与游戏者交互作用的活动。鉴于游戏活动本身在文本形态上的复杂性，当我们谈论游戏叙述问题的时候，就必须同时考量这两类文本。

第三节　"游戏文本"能否叙述

我们再回到刚才游戏叙述的问题。

如果说大部分"游戏内文本"提供了一个冷冰冰的游戏环境和游戏框架，那么"游戏文本"则容纳了玩者全部的行为、精力和热情。尽管游戏框架本身对游戏者并没有情感介入的要求，但同时也并不阻止游戏主体在游戏过程中渗入情感因素，玩者（而非符号化的"游戏者"）在游戏中表现出"紧张""刺激""舒畅"等情绪，对游戏进程的变化（胜与负）表现出激动或颓丧，都是游戏文本构成中的一部分。"游戏文本"会展现出参与者独特的个性，所谓"玩者"，也就是在符号化的"游戏者"基础上参与者的"人性"的渗透和展现，拥有"有灵之物"参与的变化。显然，此处的"游戏文本"具有叙述能力，通过行动获得胜利，就不再是个简单呆板的陈述。

我们应该还记得，皮尔斯"符号—对象—解释项"的"三分法"：

> 一个符号，或称一个表现体，对于某人来说在某个方面或某个品格上代替某事物。该符号在此人心中唤起一个等同的或更发展的符号，由该符号创造的此符号，我们称之为解释项。符号指向某物：它的对象。①

如果我们将"游戏内文本"作为基础的"符号"，那么游戏的"人"依从游戏规则对游戏者的要求参与游戏进程，也就是游戏主体根据对"游戏内文本"的"解释项"对"符号"进行"衍义"，并形成"大同小异"甚至"小同大异"的新"符号"文本——"游戏文本"。在衍义的过程中，作为玩者的人无法完全抛弃"人"的因素，游戏的"人"的因素与"游戏者"的身份不协调并发生碰撞，游戏者的主体性迫使其进入对游戏内文本的"书写"或"衍义"之中，游戏文本的叙述性增强，情节逐渐显出。因而，游戏文本的叙述性不仅仅包含着游戏样态本身的演化，更重要的是，它与玩者的主动推进、被动承受、情感波动等紧密结合在一起了。

一位围棋爱好者对笔者说：观看一场围棋高手的对弈如同观看两个绝世高手的决斗，其间峰回路转、荡气回肠，其精彩程度甚至超过任何一部电影。这个比喻太好了！"决斗"往往只在电光火石的一瞬间，影视作品在表现"决战"场面时，除了炫目的打斗场面，往往还着力捕捉决斗者的表情、周遭的环境。棋盘上激烈的对战与面无表情的对弈者，其蕴涵的内在张力简直令人窒息。

游戏是一种特殊的体验，体验是可以被描述的。也正因为游戏文本能够进行叙述，所以，其他媒体才能够对此叙述文本进行"改写"，报纸、杂志、广播、电视都可以运用自己的方式对体育竞赛进行报道。

瑞恩说："虚构是进入文本空间的一种旅行模式，而叙事则是在该空间范围内的旅行。"② 游戏文本能够进行叙述，反之，一旦游戏者对于游戏内文本感到厌倦，不再进行正面的"衍义"，游戏文本的叙述性就会减弱。网页游戏《开心农场》（开发商：五分钟；发行时间：2008 年）因引入了"种

---

① Charles Sanders Peirce, *Collected Papers*, Cambridge Mass, Harvard University Press, 1931—1958, vol 2, p. 228.

② Marie-Laure Ryan, *Possible Worlds, Artificial Intelligence, and Narrative Theory*, Bloomington: Indiana University Press, 1991, p. 5.

菜""偷菜"的模式而风靡一时，而一旦游戏中的这一行为模式被游戏者解释为"制造像素""移动像素"，由形象话语转变为冷冰冰的计算机语言，对于某些倦怠的游戏者而言，这一游戏文本就失去了叙述的能力。同理，众多粗制滥造的电子游戏也因固守低级、重复的"打怪""升级"等模式，而不能深入挖掘游戏的叙述潜能，最终被游戏者放弃。

第四节 "游戏内文本"能否叙述

毋庸置疑，游戏文本具有叙述能力。再回过头来分析游戏内文本能否叙述的问题，有两个考虑：一是游戏内文本是游戏的重要组成部分，游戏文本的叙述受到游戏内文本的影响；二是游戏内文本的叙述问题才是游戏研究领域争论的焦点。

根据叙述文本的判定依据，其实我们已经可以轻松地做出结论，游戏内文本无法叙述。游戏内文本包括游戏规则和游戏框架两部分，但是倘若没有游戏参与者的参与来"激活"和转化，规则和框架就只是一些面向未来的规约和假定，游戏内文本也只是一个"潜在叙述文本"而已。就算是一部耗费了大量人力物力制作的电子游戏，如果没有人去打开这个"游戏程序"，那么叙述也不能成立；反之，哪怕是一个玩家仅仅参与游戏一分钟，游戏的叙述也就成立了，至少它形成了一个有头无尾的小"故事"。

我们在此处耽搁，是因为我们不得不承认，现代科学技术在游戏框架的制作上所取得的进展，已经令游戏文本叙述变得愈来愈复杂。

游戏内文本是构建游戏文本的基础，游戏文本是游戏内文本的衍义，如果没有游戏内文本提供的游戏框架，游戏文本的叙述就无从谈起。我们能找到的最简单的游戏叙述文本可能是"下盲棋"。在这一情况中，原本棋子、棋盘所占据的空间都在心理构建中完成了，玩家完全脱离了棋盘棋子的物理空间限制，采用"心算"和"言说"的方式进行对弈，对于玩家而言，此时的游戏文本显现为一个由游戏规则构建的虚构的棋子运行体系。当然，这一文本并不仅仅属于对弈的两个人，它同样可以被他人所观看并理解，只要记录下对弈双方的棋步，棋局就能够以非常具象的方式被复原。

游戏内文本不能叙述，但它提供了叙述发生的可能性；游戏规则是必然的，游戏文本却是随机的。这种对可能性的钩织在今天变得蔚为大观，电子游戏甚至以"脚本"一词来命名这种努力。在游戏设计中使用"脚本"一词，实际上是将游戏设计与戏剧、电影创作等同起来，或至少关注了它们之间的相似性。尽管游戏与影视作品之间的距离正在缩短，但二者的构成方式是完全不同的。

在电子游戏中，所谓"人机交互"，也就是游戏者的指令操作经由已然设计好的程序编码，转化为视频画面上的行动或选择。而这一"编码"，简言之，就是依照"如果……那么……"（若 p 则 q）的命题格式，填充相应的内容，从而构成游戏程序乃至更为复杂的游戏脚本。

游戏中的"命题"就是对在一定条件下可能或必然发生的变化的规定。我们几乎在所有的游戏形式中都不难发现这种"命题"——在大多数以时间作为胜负计算标准的径赛中，包含着这样的命题："如果游戏者 A 相较其他游戏者最先到达规定赛程的终点，那么他就是游戏的胜利者。"而在足球比赛中，情况则大概是这样的："如果足球在未犯规的情况下被头或足触碰进入游戏团队 A 的球门，那么与之对抗的游戏团队 B 得一分。"在桌面游戏中，"如果游戏者 A 操控的棋子 x 行至棋盘的 N 点，那么游戏者 A 可以获得重新投掷一次骰子的机会"。在大多数游戏中，命题形成了游戏的规则体系，游戏的胜负判定、规则设计等都依赖着这种命题形式。

然而，命题不是叙述，游戏中的命题也无法构成叙述。

我们不能说数学命题——"如果两直线相交，则它们交成的对顶角相等"——是叙述。同理，游戏命题是在游戏将主体符号化和行动抽象化之后做出的，不对具体的情状作描述，它只提供了对游戏者的变化可能性的"陈述"，而游戏者是否具有"伦理感受和目的"不是命题的题中之意。

游戏脚本虽然在形态上和电影脚本很像，但实际上其核心框架必须以命题为形式。具体而言，游戏内文本的两个部分游戏框架和游戏规则是以游戏规则为基础的，框架因素规定了游戏展开的时空条件，这些条件存在的前提也是玩家的参与。游戏要为参与者提供竞争环境，要保留至少是形式上的胜负分别，那么游戏脚本就不可能僭越参与者，为参与者安排命运。

除了电子游戏与桌面游戏，大部分体育竞技游戏和棋牌游戏并没有脚本，没有在游戏中设计情节，展开假想性的潜在叙述，此时，游戏内文本无叙述，也无潜在叙述，而因游戏者与游戏的"人"身份之间的碰撞，玩家通过"阅读"和"改写"游戏内文本获得伦理感受，从而促使游戏文本进行叙述。

而游戏拥有脚本，就意味着游戏内文本在游戏规则或游戏命题之上为游戏附加更多潜在的情节因素，为游戏文本展现出更复杂的叙述做好了准备。

游戏脚本的基础是命题，但在建立了游戏运行的规则体系之后，游戏脚本可以随意设计游戏背景、情节、人物形象等。

首先，电子游戏的出现很好地诠释了游戏内文本制造潜在叙述的能力。计算机因其特有的逻辑计算能力，可以完成更复杂的程序编写，因而成为当下游戏脚本书写的首选方式。当然，并非所有的电子游戏内文本中都具有"脚本"——在早期的电子游戏《吃豆人》（$Pac-Man$，公司：雅达利，1982 年，操作平台 Atari2600）中（见图 6-1），游戏者只需控制游戏中的角色"吃豆人"吃掉"迷宫"中所有的豆子，同时尽可能躲避形似乌贼的小鬼怪，在一局中"死亡"的次数小于三次，即可获得一局比赛的胜利。

同样的例子还有我们非常熟悉的游戏《俄罗斯方块》《贪食蛇》等——我们能够在这些游戏中直观地感觉到状态的变化（豆子被吃），但却很难将这些状态的变化想象为一个更为曲折的情节（譬如"吃豆人"是个英雄，通过吃豆子拯救世界之类）。游戏本身并没有在图像和演示上支撑我们对于游戏文本的继续衍义。

其次，电子游戏并不是最先在游戏内文本中构建"脚本"的例子。在电子游戏出现以前，许多桌面游戏（Board Game）已经尝试过将故事情节写入游戏之中，如 1935 年美国帕克兄弟制作的桌面游戏《地产大亨》（$Monopoly$，又名《大富翁》或"强手棋"），就是一个将地产买卖、资本运作等情节融入游戏的绝好例子。而著名的桌面角色扮演游戏《龙与地下城》（$Dungeons \& Dragons$，TSR 公司与威世智公司，1974—2004 年）则允许游戏者进入游戏设定好的"世界"（如"艾伯伦世界"或"被遗忘的国度"）经历预先设定的情节，或自行创造游戏发生的场域和故事。

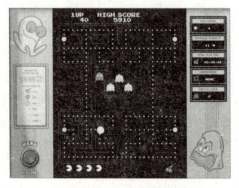

图 6-1　电子游戏"吃豆人"

游戏脚本中预先埋设"人物"和情节，是令游戏叙述复杂化的根本原因。电子游戏以其强大的视觉形象构建能力拥有先天的优势。在桌面游戏《龙与地下城》中，情节是依靠某一个特定的游戏者（Dungeon Master，简称 DM，即"地下城主"）依靠口述的方式叙述出来的，其他游戏者再根据 DM 的叙述，凭借自己的想象力构建场景和具体情节。而电脑能够取代 DM 的位置，依靠视觉形象的建立，构建更为直观的人物、空间形象（虽然叙述不一定更为宏大）。这一点，如同小说与根据小说改编的电影的关系。

我们在此前的论述中已经显示出，讨论游戏叙述问题，最值得关注的不是"人物在变化中"这个基本的条件（因为游戏本身肯定牵扯到人与变化），而是在文本中的"变化"是否涉及"有灵之物"的"伦理感受和目的"。游戏脚本中的人物，均是游戏设计出来的形象，这些人物形象是否"有灵"，取决于设计者是否赋予了它们以"人性"或"人格"。电子游戏脚本中的人物被称为"NPC"（Non－Player－Controlled Character），这些角色大部分具有特殊的功能，推动剧情发展或为游戏者提供可供选择的帮助等，如一般网络游戏中都具有的"商人"角色，基本等同于一个"商店"，并没有鲜明的人格特点。再如 2011 年年末在网络上风靡一时的所谓"膝盖中箭体"，就出自当时著名的单机电子游戏《上古卷轴 5：天际》（*The Elder Scrolls V：Skyrim*，发行公司：Bethesda，2011）中的多位 NPC（"守卫"）之口（"I used to be an adventurer like you, then I took an arrow in the knee"即"我以前和你一样也是个冒险家，直到我的膝盖中了一箭"），这自然也是游戏对 NPC 的一个粗陋而有趣的设定，也是游戏脚本很难给予每个角色以丰满个性的佐证。

不过，我们始终强调，游戏内文本只有潜在的叙述能力，它需要被玩家激活。游戏脚本如果能够设计出真正的具有独立人格的"角色"与具有变化的"情节"，将会使游戏文本的叙述更加多彩。

此处有必要进行进一步的辨析。在文学叙述中，我们很少对某个只出现一次的人物产生"他是不是个'人物'"的疑问，这无疑与文学叙述的读者期待有关，换言之，就是和叙述文本的"接受者"对文本的阐释趋向有关。作为读者（接受者），我们首先是将文学叙述当作"叙述"来看的，人物角色本身的"功能性"不是文学阐释的重点。而游戏内文本的"接受者"是游戏者，他们首先关注的是游戏中的"人物"是否具有某些影响游戏的功能，而这些"人物"通常也被作为功能体来设计和对待。在戏剧和电影中，也有很多这种"功能性"的人物，比如故事主人公留下一封信要转交给某人，他/她将信留给了自己的邻居，而邻居最终代为转交。此处的"邻居"就是一个功能体，他/她甚至通常没有台词。电影中功能性人物的出现有时会令人感到突兀，是因为情节本身依靠观众的联想"完型"也可以达成连贯，设置一个人物纯属画蛇添足。

因此，虽然文学中的人物与游戏中的人物也许都只是"功能体"，但文学文本与游戏文本的"接受者"在对文本的理解上产生了差异，这也是我们在"他们对经历变化，具有一定的伦理感受和目的"这一话题上反复论证的原因。由此，我们必须谨慎区分电子游戏设计中使用的各种技术手段所取得的效果。清晰的形象，逼真的游戏特效、音响等并不会使游戏内文本具有更强的叙述性；相反，粗糙的画面、音质，但拥有精心设计的情节、丰满的人物性格，却能够使得游戏获得强烈的叙述效果。

电子游戏显然做过类似的尝试，并且获得了良好的效果，当然，脚本的复杂也提高了游戏制作的成本，作为产业链条中的一环，游戏开发商不得不考虑实际的问题，这在一定程度上影响了游戏文本叙述的丰富性。如风靡全球的第一人称射击电子游戏《使命召唤》（*Call of Duty*，发行公司：Activision，2003—2011）系列，游戏设计出了多位贯穿始终的重要电脑角色（见图6-2），以协助游戏者可操控的角色完成任务、进行战斗甚至做出一些重要的选择。这些角色性格各异，人物形象非常丰满，他们会对玩家做出指导、鼓励，并对游戏者的选择进行评价，对玩家的进步表示出欣慰，在某种意义上，尽管他们是电脑人，但已与文学叙述中的"战友"无异。

图6-2　电子游戏《使命召唤》中重要的剧情线索人物普莱斯中士

　　我们已经通过详细的论证证明，游戏文本可以叙述，并且在条件允许的情况下，可以进行非常复杂的叙述，甚至其复杂程度不亚于文学叙述与电影叙述。"游戏文本"与"游戏内文本"的划分意在通过更精细的文本分割，让我们更清晰地领会"叙述"在游戏之中的运作方式与其所担负的作用——游戏者与游戏观众，面对的是两种具有联系却不同的文本，因而游戏叙述问题对于作为文本接受者的他们而言，也具有不同的意义。

　　然而，我们也不要忘记，游戏，作为一种娱乐活动，其意图并不在于通过叙述来打动人心；相对的，游戏希望通过模拟制造竞争来取悦游戏者。叙述只是游戏的一种手段，那些叙述方式极其简单的游戏，如棋牌、体育竞技，并没有让我们感到厌倦，仍历经岁月而不衰。当然，善用游戏"叙述"，对于当今的电子游戏来讲，可能是个重要的发展契机。

第七章　游戏叙述机制

我们已经证明了，游戏文本乃是一个叙述文本，游戏当然具有叙述的能力。那么，游戏是如何进行叙述的？当代游戏研究在这个问题上有许多争论，但是却没有一位从广义叙述学的意义上，在成熟的理论框架内，尝试着求同存异，继而发掘游戏叙述的特殊性。通常的两种做法：一是将游戏叙述拉进狭义叙述学的框架，因而它只能选择"故事性"较强的电子游戏文本，而无法应对传统游戏；二是宣称游戏所具有的"结构故事"的能力无法被叙述学理论所消化，另辟蹊径，鼓吹游戏的新能力。

第一节　拟真与叙述

论证上面这个问题，显然有个"投机取巧"的办法：找到一个"故事性"极强的恰当例子（如电子游戏中的 RPG 游戏，本身就拥有比较完整的故事脚本），通过一系列看似复杂的论证来阐明它的叙述机制。这种以偏概全的方法在有关电子游戏的研究中屡见不鲜，而格雷马斯的"意义矩阵"则是最常被借用的理论框架。

是否在一个例子上所作出的结论，就可以适用于全部游戏活动呢？那些"故事性"并不是那么强的游戏活动（如赛跑、标枪等比赛）是不是也符合这些论述呢？我们不禁要问。

不过，我们也不能求全责备。那些认为电子游戏具有"开天辟地"力量的研究者，并不愿意将电子游戏与传统游戏混为一谈，他们更愿意相信，电子游戏是一种富有创造性的媒介呈现方式，总有一天，它会像电影一样，在不远的将来受到大众的认可，成为一种新的"艺术"。因而，许多电子游戏的研究者，主张"游戏学"研究应当另辟蹊径，与在文学研究中应用甚广的叙述学理论画清界线。

弗拉斯卡（Gonzalo Frasca）就是其中的一位，他撰文《拟真还是叙述：

游戏学导论》①来为"游戏学"（Ludology）正名。

　　迄今为止，无论是将游戏作为一种产业还是学术对象，传统的、也是最流行的研究方式都将电子游戏视为"戏剧"和"叙述"的拓展。虽然，这种观念曾经受到质疑（尤其是来自艾斯本·阿尔瑟斯的质疑），并且引发了一场激烈的争论，但是，这种叙述模式论仍是主流。我们的目的正是要结束这场争论。在这篇论文中，我试图论证，"叙事"（storytelling）模式不仅是不准确的，阻碍了我们对这种新媒介的理解，而且限制了我们创作更多引人入胜的游戏。在其核心论点中，我将揭示，与传统媒体不同，电子游戏并不是建基于"再现论"，而是建立在我们熟悉的选择性符号结构——"拟真"之上。虽然"拟真"系统与叙述学有许多共通的元素，如角色、环境、事件等，但它们的构成在本质上却大相径庭。更为重要的是，它们还提供了不同的修辞上的可能类型。因此，我将会探讨这一特殊的话题，并试图揭示，为了传达作者的观念和感觉，游戏和叙述是如何提供了两种截然不同的方式。除此之外，我还会论证，创作者的观念是如何来适应两种不同的"拟真"类型：嬉玩与竞玩。而当务之急是阐明"游戏学"——这门尚未成熟的游戏研究的形式理论——的诸种概念。②

　　他拒绝使用"叙述"一词来描述游戏，在他看来，将游戏与小说等同是一种倒退，在他那里，"叙述"（Narrative）与"讲故事"（Storytelling）两个术语是通用的，这也代表了一类游戏研究者的立场——他们仍然在通俗的意义上将"叙述"看作"讲故事"，并没有接触过"广义叙述学"理论。而"经典叙事学过于关注时间性而忽略了叙事的空间范畴。空间叙事的思路是将虚构世界视为故事与游戏得以结合的平台，以空间置换时间的方式来充分考察数字媒介的独特表现力"③。

　　弗拉斯卡称："传统媒介是再现性的，而非拟真性的，它不像叙述一样善于进行特征的描述和事件的排列。……游戏只是结构性拟真的一种特殊方

---

① Gonzalo Frasca, "Simulation versus Narrative: Introduction to Ludology" in Mark J. P. Wolf and Bernard Perron, ed. *Video/Game/Theory*. Routledge, 2003. p. 230. 译文参见:《拟真还是叙述：游戏学导论》，宗争译，载《符号与传媒》第2辑，成都：巴蜀书社，2011年版，第247~256页。

② 恭扎罗·弗拉斯卡:《拟真还是叙述：游戏学导论》，宗争译，前引书，第252页。

③ 张新军:《可能世界叙事学》，前引书，第218页。

式，正如叙述只是结构性再现的一种方式。"足见，他仍是在"再现"这个意义上去理解"叙述"的。在叙述学领域，持这一观点的人也不在少数，"叙述学与未来学是截然对立的两门学科。叙述的默认时态是过去时，叙述学像侦探一样，是在做回溯性的工作，也就是说，是在已经发生了什么故事之后，他们才进行读听看。"①

弗拉斯卡这种拒绝的姿态并非毫无道理，"在学术理论之外，人们可以很容易区分叙述、戏剧和游戏。当我把球抛给你，我绝不会希望你把它扔掉，也绝不是想等着听你讲故事"②。他站在狭义叙述学的框架下去审视游戏，自然不可能找到与之相容的可能性，狭义叙述学理论甚至将"戏剧"这种重要的叙述类型排除在外，仅仅是因为它不具有"过去性"。游戏文本也是一种"演示性"文本，它的过程是即时呈现的，与狭义叙述学讨论的"再现性文本"完全不同。

然而，弗拉斯卡也并没有否认游戏本身的叙述性，他承认："电子游戏也能够传达作者的思想和感情。我认为，叙述不能简单替代拟真系统传递信息的方式，反之亦然。"③ 只不过，"传统的叙述媒介并没有允许对故事进行更改的'特征'，虽然口述故事和戏剧表演可以称为特例。在这些媒介中，允许观众对一个故事进行反复的审阅。而在游戏中，反复'会话'（session）不仅是一种可能性还是这种媒介方式的硬性要求。游戏并不是一份孤立的经验：我们意识到它们是游戏因为我们知道，我们总可以重新开始。确切地说，一个游戏你可以只玩一次，但对拟真系统的认知和阐释需要不断重复"④。由此看来，弗拉斯卡试图建立一门"拟真修辞学"，以解决他所认为的叙述学无法对游戏机制进行研究的问题。

拟真为何？弗拉斯卡自己做出了定义："拟真就是通过一个特殊的系统去模拟一个（本源性的）系统，而那一特殊的系统保留了人类源始系统中的部分运转方式。此处的关键词是'运转'（behavior）。拟真并不是简单地复制其对象的特征（通常是视听意义上的），而是包含了其运转的模式。这一模式会根据一系列状况对特定的刺激做出反应（如数据输入、按键操作、摇

---

① 费伦：《文学叙述研究的修辞美学与其它论题》，尚必武译，载《江西社会科学》，2007 年第 7 期，第 25 页。

② 《拟真还是叙述：游戏学导论》，宗争译，前引书，第 247 页。

③ 《拟真还是叙述：游戏学导论》，宗争译，前引书，第 248 页。

④ 《拟真还是叙述：游戏学导论》，宗争译，前引书，第 248 页。

杆变动等）。"①

拟真可分为三个层面：

第一层是叙述性的拟真，处理再现和事件，包括对象或角色的个性、背景、环境设置和剪切场景。比如，你改变人物肤色的一个简单指令可以导致游戏《雷神之锤》（*Quake*）中以色列人和巴基斯坦人的死战。在这里，游戏的规则是不可改变的：只有人物和环境设置是可修改的。不过这个游戏在观念层面来说，已经完全不同于它最初的样子了。

第二层是在操作规则之上的拟真，即玩家可以在游戏模型中做什么。在上一个案例中，特定的操作规则表明了一种可能性。但在其他案例中，它们则有必要获取一个跨越三个层面的目标。举例而言，在《侠盗猎车手Ⅲ》（*Grand Theft Auto* Ⅲ）里，玩家可以选择和妓女做爱后杀了她而得到钱。尽管有很多人对这一可能的操作感到反感，但值得指出的是这并不是游戏的目标。可以说，一个游戏允许你杀死性工作者与要求你必须杀死他们才能获胜是具有本质差异的。大多数嬉玩游戏都停留在这一层面。

第三层是在目标规则之上的，即：为了获得胜利，玩家必须做什么。这就是在拟真环境中作者所设定的强制命令。在《超级玛丽》（*Super Mario*）中，尽管你不去营救公主也可能获得快乐，但除非你完成这一任务，否则你不可能夺取最后的胜利。拥有目标规则的游戏能够为我们提供了个人层面与社会层面上的双重奖励：能够通关的人无疑是个好玩家。在这第三层中，拟真者汇集所有可资利用的行动，并促发其中一些可以导向胜利终点的行动。②

弗拉斯卡所谓的"拟真"其实指的我们在为游戏分类时所使提到的"编码"，电子游戏依靠计算机所具有的强大的逻辑运算能力，能够完成更为复杂的编码，它可以将"动作—对象—意义"的连接附之以出现概率计算，如此，偶然性也就可以被"算计和筹谋"。动作施于对象，继而带动对象动作，而对象动作又指向了另一对象，引起其变动，游戏文本赋予这一对象的变动以意义。所有的动作与对象的连接（在电子游戏中，能不能打开一道门）与对象与意义（一次击打能不能造成对方的伤害）的连接就因具有了"可/不可"的可能性，从而使游戏内文本的容量大大增加。

如此看来，"拟真"与游戏内文本的符号编码方式相关，与"叙述"却

---

① 《拟真还是叙述：游戏学导论》，宗争译，前引书，第 247 页。
② 《拟真还是叙述：游戏学导论》，宗争译，前引书，第 249～250 页。

没有必然的矛盾性。游戏设计具有"拟真"的能力并不影响它成为一个广义上的叙述文本，更何况，电子游戏本身的叙述能力早在游戏设计的过程中就已经被考虑在内了。简言之，拟真与"叙事"不在同一层面，不存在矛盾。

拟真是游戏符号文本的符义，而叙述是游戏符号文本的符形。

的确，小说可以反复阅读，电影可以反复观看，对于文本本身来说，不会因阅读次数的增加而发生改变；游戏则不同，每次参与所谓的"同一"游戏都会产生不同的结果，没有一个一成不变的游戏文本供"阅读者"去审视。但是，传统叙述媒介并不是不允许更改故事（读者大可以在小说上乱涂乱画），而是更改后的故事将形成新的叙述文本，研究对象会随叙述文本的改变而改变。游戏亦然，游戏实例文本也因不同玩者在游戏中的不同行动和选择而变得不同。对于观众来说，观看一场足球赛与观看一出戏剧，在形式上并没有什么根本的区别，唯一不同的是，这出戏剧还可以在适当的时候再次观看，而再次观看"同一场"足球赛则是不可能的了。

弗拉斯卡所指的游戏即是"一款电子游戏程序"，他的内在逻辑是将"游戏设计者"等同于"作者"，而将"玩者"等同于"读者"。他在文章中称："我举双手赞成将电子游戏设计者视为作者的观念——他们中的许多人确实利用这种媒介去表达自己的想法——他们的主要目标仍然是娱乐（取悦玩家）。"① 这样一来，因为游戏设计者只是对游戏框架和游戏规则进行设计，作为"读者"的"玩者"就可以根据自己的意愿选择游戏发展的方向。

弗拉斯卡的思路没错，他的研究对象是提供了"有限可能性"的电子游戏程序，而非经由"玩者"参与形成的游戏实例文本。然而，他忽略了广义叙述学足以容纳游戏这一特殊的文本，包括它的形成过程和各种不同的形态。游戏实例文本的"观者"也绝不仅仅是"观众"，"观者"中的"玩者"因素会帮助我们更好地探索游戏叙述文本的内在机制。

既要承认影响游戏发展的不变核心，又要照顾到同一电子游戏程序所形成的多样的文本，弗拉斯卡的解决方案是建立"拟真修辞学"，而我们的方法则是在更大的符号学视域之下统摄这一文本的复杂样态。

在游戏符号叙述学视野下，真正的问题是以下这两个：

一是同一个游戏（内文本）为什么会形成彼此看起来差距巨大的游戏文本；

二是对于一个游戏实例文本而言，它是如何叙述的。

---

① 《拟真还是叙述：游戏学导论》，宗争译，前引书，第 250 页。

进言之，弗拉斯卡的"拟真修辞学"甚至不能拓展至电子游戏之外的游戏领域——他的研究对象仅限于那些可供同一玩家多次参与的电子游戏程序。按照他的思路，对于传统游戏而言，巴西国家队对战法国国家队的比赛与巴西队对战中国队的比赛将统称为"一个游戏"，尽管在我们看来，二者可谓是大相径庭，决不可等量齐观。如果弗拉斯卡能够将视野拓展至传统游戏或网络游戏，而不是仅仅固守在"单机电子游戏"这个狭窄的领域，他也许会意识到，游戏文本的形成必须要依靠多个玩家共同合作努力才能形成（其实即便是在单机游戏中也是如此，依然有人格化的人工智能），而每个玩者无非只是游戏中的一个片段而已。"拟真修辞学"或能说明他们各自的游戏形态为何，但要把他们所有的"共时性"经验融合在一起，则还需要一个更大的理论框架。

第二节　底本与述本

底本与述本是叙述学领域的大问题，它的重要意义在于："整个现代叙述研究以底本/述本分层原理为基础，整个一百多年的现代批评理论，也以这个分层原理为起点之一。"[①]

有关底本与述本关系的论述颇多，但都没能确实地解决问题。通常底本与述本的关系被等同于"故事（所叙之事）与话语（文本）"。美国女批评家芭芭拉·赫恩斯坦·史密斯（Barbara Herrnstein Smith）称："我们惯于用'情节提要'名义表演抽象、减缩、简化。"[②] 正因如此，那些冠以一个名称或具有情像似性的故事通常被看作"共用一个底本的不同述本"。乔纳森·卡勒是这个问题的深入探索者，他最先开始质疑这种已经布置好底本与述本先后顺序的论断："叙事学假定底本先于报道或表达它们的述本而存在，由此建立起一种等级体系，但叙述作品在运作时经常颠覆这一体系。这些作品不是将事件表达为已知的事实，而是表达为话语力量或要求的产物。"[③]

回到弗拉斯卡对于游戏的理解，他看到了同一个电子游戏程序在不同玩家那里所产生的多样化的文本，却不想将它们割裂为独立的文本，仍期待对

---

① 赵毅衡：《论底本与述本》，载于《文艺研究》2013年第1期，第5页。

② Barbara Herrstein Smith, "*Narrative Versions, Narrative Theories*", *Critical Inquiry*, (Autumn 1980), p. 221.

③ Jonathan Culler. *The Pursuit of Signs*. Ithaca: Cornell University Press, 1981, p. 172.

它们做统一的研究。"与叙述不同,拟真不仅是由一系列事件构成的,还吸收了运作规则。……与叙事模式不同,在拟真系统中,事件的顺序从来都不是固定不变的。……游戏总是携带着一定程度的不确定性,来防止玩家提前知晓最终结果。"① 换言之,因为同一个游戏程序所能产生的"述本"太多,它们在逻辑上好像又是"共同一个底本的"(游戏程序),但述本彼此之间差异太大,甚至完全改变了情节,他认为叙述学没有能力处理这样的问题。

赵毅衡认为,这种对底本/述本的理解方式本身就有问题。"从符号叙述学的观点看,述本可以被理解为叙述文本的组合关系,底本可以被理解为叙述文本的聚合关系。"②

因此,每个述本都自有一个底本,不存在"共同一个底本的述本"。"一旦文本形成,文本组合就是聚合轴上的选择操作的投影,聚合操作就是文本组合的背景,底本只是叙述操作所形成的聚合背景,是叙述的'备选备组合的相关元素库'。"③

笔者引入"游戏内文本"这一概念时,就已经有所考量。此处可以进一步说明:底本和述本并不对应着游戏内文本与游戏文本。游戏内文本已经是在底本这一"备选备组合的相关元素库"中选择了必要的内容和形式;游戏文本也并不是仅仅从游戏内文本中进行选择,而是在玩者的参与之下,汲取了更多的材料。游戏内文本只不过是游戏文本这个叙述文本所选择的"底本"中的素材之一。

弗拉斯卡的困惑至此可以告一段落了。拟真与叙述并没有冲突,二者根本就不在同一个论域。拟真是游戏内文本的构成方式之一,关系到游戏内文本与玩者之间的互动;叙述则是对游戏文本意义构成方式的探究,关系到观者对游戏文本的阅读体验。弗拉斯卡完全不需要担忧广义符号学的能力,"拟真修辞学"倘若真的得以建立,也并不会逃出广义叙述学的框架。况且,一旦我们将游戏文本做细致的打量,文本生成模型就呼之欲出,一切都将迎刃而解。

---

① 《拟真还是叙述:游戏学导论》,宗争译,前引书,第248页。
② 赵毅衡:《论底本与述本》,前引书,第10页。
③ 赵毅衡:《论底本与述本》,前引书,第11页。

第三节 演示性叙述

任何玩过游戏同时又读过小说的人都不难发现，从纯粹的体验来讲，游戏文本与文学文本之间有多么巨大的差异。既然如此，游戏应当属于哪一种叙述文本类型呢？

较早关注数字叙述的玛丽－洛尔·瑞恩曾提出过四种叙述模式的建议：

（1）讲述模式：告诉某人过去发生的某事，如小说、口头故事；

（2）模仿模式：在当下演出故事、扮演人物，如戏剧、电影；

（3）参与模式：通过角色扮演与行为选择实时创造故事，如儿童过家家游戏、观众参与的戏剧；

（4）模拟模式：通过使用引擎按照规则和输入实现一个事件序列而实时创造故事，如故事生成系统。①

瑞恩从叙述文本的形成机制上对叙述模式进行了划分，这一四分法基本上涵盖了所有的叙述模式，但是，她的这一分类法在与各种活动类型相对应的时候，会出现较大的分歧。比如中国的"评书"，是表演者叙述的口头故事，但同时为了增加效果，表演者也会对当时的情境进行模仿和表演，一把扇子在评书表演者那里可以成为一支笔、一把伞或一杆枪。

而对于游戏活动而言，几乎兼具了以上四种叙述模式，例如《龙与地下城》一类的"桌面游戏"，既有参与者扮演"地下城主"所进行的讲述，又有玩者的参与，还有根据游戏规则所触发的"故事生成系统"。

我们在此处使用赵毅衡对叙述类型的三分法：记录性叙述、演示性叙述和梦叙述。

具体而言："任何符号组合，只要讲出卷入人物的情节，都成为叙述。广义的叙述可以按其媒介赋予的不同品质，分成三大类：记录性叙述，演示性叙述，梦叙述。"②

"游戏"应与戏剧、电影、演讲、舞蹈等一道，划入"演示性叙述"一类。

何为演示性叙述？

---

① Marie－Laure Ryan, "Narrative and the Split Condition of Digital Textuality", dichtung－digital 34. 1（2005），http://www.dichtung－digital.com/2005/1/Ryan.

② 赵毅衡：《演示叙述：一个符号学分析》，载《文学评论》，2013年第1期，第139页。

演示性叙述，是用一定的演示媒介手段讲述故事的符号文本，演示媒介有身体、言语、物件、图像、影像等，它的最基本特点是，面对叙述的接收者，文本当场即时地展开，它们不需要"后期制作"，也不会存留给此后的接收者读取。①

通过一定的媒介，演示性叙述文本很容易转化为记录性叙述文本。"当代的电子技术，使呈现性媒介轻易地转化为记录性媒介，通向人类五官的渠道得到延长。符号信息的发出、传送、接收，现在可以克服时空限制，越过巨大跨度的间距，这是当代文化之所以成为符号文化的一个重要条件。"②

作为呈现性媒介的游戏能够被其余两种媒介方式所记录：记录性媒介和心灵媒介。比如，棋类游戏的进程可以被由图像和文字构成的"棋谱"所记录（见图7-1），体育竞赛可以被照相机、摄像机所记录，而所有的游戏经历都可以存储在玩者或观者的"记忆"里。而当代电子媒介的发展，更使"记录"游戏变得简单快捷，一场电子游戏的网络对战，可以通过游戏程序自身携带的"录像"功能轻松记录，甚至电子游戏本身就是依托电子媒介而发展出的游戏类型。

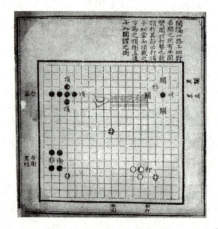

图7-1　中国宋朝时期的教学用围棋棋谱③

因而，游戏研究者通常也会将已经记录下来的游戏文本作为研究对象。这样的研究对象是不完整的，据此所作出的论证也有以偏概全的嫌疑。

---

① 赵毅衡：《演示叙述：一个符号学分析》，前引书，第139页。
② 赵毅衡：《符号学原理与推演》，前引书，第127页。
③ 选自（宋）张拟：《坐隐斋先生自订棋谱》，明书林聚生堂修版印行者。

面对电子媒介对演示性叙述的"吞并"和"演化"，赵毅衡认为，可以从如下几个方面去理解：

　　1. 这是当代社会中刚发生不到一百年的现象，不是人类文化的常态。

　　2. 它们记录演示性叙述，也记录记录性叙述（电脑储存供阅读的文字）。而它们的记录没有能改变记录性叙述的过去时间本质，也没有改变演示性叙述的现在本质。

　　3. 接收者在读取电影或歌曲录音时，"直觉上"认为依然是正在进行的演出。[①]

对于游戏文本而言，这些理由都正确，但游戏文本的"即时性"太强，以至于至少在接收效果上，观看"记录"会令观看过"现场"游戏的人觉得大打折扣。从各种媒介对游戏的"记录"来看，所有的"记录"都只是"片段"，不可能还原游戏文本的全貌。棋谱可以记录棋子的运动轨迹，但却不能记录对战过程中的对弈者时而焦虑时而愉悦的心理变化；足球直播能够记录足球比赛的过程，但摄像机"镜头"却总是"格外关照"球队的某些球星或紧张刺激的进攻过程。电子游戏对战虽然可以完整地记录在计算机屏幕上发生的一切，但我们却永远不知道坐在屏幕后的玩家长得什么样子。正因如此，才会有这么多的球迷要专门跑到球场去观看足球，而不是仅仅对着电视机。

而这一观点也完全可以推广到对其他显示性叙述被电子媒体"记录"的情况中去。但凡"记录"，就会产生一个符号文本，则必有一个符号的接收者。媒介的"记录"要顾及符号传播的过程，就必然会有所侧重，它会从它所记录的对象中抓取对其有利的东西。媒介"记录"是对原有演示性叙述的"再叙述"或"再文本化"，已经与对象有所区别。在剧场中观看一出戏剧，与观看这出戏剧的录像感觉完全不同，"视角"是固定的，"焦点"也是预设好的，而且不可能与剧场中的观众有任何交流。

奥斯汀（J. L. Austin）的"言语行为理论"将言语行为分为三种类型：以言言事（locutionary）、以言行事（illocutionary）、以言成事（perlocutionary）。如果将其对应至演示性叙述，则是"以演言事""以演行

---

① 赵毅衡：《演示叙述：一个符号学分析》，前引书，第140页。

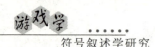
事""以演成事"。

据此,赵毅衡将演示性叙述划分为三个子类型:演出型、竞赛型与游戏型。

其中,"竞赛型"乃是"为竞争各种目的物而举行的比赛,如赌博、决斗等",而"游戏型"则是"似乎无目的或仅有'伪目的'的各种游戏、电子游戏等"①。

在这里,竞赛和游戏被区分开来,而根据我们上文的规约和论证,已经说明:游戏皆具有竞争性,游戏与其他竞赛的区别在于其虚拟性,而非竞争性。

如此一来,我们就要对这个分类进行适当的变更:演出型、竞赛型和嬉戏型。笔者认为,这一更改并未改变其理论设定的初衷,反而能令一些问题更加清晰。

"嬉戏"是完全无目的的娱乐活动,在关于游戏边界的讨论中,我们已经有所触及。严格意义上讲:"嬉戏"并不是"游戏"。

尽管游戏拥有竞争性和目的性,但在前文中我们也已经揭示了,游戏内文本对玩者并没有提出太多强制性的要求。玩者拥有自己的玩乐之道,在不自愿/被迫退出游戏的前提下,他/她可以选择以自己的方式进行游戏。那么对于玩者而言,在游戏中到底是"以演言事""以演行事",还是"以演成事",就成了他们各自灵活的选择。游戏属于演示性叙述,但在具体的游戏活动中,无法一概而论,称游戏就是某一种子类型;游戏活动复杂,因此,在一个游戏过程中可能会出现多种演示性叙述子类型并存的情况。

赵毅衡进一步解释:"以演言事:演出本身就是目的。……以演行事:为某目的而演。……以演成事:为达成某过程而演。"②

在足球比赛中,如果对战双方的实力差距过大,胜负已经没有悬念,取胜的目的已经消失殆尽,原本应该激烈争胜的比赛就会演变成优势方的"表演赛","以演行事"变成"以演言事",竞赛型就会向演出型转化;反之,劣势方倘若也无心争胜,抱着虚心学习的态度,竞赛型就会向嬉戏型转化。NBA每年的"全明星赛",尽管亦有比赛性质,但球员心情放松,场上球员几乎不对对方的进攻做出防守,以娱乐为主,表演味道十足,经常能表演出

---

① 赵毅衡:《演示叙述:一个符号学分析》,前引书,第142页。
② 赵毅衡:《演示叙述:一个符号学分析》,前引书,第143页。

在强对抗环境下无法施展的"花招"。这也就是我们，游戏文本可以渗透三种不同的演示性叙述类型的原因。

第四节　作为互动叙述的游戏

从游戏文本的构成上就不难发现，游戏是一种多么奇特的活动。它具有两个成型的文本：游戏文本与游戏内文本，分别供两个层次的"接收者"观看。

它的"近亲"是戏剧，两者同属"演示性叙述"，都是即时展现的，都拥有一个对叙述文本有指导作用的"脚本"。在游戏中，"玩者"如同演员：演员要阅读剧本，而"玩者"必须熟悉游戏内文本；演员要面对观众，而玩者要面对观者。然而，游戏与戏剧的区别在于，玩者与演员不同，玩者可以在游戏中做各种尝试，直到他自愿或被迫退出游戏，而演员则需要依照剧本行事，出了纰漏有人问责；游戏脚本只是一个生成故事的程序，而戏剧脚本则规定了具体的情节走向和事件安排。

正因为二者的相似，恰恰也正是戏剧最先去尝试以"游戏"的方式进行实验性表演，奥古斯都·波瓦（Augusto Boal）的"论坛剧场"（Forum Theatre）、"隐形剧场"（Invisible Theatre）等，都在强调观众与戏剧之间零距离的互动，而那些"无剧本戏剧"，则是在尝试赋予演员以玩者一样的自由。

鉴于游戏叙述横跨了演示性叙述三个类型，需要找到另一种能够对应并诠释游戏叙述的方式。

阿尔瑟斯称："游戏既是对象也是过程，它们不能像文本一样被读，也不能将其当作音乐听，它们必须被'玩'。游戏行为是整体性的，和读者与听众并不一致。游戏的作用之一就是创造性的包容。拟真的复杂内涵之一就是结果难以预料，完全依靠玩家的运气、技巧和创造力而变化。在网络游戏中，还需要社交能力，或者必须发展社交能力。这一点任何一个玩过网游的人都知道。而很多业内人士和理论评论者认为，理解并更好地发展游戏，需要认识到对'叙事'结构的需求。在这个问题上，关于叙事和叙事学与游戏

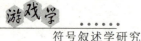

研究关系的争论就显而易见了。"①

面对电子游戏研究者所不断强调的传统叙述与游戏叙述方式的差异，我们显然不能闭门造车，坐视不理。与其他游戏研究者不同，笔者更愿意在广义叙述学的框架之内研究这一问题，而不是草率地放弃它，毕竟，沿用或修正叙述学已有的理论成果比创造一门全新的学科（"拟真修辞学"）要稳妥得多。

事实上，游戏研究领域已经在有意无意中找到了概括这种新的叙述类型的词语——"互动叙述"（Interactive Narrative，或译作交互叙述）。大部分游戏研究者能够接纳这样一个其实不算新颖的说法，下面的数据也许可以说明这个理由：在 Google 上以"Interactive Narrative"为关键词进行搜索，会找到超过 129000 条结果；如果将关键词换为"Interactive Storytelling"，会得到超过 414000 条结果。这 50 余万条结果中，有半数以上是关于计算机、网络和电子游戏的，"人机互动"（Human−Computer Interaction）可以说是当下游戏研究者最熟悉的术语之一——他们大都是从计算机技术转向游戏程序设计，继而关注游戏研究的。

我们将通过以下几个问题来认识作为"互动叙述"的游戏。

（一）何为"互动"

通信理论学家史蒂芬·W. 小约翰（Stephen W. Littlejohn）这样定义互动行为："一个系统的主要组成部分在于其各种关系。而互动系统应该有两个以上的可沟通对象去共同定义它们之间关系的本质。"② 换句话来说，当一个系统里两种元素间有着某种相互关系时，系统中也存在着某种东西是在交互作用的。在这种意义下，交谈、数据库、游戏和社会关系都是互动。进一步而言，一个系统中各种元素间的各种关系都可以被定义为"互动"。

理论学家安迪·卡麦隆（Andy Cameron）更强调互动中的直接干预（direct intervention）因素。他称："互动行为意味着一种干预能力，它能够通过一种有意义的方式来'再现'自己，而不仅仅是'读取'自己。因此，音乐中的互动意味着改变声音的能力，在绘画中，则是改变各种颜色或者加

① Espen Aarseth，"Playing Research：Methodological approaches to game analysis"，MelbourneDAC2003，http://hypertext. rmit. edu. au/dac/papers/Aarseth. pdf.

② Stephen W. Littlejohn，*Theories of Human Communication*，Belmont，CA：Wadsworth Publishing Company，1989，p. 175.

上各种图画，在电影中，是改变电影生成的能力。"①

前文提到的游戏设计师克里斯·克劳福德为"互动"所做的定义是最直观的，他把互动比喻成一种交谈："互动行为就是两个演员间彼此倾听、思考和言谈的一个循环过程。互动的质量取决于这几个子项（倾听、思考和言谈）各自的质量。"② 他的说法最接近从符号学语境对互动进行的理解。

从符号传播的角度来讲，"互动"是信息的发送者和接收者同时兼具两个身份，互为对方的发送者（接收者），不断进行相互间信息传递的过程。并借此形成复杂的符号文本。

发送者　→　信息（符号）　→　接收者

（接收者）←　反馈（符号）　←（发送者）

人与人之间最容易产生互动。最简单的形式就是"你一言，我一语"——两个对话者形成语言符号的互动。而人与物一般不能产生互动，只具有效果。《玩之规》（*Rules of Play*）曾举过一例，来说明何为"互动"，论者称："例如对比以下两种行为：一是某个人把苹果碰到了地上，一是某人在一张双骰儿赌博桌上投骰子。虽然两个例子都是交互，但只有第二个行为（投骰子）是一种预先设计好的交互。"③ 第一个例子显然不能称为交互，苹果掉到地上是人的动作所产生的结果，苹果本身对人并没有任何"反馈"，因此称不上互动。

但如果物本身携带着一些预先编好的指令，则这种互动也可以达成，譬如人弹奏钢琴，触动的是琴键，奏出的是音乐：乐音与琴键之间存在着预先设定好的人为编码（所以才需要调音师）。

最复杂的形式是"人机互动"，也就是人与计算机之间的对话，二者之间的对话若想展开，必须倚靠计算机程序的编写者将人类经验及其可能性转变为函数计算，继而进行编程设计，使计算机拥有类似于人的"思考和应变"能力（人工智能），可以与人产生互动式的效果。人机互动尚不能超越人人互动，计算机不能模拟人丰富的感情变化，不具有人"无理性"的

---

① Andy Cameron, Dissimulations: Illusions of Interactivity（MFJ No. 28: Spring 1995），http://infotyte. rmit. edu. au/rebecca/html/dissimula−tions. html.

② Chris Crawford, *Understanding Interactivity*. San Francisco: No Starch Press, 2002, p. 6.

③ Katie Salen & Eric Zimmerman, *Rules of Play*: *Game Design Fundamentals*, Cambridge and London: The MIT Press, 2004, p. 60.

一面。

　　（二）游戏是最典型的互动活动

　　在游戏中，游戏内文本规定，玩者与玩者之间必须产生关联，任何玩者的动作（选择）都会在游戏中产生一个影响他人的效果。玩者虽然可以逃避这种关系：足球运动员可以消极比赛，在球场中闲逛，但逃避本身也是"选择"的一种，也会产生具体的效果，即可能会输掉比赛。麦克卢汉称："因为所谓'游戏'，无论是生活中的游戏还是轮子中的游戏，都包含着相互作用的意义。必须要有来有往，或者叫对话，正如两个以上的人之间和群体之间的关系一样。然而这种性质在任何情景中都可以减少或失去。"[①]

　　游戏则是最典型的互动活动，原因有三：首先，游戏是人类活动的一种，可以通过活动形式制造人类集群效果，它必然牵涉到人与人之间的关系；其次，游戏具有规则性，规则的目的在于对人类行为进行编码，赋予其在游戏框架之内有效的意义，玩者的动作在游戏中是具有意义的符号，因而仅仅依靠动作而无须语言交流，就可以完成信息的交换；最后，游戏是一种竞争活动，游戏内文本强制规定了竞争的方式和判断依据，因而也就强制玩者进入互动竞争环节。

　　根据赵毅衡对叙述文本的定义推衍，互动活动所形成的符号文本，如果具有人物和情节两个要素，都可以称为叙述文本，也就是互动叙述文本。互动叙述是从叙述文本的形成方式对叙述进行的划分，而记录性叙述、演示性叙述和梦叙述则是从叙述所依托的媒介属性差异上所进行的划分。两种分类方法并没有冲突。并非所有的演示性叙述都是互动叙述，独角戏、独舞都不是互动叙述。而互动叙述也不仅仅局限于演示性叙述，在记录性叙述中的书信同样是一种互动叙述模式。

　　所有的传统游戏都能够形成互动叙述文本。人与人之间的互动是竞争的必然结果，而竞争必然产生结果，决定了"情节"的变化。然而，传统游戏简洁的游戏框架决定了，游戏的叙述可能看上去没有电影或戏剧那么清晰，其情节的丰富性隐藏在自身之中，需要依靠受述者的丰富和完善。在文学作品中，经常有关于游戏场面的描写：

　　　　慕容复向他瞪了几眼，不再理睬，走到棋局之旁，拈起白子，下在棋局之中。鸠摩智微微一笑，说道："慕容公子，你武功虽强，这弈道

---

　　① ［加］马歇尔·麦克卢汉：《理解媒介——论人的延伸》，前引书，第298页。

只怕也是平常。"说着下了一枚黑子。慕容复道:"未必便输于你。"说着下了一枚白子。鸠摩智应了一着。慕容复对这局棋凝思已久,自信已想出了解法。可是鸠摩智这一着却大出他意料之外,本来筹划好的全盘计谋尽数落空,须得从头想起,过了良久,才又下一子。鸠摩智运思极快,跟着便下。两人一快一慢,下了二十余子,鸠摩智突然哈哈大笑,说道:"慕容公子,咱们一拍两散!"慕容复怒道:"你这么瞎捣乱!那么你来解解看。"鸠摩智笑道:"这个棋局,原本世人无人能解,乃是用来作弄人的。小僧有自知之明,不想多耗心血于无益之事。慕容公子,你连我在边角上的纠缠也摆脱不了,还想逐鹿中原么?"慕容复心头一震,一时之间百感交集,翻来覆去只是想着他那两句话:"你连我在边角上的纠缠也摆脱不了,还想逐鹿中原么?"眼前渐渐模糊,棋局上的白子黑子似乎都化作了将官士卒,东一团人马,西一块阵营,你围住我,我围住你,互相纠缠不清的厮杀。慕容复眼睁睁见到,己方白旗白甲的兵马被黑旗黑甲的敌人围住了,左冲右突,始终杀不出重围,心中越来越是焦急:"我慕容氏天命已尽,一切枉费心机。我一生尽心竭力,终究化作一场春梦!时也命也,夫复何言?"突然间大叫一声,拔剑便往颈中刎去。①

这段文字出自金庸的武侠小说《天龙八部》第三十一回"输赢成败,又争由人算"。这一回写众人尝试破解逍遥派掌门人无崖子留下的"珍珑棋局",都无功而返,小和尚虚竹误打误撞,破了棋局,被无崖子选为入室弟子,传授百年功力。"珍珑棋局"本为残局,笔者所选一节,描述的乃是慕容复与鸠摩智就残局进行对弈的场面。小说中,慕容复是鲜卑族所建立的大燕国的皇室余脉,终身背负复国大业。因此,他在对弈的过程中,因无法破解,急火攻心,产生了"幻觉"——"棋局上的白子黑子似乎都化作了将官士卒,东一团人马,西一块阵营,你围住我,我围住你,互相纠缠不清的厮杀"。最终竟做出意图自刎的举动。这又回到我们前文关于游戏研究对象的讨论,游戏实例文本不仅仅包含玩者在游戏中的动作,也包含玩者那些看似与游戏"无关"的举动。而恰恰是这些"无关"的举动,蕴涵着丰富的关于游戏叙述的信息。而观者正是通过对游戏中不断出现的各种事件来不断填充

① 金庸:《天龙八部》,选自《金庸作品集》,第24卷,广州:广州出版社,2002年版,第1089页。

他/她对游戏叙述的理解，接近完整的游戏叙述。

　　游戏设计包含着将形象因素符号化为棋子的过程（化战局为棋局），而对弈的过程是摆置符号棋子的过程。慕容复作为对弈者，将符号化的棋子重新形象化（化棋局为战局），给予了它们以个人化的"解释"。玩者，作为游戏的叙述者之一，他/她的心态、想法和行为，能够协助受述者理解游戏叙述。

　　忽然人群发一声喊。我回头一看，原来只剩了一盘，恰是与冠军的那一盘。盘上只有不多几个子儿。王一生的黑子儿远远近近地峙在对方棋营格里，后方老帅稳稳地待着，尚有一"士"伴着，好像帝王与近侍在聊天儿，等着前方将士得胜回朝；又似乎隐隐看见有人在伺候酒宴，点起尺把长的红蜡烛，有人在悄悄地调整管弦，单等有人跪奏捷报，鼓乐齐鸣。我的肚子拖长了音儿在响，脚下觉得软了，就拣个地方坐下，仰头看最后的围猎，生怕有什么差池。

　　……

　　王一生孤身一人坐在大屋子中央，瞪眼看着我们，双手支在膝上，铁铸一个细树桩，似无所见，似无所闻。高高的一盏电灯，暗暗地照在他脸上，眼睛深陷进去，黑黑的似俯视大千世界，茫茫宇宙。那生命像聚在一头乱发中，久久不散，又慢慢弥漫开来，灼得人脸热。众人都呆了，都不说话。外面传了半天，眼前却是一个瘦小黑魂，静静地坐着，众人都不禁吸了一口凉气。

　　半晌，老者咳嗽一下，底气很足，十分洪亮，在屋里荡来荡去。王一生忽然目光短了，发觉了众人，轻轻地挣了一下，却动不了。老者推开搀的人，向前迈了几步，立定，双手合在腹前摩掌了一下，朗声叫道："后生，老朽身有不便，不能亲赴沙场。命人传棋，实出无奈。你小小年纪，就有这般棋道，我看了，汇道禅于一炉，神机妙算，先声有势，后发制人，遣龙治水，气贯阴阳，古今儒将，不过如此。老朽有幸与你接手，感触不少，中华棋道，毕竟不颓，愿与你做个忘年之交。老朽这盘棋下到这里，权做赏玩，不知你可愿意平手言和，给老朽一点面子？"

　　王一生再挣了一下，仍起不来。我和脚卵急忙过去，托住他的腋下，提他起来。他的腿仍是坐着的样子，直不了，半空悬着。我感到手里好像只有几斤的分量，就暗示脚卵把王一生放下，用手去揉他的双腿。大家都拥过来，老者摇头叹息着。脚卵用大手在王一生身上，脸上，脖子上缓缓地用力揉。半晌，王一生的身子软下来，靠在我们手上，喉咙嘶嘶地响着，慢慢把嘴张开，又合上，再张开，"啊啊"着。很久，才呜呜地说："和了吧。"①

这段描述出自作家阿城创作于 1984 年的小说《棋王》。小说中，"文化大革命"时期"上山下乡"的知识青年王一生人称"棋呆子"，他以逆来顺受承接社会艰辛，以无欲无求释怀人生困苦，他信奉"何以解忧，唯有象棋"，对吃食本能性的渴求与对棋艺精神性的自足形成了强烈的对比。上面这段描述是王一生与九名高手进行车轮大战，战败其余八人，最后与一老者对弈的场面。

作为文学叙述，小说以"我"为叙述者，从"我"的视角出发进行叙述。从游戏叙述的角度来讲，"我"是棋局的见证者，即是该游戏叙述的"受述者"。

如果说《天龙八部》中慕容复对弈发狂一段说明了玩者在游戏叙述中的作用，那么这一段则表明了，观者的"内化"和"移情"对于游戏有多么重要的意义。抛开文学叙述本身的特质不谈，这一段描述就是对游戏实例文本的片段性再现。之所以说是片段性的，是因为我们不能从这段叙述中看到二人对弈的具体情况（事实上，因为观看的人太多，"我"基本上没能看到对战的状况），不知道棋到底是如何布局走位的。而相较于棋谱（其实也是一种片段性的记录，仅仅记录棋子的走位），这段描述却比较完整生动地展现了游戏的具体情态，叙述者通过对对弈者的侧面描写来烘托对弈之激烈，倒是反证了游戏强大的叙述能力。"王一生的黑子儿远远近近地峙在对方棋营格里，后方老帅稳稳地待着，尚有一'士'伴着，好像帝王与近侍在聊天儿，等着前方将士得胜回朝；又似乎隐隐看见有人在伺候酒宴，点起尺把长的红蜡烛，有人在悄悄地调整管弦，单等有人跪奏捷报，鼓乐齐鸣。"这是"我"在观看棋局的过程中所做的内化式的联想，而这一联想的条件在于，作为"观者"的"我"是"懂"棋的："我心里忽然有一种很古的东西涌上来，喉咙紧紧地往上走。读过的书，有的近了，有的远了，模糊了。平时十分佩服的项羽、刘邦都目瞪口呆，倒是尸横遍野的那些黑脸士兵，从地下爬

---

① 阿城：《棋王》，北京：作家出版社，2000 年版，第 37～38 页。

起来，哑了喉咙，慢慢移动。一个樵夫，提了斧在野唱。"① 由此可见，游戏自身的叙述性是不能自显的，它依靠的是"受述者"对于游戏本身的理解。而倘若"观者"对于游戏没有了解，不是"内行"，就不能"读"出游戏所呈现出的激烈厮杀的"情节"。而前文中也提到，多数人其实就是来看热闹的："人是越来越多。后来的人拼命往前挤，挤不进去，就抓住人打听，以为是杀人的告示。妇女们也抱着孩子们，远远围成一片。又有许多人支了自行车，站在后架上伸脖子看，人群一挤，连着倒，喊成一团。半大的孩子们钻来钻去，被大人们用腿拱出去。数千人闹闹嚷嚷，街上像半空响着闷雷。"② 当然，这种"热闹"也并不是没有意义，它构成了游戏文本的伴随文本，一起进入游戏叙述文本的受述者的视野。

我们今天借助文学作品的记录性叙述，来解析游戏的互动性叙述，实际上是一种权宜之计。互动叙述的全貌是无法全部记录的，所记录下来的仅仅是叙述文本的片段。现代媒体动用了多种手段来令游戏叙述本身更为清晰、明了、易懂，体育赛事的直播是对游戏文本的选择性、集中式呈现，摄像机记录游戏全过程，并对左右游戏进程的关键场面进行反复的"回放"，评论员现场进行点评，使观众能够迅速了解游戏的"元语言"，其目的，都是在利用游戏本身的叙述性形成一个"情节"更加直观、"故事"更加曲折的次生文本，依托于游戏叙述文本的新叙述文本。

互动叙述要求我们，需要从互动活动本身的特点去理解这种特殊的叙述形态。传统游戏的叙述文本涉及作为叙述者的玩家在具体游戏活动中的行为和感受、受述者的解读能力以及游戏文本的伴随文本诸因素，而电子游戏的叙述则因依托图像呈现的手段，能够比较直观地展现。

3. 人机互动并不一定产生互动叙述

在叙述这个问题上，电子游戏的研究者们似乎不太愿意去谈论传统游戏对电子游戏的影响。而事实上，正如"人机交互"必须参考人类之间的互动模式，传统游戏现有的互动叙述能力也是电子游戏所不能比拟的。承认这一点可能十分困难，电子游戏与电影的结合看上去令游戏本身大大丰富。然而，尽管《使命召唤》无论在游戏剧情脚本设计还是在电脑图像处理上，都丝毫不逊色于一部好莱坞大片，但它在叙述上所依据的那些原则仍然是来自

① 阿城：《棋王》，前引书，第36页。
② 阿城：《棋王》，前引书，第34页。

类似于象棋、赛跑这样的最简单的游戏。

塞伦和泽尔曼分析：人机互动包含四种基本的模式，这些模式可以独立构成游戏，也可以结合使用，构成更为复杂的游戏模式。

模式1：认知交互（cognitive interactivity），或称解释性参与（interpretive participation）。这是在人和系统间的心理上、情感上和智力上的参与。例如，在玩家与图形冒险游戏间复杂的想象力交互。

模式2：功能交互（functional interactivity），或称效用性参与（utilitarian participation），即（真实和虚拟）系统中各种物质性元素间的功能和结构上的交互。例如，当玩家在进行电子游戏时：游戏的界面形式、按键的手感、动作与屏幕中动作的响应时间、显示器的清晰程度等，都是交互体验中的一部分。

模式3：明晰交互（explicit interactivity），或者参与有目的的选择和过程（participation with designed choices and procedures）。

依照这一模式的字面意义，我们可以理解为，根据明确的指引进行人机互动操作的过程：例如点击一本超文本小说里的非线性链接，遵循一个桌游的规则，重新搭配一个纸质玩偶的衣服，用手柄来操纵吃豆人等。它包含了选择、随机事件、动态模拟，以及其他被填充设计交互式体验里的过程。

模式4：对象以外的交互（beyond-the-object-interactivity），或者是参与对象的文化内部。这种交互是在系统里的体验之外的，最明显的例子是玩家群体的文化。玩者利用游戏体验和游戏中的固定设置作为素材，通过互动关系，共同构造了社区实体，并形成了对原有游戏的文化圈层上的延伸。

这四种模式虽然都很容易在电子游戏中找到对应的设计，但都不是电子游戏所独有的。相较于人与人之间的互动，人机互动更多地需要考虑计算机本身的运算和技术能力。它之所以成为一个重要的问题，不是因为它更为复杂，而是因为难以实现。

电子游戏的互动叙述，也就是所谓的"人机交互"，依靠的是两个基本的条件：一是将人类的动作转化为数字信号；二是创造数字化的"对手"，来接收并"反应"那些动作信号。电子游戏出现伊始，采用的仍然是模仿传统游戏的双人对战的模式（多人对战在当时几乎是不可能的），而在"模拟对手"这样一个条件逐渐成熟之后，它走向了人机对战，今天，计算机网络的发展又实现了多人连线对战和人机对战的混合。电子游戏的发展，并不是仰赖着对"叙述"形态的探究，而是技术发展的必然结果。因而，诸多研究者期望在游戏叙述与传统叙述之间做出分隔，强调电子游戏的技术根基。

真正促使人机互动走向成熟的是游戏中"关卡"与"任务"的设置，它的出现也许与游戏设计者对文学或电影叙述的借鉴有关。这种设计的最大目的是赋予"人机对战"一个更为容易接受的原因和线索，它的直接效果则是令游戏本身具有了"线性叙述"的能力。早期的电子游戏《超级马里奥》（Super Mario）中的"任务"就是：玩家所扮演的角色——水管工马里奥——突破重重关卡，最终打败怪兽救出心爱的小公主（见图7-2）。游戏会不断提示玩者身处一个情节之中，尽管我们在真正玩游戏的时候也许根本不关心这个线索。

把游戏放进一个故事里，这是电子游戏在发展过程中所总结出的成功经验。人们愿意看到自己成为一个故事的关键推动者；换言之，平庸的人都想在游戏中体会当英雄或上帝的感觉，期望看到自己的付出转化为改变事件的力量。

但是我们不要忽略了一个基本的观念：人机互动本身并不一定产生叙述。

人机互动是一种逐渐成熟的技术，更准确地说，是一种技术效果，它意在使人类的动作乃至意愿可以与计算机的反应完美地对接，形成便捷、易于上手的操作环境。人机互动的最终目的是令机器更好地为人所用。

图7-2 电子游戏《超级马里奥》的游戏结束画面

人机互动肯定会引起状态的变化，但却不一定产生叙述，譬如人使用微波炉进行烹饪：根据微波炉的微电脑程序，烹制一条鱼，烹制者只需将鱼放进微波炉，设定好程序即可。整个烹制过程既无人或具有人格的物参与，也无情绪变化，引起了"鱼"的状态变化（熟了）。人机互动这个环节（人将鱼放进微波炉，等待一段时间，再将鱼拿出来）就仅仅是一种演示性的"陈述"，而构不成一种叙述。

电子游戏的先天优势就是：通过将人"数字化"，给予玩者一个角色，它必然要卷入人和人的变化。但是，"人物"与"情节"是否具有联系，才是能否构成"互动叙述"的判定依据。因此，电子游戏设计好的"情节"就总是处在这样一个尴尬的位置上：玩者是推动情节的关键性因素，还是仅仅是游戏情节的"催化剂"（在这里我们使用"催化剂"一词的原义，即"在化学反应里能改变其他物质的化学反应速率，而本身的质量和化学性质在化学反应前后都没有发生改变的物质"）而已？换言之，是否无论哪个玩者以何种方式进入游戏，情节总会依照设定好的方向发展？

我们不否定电子游戏能够叙述，并且相较于传统游戏，它们能够调动文字、图像、声音等多种媒介，拥有传统游戏所不能比拟的叙述能力。电子游戏设计者恰如电影中的导演或编剧，他们能够提前写好剧本，在游戏中植入一个相当完整的线性叙述结构。重点在于，他们是否赋予了玩者以"自由叙述"的能力。恰如象棋赋予棋手的一样，令游戏真正成为在玩者推动之下可以自由变更的"互动叙述"；还是仅仅将游戏者置于"被动叙述者"或"受述者"的位置上，仅仅作为既有叙述脚本的执行者，而不具有干预游戏主干叙述的能力？这是一种进步还是退步？至少从叙述学的角度来看，电子游戏的叙述仍然处于传统游戏与电影叙述的"跷跷板"之间，根据游戏形式的不同，电子游戏叙述在两者之间摇摆。

第八章　游戏叙述语法

第一节　互动叙述的层次

互动叙述的特点，一言以蔽之，就是"无互动，无叙述"。

游戏活动本身是互动性的，但是，这并不意味着游戏的每一个环节都有明显的互动成分，在游戏文本中，有很多具有叙述性的内容是非互动性的，也就是说，并没有形成真正的互动叙述。阿喀琉斯在为悼念帕特罗克洛斯所举行的竞技之前，作了一场催人泪下的演讲：

> 如果我们今天为别的人举行竞赛，
>
> 我定然会夺得第一名带着奖品回营。
>
> ……
>
> 但今天我和那两匹单蹄马都不会参赛，
>
> 因为它们失去了那样光荣的御者，
>
> 他又那样善良，常用润滑的橄榄油
>
> 涂抹它们的鬃毛，用清水为它们梳洗。
>
> 现在它们正伫立在那里痛悼御者，
>
> 心中无比悲哀，鬃毛直垂地面。
>
> 其他任何阿开奥斯人都可以参赛，
>
> 只要他认为可信赖自己的车辆和马匹。①

这段话如果用以说明古代竞赛所具有的宗教性和礼仪性，那应是绝佳的例子。类似这样出现在游戏或竞赛前的"开场白"或"楔子"并不少见，现代奥林匹克运动会的"开幕式"已经成为重要的符号文本，甚至我们还不难

---

① ［古希腊］荷马：《荷马史诗·伊利亚特》，罗念生译，前引书，第 577 页。

发现，在游戏中途，也会出现一些"新文本"，比如在篮球比赛暂停过程中，会有啦啦队上场进行舞蹈表演。问题在于，这些文本是否与游戏内文本、与玩者形成了有效的互动。倘若没有（阿喀琉斯毕竟没有参赛），无论这些文本具有多么强的叙述性，它们也只能被看作游戏的"副文本"或"同时本文"等伴随文本，而不能纳入游戏叙述文本。

在游戏中，真正与游戏有关叙述性的片段也是存在的。我们在分析游戏内文本的叙述性时已经见识到，游戏内文本具有叙述能力，这种叙述能力的强弱与游戏设计者对"游戏框架"（而非游戏规则）的填充有关，传统游戏的"游戏框架"因素较少，与电子游戏着力打造的宏大、复杂的游戏框架相比，似乎逊色了不少，但并不代表所有的传统游戏中都没有叙述性因素。近年来风靡一时的桌面游戏《天黑请闭眼》（亦称为《杀人游戏》），就演示了一个个"杀手"肆虐的夜晚和"警匪"斗智的白天。游戏设计者，尤其是电子游戏设计者，可以通过对游戏框架的干预，在游戏内罗织故事。然而，无论他们所罗织的这个故事多么庞大、完整，如果没有玩者进入游戏，点击鼠标，操纵游戏人物，那么这一故事将永远不会被呈现出来。

这样复杂的局面逼迫我们，需要对游戏互动叙述进行层次上的划分，以条分缕析地安置各种不同类型的叙述。

前文已述，对游戏文本的"阅读"有两个彼此联系但又相互独立的部分玩者对"游戏内文本"的"阅读"和观者对"游戏文本"的"阅读"，如果顾及观者和玩者的身份转化，这一"阅读"过程可以细分为四个部分：

（1）"玩者"对游戏内文本的阅读，如足球运动员熟悉比赛规则和赛场情况。

（2）作为"观者"的"玩者"对其他"玩者"行为的阅读，这一过程通常也伴随着"玩者"对游戏文本的"即时书写"，如球员在球场上"审时度势"，并随机应变。

（3）"观者"对游戏文本的阅读，如球迷观看球赛。

（4）作为"玩者"的"观者"对游戏文本的阅读，这一过程通常也伴随着他们对游戏文本的"即时书写"，如教练员改变战术，以期反败为胜或球迷呐喊助威，球员受到激励。

在游戏叙述中，并没有一个像文学叙述中的"作者"，弗拉斯卡说："我

举双手赞成将电子游戏设计者视为作者的观念。"① 笔者对此持反对态度。电子游戏的设计者真的就是游戏的作者吗？至少从叙述学的角度来看不是。游戏设计者不可能像小说作者一样掌控他笔下的人物和事件，甚至连基本的趋势都控制不了。"互动叙述"具有"即时书写"的特性，"游戏设计者"可以成为"叙述者"之一，但绝不可能是叙述文本中唯一的叙述者。

然而，电子游戏与传统游戏一样，都具有互动叙述的特点，这与它所借鉴的艺术表现方式完全不同。过分强调电子游戏与传统游戏的差异是不必要的。

无论是什么游戏，都拥有以下四个层次，并借此形成多个叙述层次。

一、"预备层"

玩者通过参与游戏激活"游戏内文本"，读取"游戏内文本"中潜藏的叙述性因素或片段，为真正的游戏叙述做出准备。

这个过程与戏剧或电影演员在正式演出之前阅读"剧本"不同。笔者已经证明了，"游戏内文本"是个符号文本，但是并不是叙述文本。② 游戏内文本为玩者所提供的是符号预设和规则指令（也就是游戏框架和游戏规则），并没有卷入具体的人物和情节变化，因此它无法构成叙述。

"预备层"本身并不构成叙述，之所以特别提到这个阶段，原因有二：

一是"预备层"标出了游戏叙述与现实世界的"区隔框架"。

赵毅衡称："演示需要一个明确的叙述框架作为区隔指示符号，说明此后发生的一切，都已经进入了文本，成为被叙述的故事的一部分。"③ 作为一种演示性叙述，游戏同样需要区隔。

体育竞赛的"区隔"非常明确，"预备层"指的是足球或篮球比赛前的热身、拳击比赛前由裁判向拳手申明比赛规则，而裁判员的一声哨响，或是拳击台下的钟声敲响，或是发令枪响……就是"区隔"所标识出的游戏开端。

卡蒂·赛伦（Katie Salen）与艾瑞克·泽尔曼（Eric Zimmerman）也提到了游戏中所存在的这种"区隔"，他们称其为"魔圈"　　（Magic

① 《拟真还是叙述：游戏学导论》，宗争译，前引书，第 250 页。

② 参见宗争：《游戏能否"讲故事"——游戏符号叙述学基本问题探索》，载《当代文坛》2012 年第 6 期，第 58~61 页。

③ 赵毅衡：《广义叙述学》，成都：四川大学出版社，2013 年版，第 45 页。

Circle)——"在此处，我们使用这个简单的词来表示游戏创造出的包含着时间和空间的特殊场域，这是我们简略记录自己想法的一个方式……这是一个闭合的圈环，它所包裹的空间是完全封闭的，与现实世界相分离……一个基本的认识就是，魔圈就是游戏发生的地方。"[1]

电子游戏研究者杰斯伯·尤尔（Jesper Juul）将"魔圈"视为电子游戏的屏幕，他将其与足球场地相类比，认为游戏程序的设定决定了屏幕中的足球不可能跑出屏幕外，正如真实的足球不能被踢出场外（会受到规则的判罚）。这种理解显然是不正确的。电子游戏是玩家操作计算机，运行游戏程序所进行的游戏活动，它的区隔不是电脑屏幕，而是包含了坐在电脑前的操作者。电子游戏的区隔不是由游戏程序决定的，而是由玩者的玩乐心理构建出来的。没有玩者希望在计算机前"战斗"时被外界所打扰。

赵毅衡在《广义叙述学》中提到一例："儿童知道，从某一刻起，他的泥团和竹片就成为了坦克和士兵。"[2] 这说明，在某些情况下，演示性叙述的区隔很可能以非常模糊的形式存在。而在游戏中，尤其是缺少观众的游戏（尤其是电子游戏中的单机游戏），区隔存在于玩者的心理构想之中。

预备层为游戏区隔提供了认知和心理上的基础。

二是电子游戏的出现增加了游戏内文本的复杂性，"预备层"符号文本的复杂性，掺入了更多的叙述性因素。预备层出现了一些新的变化，有必要进行说明。

玩者对"游戏内文本"的阅读和理解不是一蹴而就的，这一点与阅读小说或观看电影不同，玩家会不断揣摩游戏内文本所提供的信息，逐渐形成自己玩乐的风格和策略。

在实际的游戏中，一个玩者从新手到熟手，需要一个不断试练的时间，他们对游戏内文本的认识也是循序渐进的。譬如棋牌游戏，往往是通过多次、反复阅读游戏内文本，得以领会游戏的技巧，而这一过程能够形成多个游戏文本。

但电子游戏的游戏程序（尤其是角色扮演类的游戏），往往拥有较长的时间跨度（通常为数十个小时，网络游戏的时长则趋近无限），它不能等待

---

[1] Katie Salen & Eric Zimmerman, *Rules of Play —Game Design Fundamentals*. MIT Press, Cambridge, 2004. p. 95.

[2] 赵毅衡：《广义叙述学》，前引书，第 45 页。

玩者反复进行游戏来多次"试错"。因此，在这些游戏中，游戏程序将游戏规则融合在游戏过程之中，玩者阅读和熟悉"游戏内文本"的过程与游戏过程是并行的。一些射击游戏会专门设计一个"新手训练"的章节，将玩者所操纵的角色视为一个"新兵"，由一位电脑设计出来的角色引领，学习游戏的基本操作和击杀技巧，达到一定的熟练程度之后，才允许或建议你开始下面的章节。这个章节与后续章节浑然一体，容纳到一个叙述文本之中去。这相当于，在玩者尚不熟悉游戏规则的时候，游戏已经开始了。电子游戏的出现，导致游戏的"门槛"越来越低，"预备层"逐渐成为不必要的一个层次。

二、"指令层"

玩者将具有叙述能力的游戏内文本转化为叙述文本，同时，将自己的"表演"添加到这个叙述文本中。

这一层次是游戏叙述真正展开的层次，动作作为游戏叙述最重要的单位，正式开始形成叙述文本。之所以称之为"指令层"，是因为"游戏内文本"提供的是规则指令，对游戏玩者的最低要求就是理解并执行这些指令。

在大部分传统游戏中，因为符号预设比较简单，游戏框架内的叙述性因素较少，玩者完成指令之余所产生的叙述效果，是根据个人能力所进行的"符号衍义"，游戏内文本仅仅规定了这些衍义的最终效果：不要违反规则即可。比如，下象棋时，你可以将自己视为军事统领，将棋子视为可以调遣的军事实体，从而演绎一场"没有硝烟的战争"。当然，你也可以仅仅将其看作一些具有各自"数值"的符号，单纯进行一场智力竞赛。这都不影响游戏进程下一步的展开。

而在那些具有剧本和情节的电子游戏中，预设非常复杂。游戏设计者在游戏程序的编写过程中预埋了许多叙述性片段。当然，这些叙述性片段必须经由玩者的参与才能被激活和连缀。不过，恰恰是因为这些片段的预先存在，玩者会产生一种被代入某个叙述文本的感觉，赋予自己所操控的游戏角色具体的虚拟人格和行为方式。

正是因为传统游戏中通常没有这种狭义叙述上诉求，玩者并不将自己视为讲故事或表演剧情的人，或者没有意识到自己同时担当着叙述者的角色。他们会将自己与戏剧或电影中的演员截然区分开来，而电子游戏的玩者则往往会沉浸在"扮演另一个角色，感受另一种人生"的快感之中。

尽管在叙述性的强弱上存在着差异，但传统游戏与电子游戏在叙述机制上并不存在着本质上的不同。不同的是，电子游戏中的叙述性片段更符合人们狭义上对于叙述的理解，而传统游戏的叙述是广义和整体上的。

如果追本溯源，在游戏中预埋叙述性片段并不是电子游戏的特质。有证据表明，角色扮演类游戏的这种设计技巧来自于西方桌面游戏的传统。在欧美比较流行的桌面游戏《龙与地下城》的游戏过程中，就会有一位玩家担任"地下城主"的角色，负责虚构故事，来串联其他玩家的游戏行为。国内近几年流行的桌面游戏《天黑请闭眼》，由"法官"负责宣布"天黑请闭眼，杀手请睁眼"，其实也是在构筑具体的狭义叙述片段。

赵毅衡称："所谓玩家或演出者（英文是一个词 player），是参加到演示性叙述中来的演员、运动员、裁判、游戏者等，他们在演示性叙述的各类体裁中扮演的角色不同，但他们不是叙述者——演示性叙述永远有一个框架，在这个框架里，允许第二层次的叙述者（副末开场、希腊悲剧合唱团、说书人、电影画外音等）出来讲故事，也允许演员扮演的角色表演故事。此时参与叙述的演员，是'演出者–次叙述者'。"[①] 赵毅衡所强调的，就是框架内的叙述不是主叙述层，要想给予在演示性叙述中不断出现的"犯框"行为一个合理的定位，就必须将框架内的叙述视为"次叙述"。

为了便于理解，我们将文学叙述与演示性进行比对，尽管这种比对可能存在一些误差，但因为它比较直观，能够有效地说明问题。

游戏叙述通常可以视为"我给你讲一个故事，故事的内容是：A 给 B 讲了一个故事，从而提供了任务或指令，B 去选择完成或者不完成"。其中"我给你讲故事"确定了游戏的区隔框架，而故事的内容才是游戏所展示出的叙述内容。在框架之外有个声音来提示观者：区隔出现了，演示叙述开始了。这个声音或者提示，才可以被视为真正的源头叙述者。当然，这是学界尚无定论的一个问题，鉴于演示叙述与记录性叙述的差别巨大，在寻找源头叙述者的问题上无法进行有效的类比，可能需要建立一套新的学术理论体系才能真正说明这一问题。

在这一层次中，游戏的玩者的确会面对一个"第二层次的叙述者"（次叙述者），他们通常以第二人称的口吻说话，负责给玩者下达指令、提出要求或做出提醒。

最直观的例子是在 RPG 电子游戏中，那些为玩者所选定的游戏角色分

---

① 赵毅衡：《演示叙述：一个符号学分析》，载《文学评论》，2013 年第 1 期，第 144 页。

派"任务"的人。如电子游戏《狙击精英：纳粹僵尸部队》（Sniper Elite：
Nazi Zombie Army）中（见图 8-1），在游戏的过场画面中提示："德国被
黑暗笼罩了。纳粹僵尸们四散开来。你是在德国为数不多的还活着的人之
一。你抵达了一个废弃的村落，准备前往柏林，想要寻找一辆可用的车辆。"
或是电子游戏《骑马与砍杀》中（见图 8-2），NPC（一个虚拟国度中的商
人）对玩家所扮演的角色说："干得好。你雇了足够的人手去对付那些强盗。
现在——去过帕拉汶的旅行者已经告诉我们那里有一小群盗贼潜伏在镇子外
面。我怀疑他们就是绑架了我兄弟那一伙的。追踪然后打败他们，并且找到
他们的老巢！"这就是我们前文提到的"叙述性片段"，它以非常直观具体的
方式出现（某人对你说）。

图 8-1　电子游戏《狙击精英：纳粹僵尸部队》（Sniper Elite：Nazi Zombie
Army）的游戏视频截图

　　这样一个给出"指令"的叙述者在传统游戏中也存在，只是更为"符号
化"。比如篮球比赛中篮板上方的"读秒屏幕"，时时显示着进攻时间（24
秒）的倒计时，潜台词是："你的进攻时间还剩下××秒"；场边的记分牌则
提示着："你已经得到了××分，而对方得到了××分"[①]……运动竞技赛场
上的裁判，担当的其实也是这样一个给出"指令"的角色，他/她只是游戏
规则和奖惩制度的"代言人"，在"执法"的过程中，需要隐藏自身的人格。
从叙述学的角度来看，裁判就是这个"第二人称"的叙述者，他/她同时也
有义务维护这一叙述层次的稳定，对各种"犯框"的行为予以制止。

---

　　① 参见董明来：《游玩与阅读》，载《符号与传媒》，2011 年第 2 期，第 239 页。

此时，游戏内文本的游戏框架因素中的抽象人格充当"次叙述者"，玩者与这个"次叙述者"处在同一层面，玩者即是接收指令的人，又是执行指令的人，是"次受述者＋次叙述者"。

图 8-2　电子游戏《骑马与砍杀》的游戏视频截图

三、"互动层"

玩者之间相互读取对方制造出的叙述文本，通过互动，形成更为庞大、丰富的互动叙述文本。

玩者与玩者之间的竞争才真正形成了"互动叙述"。然而，这个"互动层"并没有增加新的叙述层次，它与上一节"指示层"处在同一个叙述分层上。相当于"B在完成指令的过程中遇到了C，并与C有合作或冲突"。玩者与玩者之间互为叙述者，也互为受述者，总的来说，玩者仍然是"次受述者＋次叙述者"。

从游戏进行的方式来看，游戏中的互动叙述有两种形式："步进"叙述和"联动"叙述。比较典型的例子是下棋和拳击。

（一）"步进"叙述

下棋遵循"你一步，我一步"的原则，玩者之间的行动具有明确的前后相继的关系，前者的动作或选择对后者的选择产生具体的影响。在其他互动叙述的形式中也不难发现这种形式，比如法庭的辩论过程基本上遵循了"你一言，我一语"的策略，让论辩双方（至少在形式上）进行相对充分的沟通，目的是避免混乱。通过写信的方式约定相关事宜，也是你来我往，有序协商；当然，写情书却可以不拘此法，因为是表达爱慕之情，"描情"而非"达意"，二人互诉衷肠，没有这个层层递进的协调需求，但倘若对方一纸绝情，拒绝接受，也就是宣布了"游戏结束"，也只能弃子认负了。

(二)"联动"叙述

拳击与下棋完全不同。玩者的行动之间没有前后相继的联系,是同时发生的,或者说,是被视为同时发生的。拳手不可能等待对手打完一拳再出手,二人在比赛过程中根据自己的判断做出进攻或防守的调整。球类比赛亦然,场上所有的运动员都在根据局势的变化对自己的行为做出适当的调整,并不是等到足球到了近前才做出反应,现代足球战术特别注重"无球队员的跑动",正是此理。

两种叙述的组成形式虽然不同,但实际上都是"共时叙述"。从宏观上来看,所谓的"步进"叙述也具有共时性,因为我们必须关注的是游戏的"共时"效果,而非刻板的形式。

标枪、铁饼、举重等竞赛,虽然在形式上是轮番上场,但实际上所做的也属于共时叙述。这些比赛和赛跑、游泳等"同时出发"的比赛并没有什么本质上的区别。

原因在于:"符号学讨论的共时,不是指示符号文本的空间(非时间)展开方式,而是解释者看待这个系统的角度,对于一个系统的研究,可以有共时和历时两种侧重。一部交响乐,一顿晚餐,哪怕不是严格的'共时发生'(空间并存),也可以是共时系统,即可以当作一个系统予以解释。"[①]这些游戏内部并没有前后相继的效果联系,无法同时比赛的原因,多是受到场地和人力条件的限制。田赛最终也会按照比赛成绩排序,来确定胜者,与径赛无异。那张标明了选手各自姓名的"成绩单",已经表明,它们被"当作一个共时系统予以解释"。

尽管游戏都在进行互动叙述,但互动的程度却有很大的差别。

相比之下,传统游戏显然比电子游戏的互动性更强。电子游戏的设计者通常在内文本中罗织了大量的故事线索和情节,玩者所要做的,只是通过"选择"(有时候甚至是没有选择的"触发")令游戏情节得以呈现而已。在这种情况下,"互动"几乎已经"名存实亡"了,玩者所做的,只是"动动鼠标看电影"而已,几乎谈不上参与度。这当然是个相当极端的例子。但至今,一些电子游戏设计者似乎仍然未能意识到这一点,他们过分强调游戏中的线性叙述部分,而忽略了所有的线性叙述必须通过互动活动才能得以激活,忽略了玩者对于"改变事件"而非"推进事件发展"的渴望,提高游戏

———————

① 赵毅衡:《符号学原理与推演》,前引书,第71页。

本身的互动性，从而形成更为开放、更纯粹意义上的互动叙述。这也就是著名的游戏设计者克里斯·克劳福德所批判的"拥有一张交互性外观的非交互性故事（Noninteractive Stories with a Façade of Interactivity）"①。反之，一些电子游戏的设计者不能利用电子游戏可以调动各种媒介、构建叙述框架的能力来构建游戏意义，他们虽然给予了玩者极大的自由度，但却不能给予玩者的行为以重大的意义，不能凸显他们在游戏中所作出的"改变"对于整个游戏空间的效果，仍然不能吸引玩者。

一般来说，游戏规则越宽泛，游戏框架越模糊，游戏的互动性越强。

借助电子技术和视频显示技术发展起来的电子游戏反倒是处在了一个尴尬的位置，技术性因素成了一把双刃剑：一方面，游戏设计者可以在游戏中编排更多的叙述因素，栩栩如生的游戏角色、史诗般的游戏故事、恍如仙境的游戏背景……这都是传统游戏所不能比拟的；而另一方面，所有的叙述性因素都需要玩者来激活，"没人玩的游戏就不是一个好游戏"，"玩游戏不是看电影"，能否通过设计带动游戏的互动性，是最令当下设计者头疼的事。

电子游戏设计者在叙述性和互动性天平两端小心地添加砝码，寻找平衡点。他们更需要在传统游戏中找到游戏和电影之间那些不同的东西，并将其应用到电子游戏的设计中去。

四、"反馈层"

观者读取玩者们形成的叙述文本，在叙述完结之前，观者的行为可以对叙述文本施加影响，甚至改变叙述进程。这也就是赵毅衡所说的演示性叙述的特点之一："受述者干预可能。"

在游戏中，反馈层并不是必需的。游戏叙述文本在"互动层"就可以完成对自己的"阅读"，因此，无论有没有人看，游戏都可以照常进行，对于玩者来说一样乐在其中。有时候，游戏甚至拒绝反馈层的出现。俗语云："观棋不语真君子，落子无悔大丈夫。"就是在道义上要求观者不要做出对游戏进程产生实际影响的"反馈"，以避免玩者的思路被打断，影响比赛的正常进行。

然而，观者的存在，能够为我们提供更宏观地观照游戏叙述文本的逻辑

---

① Chris Crawford, "Interactive Storytelling" in Mark J. P. Wolf and Bernard Perron, ed. *Video/Game/Theory*. Routledge, 2003. p. 259.

学依据。因为他/她才是整个叙述文本的"受述者"，一旦我们意识到"反馈层"的存在，就能够从更大的框架之内看待游戏中那些貌似"与游戏无关"的动作。

1985年5月29日，利物浦与尤文图斯在布鲁塞尔海瑟尔体育场的欧洲冠军杯决赛中相遇，在比赛中，不断有双方球迷的辱骂和投掷行为。混在利物浦球迷里的足球流氓与尤文图斯球迷大打出手，导致看台倒塌，当场压死39名尤文图斯球迷，并有300多人受伤，造成"海瑟尔惨案"，球赛被迫停止。赛后几乎所有的英国球队都被禁止参加欧洲的赛事长达五年之久，利物浦球队被禁则达七年。

在游戏中，观者的身份是双重的。一方面，他们是框架受述者，他们是躲在框架外观看的人，进入框架的企图是不允许的。在足球场和看台区之间有明确的界限甚至铁丝网，禁止观众进入球场内；对弈的双方不会允许观者伸手触碰棋子。另一方面，观者在沉浸到演示叙述中时，会模糊对框架的认识，错认为自己是框架内的次受述者。许多演示性叙述也试图造成这种效果，如相声演员会煽动观众的情绪，体育比赛的间隙会设计一些与观众互动的节目，体育赛事的摄像会时不时地将镜头对准观众。观者一旦冲破框架，就会干扰游戏的原有叙述；而当观者认为自己可以承担"犯框"所带来的惩罚时，他/她甚至会有意进入框架之内，影响游戏叙述。

2014年巴西世界杯，德国队对加纳队的比赛进行到第52分钟，一名球迷突然冲进场内。他赤裸上身不停向场上的球员挥舞手臂，最后在加纳中场球员蒙塔里的驱赶下才不得不退出场地。现场的球迷们也向这名不光彩的闯入者发出了巨大的嘘声。

如果这一事件发生在比赛结束后，地点不变，或是时间不变，但发生在足球场外，它的效果都是不一样的。一场重要的足球赛事制造了一个备受关注的叙述框架，任何干扰行为都进入了框架内叙述，具有了特殊的意义。

叙述的四层架构表明了：游戏具有一个框架式的游戏内文本，这一结构决定了，通过游戏内文本最终形成的那个游戏叙述文本，必然具有一个在逻辑上存在，却不在叙述文本中显现的叙述者来统领整个叙述。

1997年，职业拳击手泰森在与霍利菲尔德的对战中，气急败坏地咬掉了对手的一块耳朵，媒体称之为"一场闹剧"，但这场闹剧发生在游戏过程中，毫无疑问是当时那个游戏实例文本的一部分；再如球场上球员的闲逛，或突如其来的球员争斗，这些"超出游戏规定范围"的动作、事件，都提醒着我们，游戏中上演的故事只是一个"次叙述"，还存在着一个更大的"主叙述"，包含着无数与游戏框架的期待相悖的事件。

"玩者"不是"游戏者"，游戏中的人会时时逃出游戏框架赋予他/她的那个"身份"，显得不"专业"。由此，我们就可以论断，电子游戏的叙述不仅仅是计算机屏幕内显示出的一幕幕视频图像，那个在屏幕后面进行着"繁忙"操作的玩者（尽管他的动作看起来是如此的机械和乏味：只是敲击键盘和移动鼠标而已），也是游戏叙述的一部分。因为电子游戏通常没有"观众"（"玩者"自己玩自己的），所以，这一点也就通常被广大的游戏研究者所忽略。

这一推断亦可以用以论证其他演示性叙述中的类似情况。演示性叙述的"即时性"，决定了它不可能规范所有的可能性。"扫兴的人"决定了游戏不可能像记录性叙述一样：依照一套完善的、符合逻辑的思路进展，其间的每一个环节都可以找到旨归。在戏剧中，演员在舞台上意外地摔倒、无意地忘词，或是故意地改变原有的剧本动作，"临时加戏"，都会改变剧本原有的计划，演员只有"硬着头皮"往下演，此时，就在产生了一个应然的、更大的叙述文本，被"观者"所接收，所审视。

"观者"亦可以参与互动，并通过互动行为改变主叙述和次叙述，他们是潜在的"次叙述者"。前文提到的"海瑟尔惨案"就是典型的"观者"影响游戏叙述的情况。

弗拉斯卡说："对于外部观察者而言，电影和拟真系统所产生的一系列符号看起来没有什么不同。这正是许多叙述模式的捍卫者所不能理解的：二者的符号序列可能是相同的，但对于拟真系统，不能仅仅从它所发送的符号来理解。这对于玩过游戏的人来说是显而易见的，踢足球和看球赛是不能相提并论的。"[1]

踢足球和看球赛当然不能相提并论，但看球赛与看电影也具有绝对不同的感受（至少在"行家"那里）。任何一个细心的符号学研究者都不会忽略这样重要的细节。

在观看的过程中，游戏比戏剧或电影更能提供一个具有互动性的框架。
《罗密欧与朱丽叶》戏剧开场，是一位致辞人的开场白：

> 故事发生在维洛那名称，

---

① 《拟真还是叙述：游戏学导论》，宗争译，前引书，第250页。

> 有两家门第相当的巨族，
> 累世的宿怨激起了新争，
> 鲜血把市民的白手污渎。
> 是命运注定这两家仇敌，
> 生下了一双不幸的恋人，
> 他们的悲惨凄凉的陨灭，
> 和解了他们交恶的尊亲。
> 这一段生生死死的恋爱，
> 还有那两家父母的嫌隙，
> 把一对多情的儿女杀害，
> 演成了今天这一本戏剧。
> 交代过这几句挈领提纲，
> 请诸位耐着心细听端详。①

戏剧通常提供了一个第一人称"次叙述者"，有时候他/她以"致辞人"的身份出现，向观众称："我要向你们讲一个故事，这个故事是……"有时候这个身份则干脆不出现，由观众从演员的表演中体会出一个第三人称的叙述口吻："他们（演员）在演示一个……的故事。"

前文已经提到，游戏内文本提供了一个向"玩者"发话的第二人称的"次叙述者"。而这个"次叙述者"对于观者来说，依然有效。

一个球迷在呐喊时也许只使用了某几个单音，但他的感叹中必然包含着这样的想法："如果我是你，我早就……""如果我拥有你一样的技术，我早就……"在这一点上，游戏和戏剧或电影具有程度上的差异，戏剧观众的潜台词是："唉，真奇怪，他怎么能这样做？"或"真遗憾，他们两个都死了……"

德国哲学家哈贝马斯（Jürgen Habermas）在《论哲学、科学与文学的关系》中饶有兴致地分析了意大利小说家依塔诺·卡尔维诺（Italo Calvino）的第二人称小说《寒冬夜行人》（*Se una notte d'inverno un viaggiatore*），他称："第二人称小说使读者参与其中，飘荡在虚构世界和他所处的现实世界之间，他既在其内又在其外：在其内，作为众多虚构人物之一；同时又在

---

① ［英］莎士比亚：《罗密欧与朱丽叶》，朱生豪译，北京：人民文学出版社，2003 年版，第 5 页。

192

其外，因为阅读到的读者形象引起了真实读者的注意，并立刻到书外去寻找一个所指。由于小说和它的读者建立起了联系，因此，它打破了虚构的界限，过程很杂乱，但凭借的还是小说手段。"① 小说依靠第二人称的口吻能够引发读者强烈的"解释"意愿，而所形成的"解释项"（哈贝马斯用的是"所指"）会不断回到小说中寻找其符号根源。对于游戏而言，这一过程就变得简单多了。游戏的观者不仅可以"解释"，甚至还可以"干预"。戏剧的观众是等待事件的发生，被事件所感动、激怒……而游戏的"观者"则是迎接事情的发生，携带着浓烈的"代入感"。

正因为这种代入感，游戏的观者（内行）可以在阅读符号化的游戏文本中获得极大的满足感。棋谱本身并不是一个叙述文本，既无人物，也无情节。它只记录棋子的移动过程，不能还原二人对弈时的全部过程，只是游戏文本的一种非常粗陋的呈现方式。但是，通过将自己代入"游戏过程"，"观者"可以获得"玩者"的内在体验，能够将游戏中发生的事件连缀成一个可以理解的叙述文本。

笔者绘制了游戏互动叙述的图示（见图 8-3），其中，大圆表示"主叙述层"，四个小圆的相交部分均处在同一"次叙述层"中，玩者 x、y 仅作函数标识，并不代表玩者数量。根据该图，我们可以更直观地对刚才的分析进行一个系统的总结：

（1）在作为互动叙述的游戏叙述文本中，至少存在两个叙述分层：主叙述层和次叙述层。但不排除"次叙述层"通过自己的方式添加更多的叙述层次。

（2）主叙述层的叙述者在逻辑上存在，但在叙述文本中隐身。

（3）"主叙述者"会在"次叙述层"寻找一个代理者，在游戏中以"指令"的方式出现，以第二人称的口吻向受述者说话。

（4）游戏中的"玩者"互动，在"次叙述层"形成叙述文本，所有的玩者都身兼"次叙述者+次受述者"两个身份。

（5）"观者"既是"次叙述层"的"受述者"，也是"主叙述层"的"受述者"，但他/她亦可以通过互动行为干预叙述文本的形成，因此，他们是"主受述者+次叙述者"。

---

① ［德］哈贝马斯：《哈贝马斯精粹》，曹卫东译，南京：南京大学出版社，2004 年版，第 428～429 页。

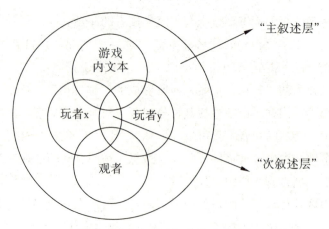

图 8-3　游戏互动叙述的层次划分

第二节　互动叙述的形式

我们对游戏叙述的讨论还没有完全结束。作为推动互动叙述向纵深散发着的一股重要力量，笔者认为，有必要对电子游戏的设计理念进行一些梳理，更进一步地认识游戏叙述中各种因素是如何被汇聚、把握以及改造的。

通过描述游戏者与虚拟世界之间的关系，瑞恩提出了两对互动模式："内在/外在、探索/本体。内在模式指游戏者将自己投射为虚构世界里的成员，外在模式指游戏者置身虚构世界之外，探索模式指游戏者在虚构世界里自由活动但不改变其历史命运，本体模式指游戏者决定虚构世界的历史走向。两对模式的组合产生了四种互动类型，对应着四种游戏类别：一是外在/探索型，如经典超文本小说；二是内在/探索型：如历险类游戏；三是外在/本体型，如模拟类游戏《模拟城市》；四是内在/本体型，如角色扮演和虚拟现实类。"[①] 这个说法太哲学化了，并且，玩家进入游戏就已经是投身虚拟世界了，在游戏里扮演一个能够调兵遣将的司令员和扮演一个冲锋陷阵的士兵，在本质上没什么区别，很难分出个"内"与"外"来，笔者更倾向于游戏设计师里维斯·普斯弗（Lewis Pulsipher）的分类法——"故事主导型"游戏和"规则主导型"游戏。虽然这种分类法看似通俗，但是却更能有效地说明问题。

---

① Marie-Laure Ryan，"Beyond Myth and Metaphor"，*Poetics Today 23.4*（2002），pp. 581-609.

　　假如游戏中的确是在履行一个梦想的话，那通常牵涉着一个故事，而游戏则是对这个故事的表达——尽管表达的手法很简单（也因为梦想本身既可以简单，也可以复杂）。这类游戏可以称作"故事主导"游戏。……"规则主导"的游戏，包括了像跳棋和象棋一类的传统游戏。这类游戏的玩法是来自于规则的，而不是遵循着一个故事（因此有时候这类游戏也称为"突发式"游戏）。这种游戏相当于众多规则的一个集合，游戏过程就好像在规则的框架上以大量的各不相同的方式"突然发生"那样，发生的方式都依赖于玩家的各种行为。桌面游戏和卡牌游戏就是规则主导的典型例子，而多数流行的视频游戏，以及所有类型的PRG 都更偏向于故事主导。……或许我们可以进一步说，故事主导的游戏通常都只有两面——玩家和电脑（或者像《龙与地下城》以及其他类似游戏中的仲裁者），而规则主导的游戏通常都会多于两面。①

　　故事主导性游戏又分为两个大的分支：线性故事游戏和沙盒游戏（Sandbox Game）。

　　通过线性的方式更容易塑造出一个强大的故事（就像书籍或者电影那样），因此最强大的故事主导游戏都是线性的，无论它能够提供多少种可能性的结尾，对于玩者的一次游戏体验来说，每次的选择只有一个。线性故事游戏其实就是电影与游戏的结合，它的极端例子就是"通过影碟机播放电影"，尽管人机交互的方式看起来非常简单，但通过遥控器（可以视为一种输入设备），你可以操纵屏幕上电影的进度，快进或是暂停。而在那些互动性极低的电子游戏中，游戏故事情节的触发点与点击遥控器按键并不存在着本质上的区别。

　　沙盒游戏又名"开放式场景游戏"，它标榜的是"自由与开放"，游戏甚至没有提供一个胜负的判断标准。与其说它是一个游戏，不如说它是为玩者提供了另一种体验。前文也提到，电子游戏对电影的借鉴，令许多电子游戏的竞争性减弱甚至趋无（当然，竞争在形式上仍然保留，只是"失败"的成本降低），玩者对于游戏进程的体验取代了与他人竞争或达成某一个目标的成功快感。沙盒游戏比起线性游戏有着更高的"重玩"价值（除此之外其他方面都是差不多的）。线性故事游戏通常有一个很完整的故事线索，它可能

---

　　① Lewis Pulsipher，*Why We Play*，from：http：//gamecareerguide. com/features/625/why _ we _ . php.

拥有多个结局，但只是在临近尾声的时候。而沙盒游戏则提供了更多的选择，虽然没有明确的故事主线，但玩家可以通过自己的探索编织属于自己的冒险故事。这决定了，线性故事游戏能够给初次进入游戏的人提供极大的新鲜感，而沙盒游戏则历久弥新，百玩不厌。

当下更多的电子游戏选择了将两种叙述方式结合起来，即给予游戏一个清晰明朗的主线，但从中埋藏更多的辅线，玩家可以在游戏的多个关键部分做出自己的选择，这关乎他/她整个的游戏体验和游戏角色的发展。而在主线故事完结之后，游戏并没有结束，玩家可以继续停留在游戏中，发现那些他未曾经历过的辅线故事。我们仍然要强调，制约电子游戏叙述发展的往往不是叙述本身的问题，而是技术问题。游戏设计者期望在电子游戏中加入更多更丰富的叙述形态，但技术条件往往滞后，导致目标无法达成。电子游戏中情节发展的"可能性"越多，就意味着游戏程序要以某个数量级成倍扩充。因此，在具体的游戏设计过程中，一般游戏设计者都遵循"避轻就重"的原则，为那些更容易被选择的"可能性"提供更多的技术力量支持，而忽略那些基本不可能发生的事件。因此，在电子游戏中，我们很少遇到人工智能机器人"出错"的情况（即便是"出错"也是程序上的错误，会被视为一种缺陷，而非游戏中的正常现象）。比如在射击游戏中，枪支永远没有"卡壳"和"走火"的现象，在模拟足球游戏中永远不会出现"足球流氓"……这令电子游戏与真实的游戏之间产生了一道永远无法跨越的鸿沟——当一个世界以数学函数模型作为基础的时候，它就已经是个被"算计"好，以"无差错"为目标的世界了。当然，这是电子游戏依托计算机程序而具有的技术性特点，其中并不存在价值上的判断，我们在此只是指出电子游戏与传统游戏的重要区别而已。

有一些研究者认为，电子游戏中所出现的"视角"问题影响了游戏的叙述。在此有必要在广义叙述学的理论语境中对此问题作一个简单的说明和清理。电子游戏的确提供了多重游戏视角，常见的有第一人称视角、过肩视角、俯视视角、侧视视角等几大类。但我们首先需要明确一点，这些所谓的"视角"，均是在电子计算机的输出设备屏幕上所展现出来的，它并没有影响玩家总是以个人视角关注屏幕的事实。在这一点上，无论是玩电子游戏还是踢足球或下棋，都是一样的，并没有改变什么。

我们在前文已经论证，游戏叙述文本中存在一个隐身的"主叙述者"，它仅在逻辑上存在。这个主叙述者必定拥有一个"全知全能视角"。无论是在传统游戏还是在电子游戏中，情况都是一样的。然而，赵毅衡称："一个具有比较大的特许范围的叙述者，也可以临时缩小特许范围，实际上，几乎所有的'全知全能叙述'，都可以分解为一系列不断变化的特许范围，也就是说，叙述者很自由地采用各种不同的视角进行叙述。"① 作为一种演示性叙述和互动叙述，不存在游戏的主叙述者"指派"某次叙述者进行叙述的情况，而是各级次叙述者从自己的视角出发进行独立叙述。

在传统游戏中，对于玩家这个"次叙述者"来说，只存在一个叙述视角，那就是他/她个人的"第一人称视角"，他/她不可能通过他人的眼睛看世界。因而，在具体的玩家那里，他/她在游戏中的"叙述"只可能是个人性叙述（"我做了什么"）或是以个人为基础的互动叙述（"我看到其他人做了什么，我选择该做出什么样的回应"）。每个"次叙述者"都构成从自己出发的独一无二的"叙述文本"，这些"叙述文本"之组合构成"游戏叙述文本"的一部分。黑泽明的电影《罗生门》（根据芥川龙之介的小说《在竹林中》改编）可以在某种程度上佐证我们的说法——电影中展示了多重叙述的样态。当然，如果我们将一场足球比赛的叙述文本铺展开来，就会发现，它的容量之大几乎无法用文字或图像进行还原：它将包着每个上场的足球运动员的动作和言语、教练员的指导、裁判员的场上执法和场外观众对于球赛进程的干预等元素。

在电子游戏中，也存在一个隐身的主叙述者，因而，电子游戏的叙述文本至少包含着玩家的实际操作和屏幕中的图像演示两部分，玩家的操作构成"次叙述文本"，那么，屏幕中所上演的"英雄故事"只是一个"次次叙述文本"而已。尽管用文字对演示性叙述进行分析可能会出现偏颇之处，但为了便于理解，笔者将三级叙述文本区分如下：

主叙述文本：某个时间段，某人在操作计算机，进行电子游戏（可能还有某人在观看）。这个叙述文本永远拥有一个"全知全能视角"。

次叙述文本："我"在根据游戏规则和设定进行输入设备的操作（这里已经包含了一个"第二人称"的次叙述），以引起屏幕内角色和图像的变化。这个叙述文本拥有"玩家"的第一人称视角。

次次叙述文本：屏幕中的游戏角色的历险或战斗。这个叙述文本可以拥有计算机所设定的多重视角。并且它可以继续向下延伸，形成再次一级的叙

---

① 赵毅衡：《当说者被说的时候》，北京：中国人民大学出版社，1998 年版，第 126 页。

述文本。

这个问题通常被电子游戏的研究者忽略，他们认为，屏幕中的角色历险就是游戏的主叙述文本，其实不然。因而，电子游戏中的视角设置对于整个叙述文本视角的讨论而言，就只是一个处于末端的问题。

作为一个次次叙述文本，计算机可以提供给玩者丰富的视角选择。电子游戏中最常见的是"第一人称视角"与"第三人称视角"。

图 8-4　电子游戏《街头霸王》（*Street Fighter*，日本 CAPCOM 公司，1998 年）
视频截图

顾名思义，"第一人称视角"也就是计算机根据玩者视角模拟出的虚拟视角，通常有"头盔式视角"或"过肩式视角"两种，顾名思义，这类视角的图像其实相当于在玩者的头部或肩部架设摄像机所得到的成像效果；"第三人称视角"则是计算机根据电子游戏的形式特点模拟出的俯视或侧视视角，简言之，就是在屏幕中演示"别人能够看到的游戏情境"。电子游戏中的"第三人称视角"参考了传统棋类游戏在玩乐中的视觉体验。之所以称之为"第三人称视角"：一是因为电子媒体的存储效果，令实际玩者的"第一人称视角"可以被记录并展示，转变为一个"公众视角"；二是因为玩者所操纵的屏幕中的游戏角色被视为一个具有感知能力的"人物"，而并非如"棋子"一样的"对象物"（见图 8-4，玩者以"第三人称视角"操作屏幕中的"拳手"角色，进行格斗比赛）。因此，作为操控者的玩者获得了"第三人称视角"，他/她可以观照自己操控的角色的全部动作，而这是在"第一人称视角"之下不可能看到的。

许多电子游戏提供了这样的方式，即在同一游戏中，玩者可以根据自己的喜好在几种视角之中进行随意的切换（如图 8-5、图 8-6）。

　　随着新技术的发展，电子游戏中的视角正在变得更为多样化，3D 技术的应用能够给玩家带来更为真切的视觉体验，而 4D 技术的引入很可能改变现有游戏的操作和感受方式。因此，我们关于电子游戏视角问题的讨论可能将会永远滞后于现代科技的创新。

图 8-5　电子游戏《极品飞车》的视频截图（玩者在游戏中选择了第三人称视角，从汽车的后部对车况和路况进行全局审视）

　　不过，这并不是问题所在。我们特别需要关注的是，游戏视角中不变的东西，即它所形成的依据和它所具有的特点。

　　赵毅衡称，在叙述文本中，"感知范围与语汇使用是两码事，感知取决于视角，语汇取决于叙述者"①。因此，无论在电子游戏中出现何种特殊的视角，游戏文本中最小的单位"动作"都没有明显的改变（玩者的操作方式不变）；此处发生改变的是屏幕中呈现的图像的变化引起了玩者的视觉体验的改变，它能否在演示性叙述中得到真正的展现，则要视具体文本而定。

　　我们也发现，即便是在那些所谓"第一人称视角"的电子游戏中，游戏设计者也总是为玩者提供一些"第三人称视角"才能得到的信息。譬如，在电子游戏《极品飞车》中，当玩者选择使用"第一人称视角"进行游戏时（如图 8-6），屏幕的左下角会显示出玩者所操控赛车的运行路线，而左上角列出了玩者在赛车过程中即时所获取的名次。这些资讯是附着在"第一人称视角"所取得的图像上的，并不是"第一人称视角"依靠观察所能直接获

————————

　　①　赵毅衡：《当说者被说的时候》，前引书，第 123 页。

取到的信息。在其他电子游戏中，也通常有类似的设计，比如为玩家提供游戏世界的地图、提供对方的"血量"或"生命值"的显示等。

图8-6　电子游戏《极品飞车》的第一人称视角，模拟了实际驾驶的情况

电子游戏进行这样的设计，目的在于给予玩家更多的对游戏全局的掌控能力。我们通常认为玩家在电子游戏中所扮演的是"冒险者"和"观光者"的双重角色，在游戏中同时拥有视角和能力的局限性和行动的自由性。但实际上，游戏设计者不仅限制了玩家行动的自由（这一点我们在前后文中均有论述），而且还解除了部分玩家的局限性，令其在游戏中拥有更大的权限，因此，在玩家的这两个身份之外，他/她还拥有一个"掌控者"的隐形身份。而无论是哪种身份，都有电子游戏设计者在背后的操控。这也就是为什么游戏设计师会拥有将自己视为游戏"作者"的自信。在某种程度上，这种说法是正确的，一个电子游戏的游戏设计者就是要拥有穷极所有可能性的能力。换言之，只要我们进入游戏，谁都逃不出设计者的"五指山"。

电子游戏绝不是对现实的模拟，游戏程序通过各种细节来对玩家行为进行干预，所谓的"第一人称视角"游戏所能带给玩家的，也只不过是一种"主体性幻觉"而已，简言之，你所能知道和掌握的，远远超出你能"看"到的。

传统游戏叙述是演示性叙述中比较简单的一种，它不像戏剧一样，拥有复杂的舞台表演和戏剧对白，也不像电影一样拥有复杂的镜头切换。电子游戏令游戏叙述问题变得越来越复杂，它使用电影语言（镜头），却利用戏剧的演示方式，同时拥有游戏的固有框架。我们几乎无法抛开电影和戏剧叙述学来谈论电子游戏的叙述问题。然而，对于电子游戏来说，无论屏幕中上演的故事有多么复杂，场面多么恢宏，我们始终不要忘记，这一切都离不开玩者的参与与互动，操作鼠标和键盘进行游戏的人也在游戏的叙述之中。

　　笔者一直在努力弥合传统游戏与电子游戏之间，因游戏研究者的研究侧重而出现的愈来愈大的缝隙。但是，我们也必须承认，电子游戏虽然在传统游戏那里吸收了许多重要的营养，但是也为游戏设计开辟了许多新的道路。电子游戏更懂得利用玩者的心理，通过种种设计令人获得"当上帝"的幻觉，并使其"沉迷"于游戏之中。

第九章　沉迷：游戏文化研究

"沉迷游戏"已经成为一种社会问题，受到了媒体和各个领域的学者的关注。从任何角度入手所进行的游戏研究均不能回避这一点。游戏符号学在应对具体的文化现象时，并不会从心理学的角度入手，而是从游戏自身的符号构成与参与者的符号身份两方面，解读游戏及其相关的现象。

第一节　沉迷

"沉迷"（addicted）首先是对时间的一种霸占，它有两个不可或缺的维度：一是"玩者"的主动参与，他/她自愿进入游戏场，并在游戏中保持持续的时间投入。二是游戏框架本身具有足够的时间容量或是可重复性，保证玩者可以持续驻留在游戏世界之中，或是吸引玩者反复进入游戏场。

因此，"沉迷"有三种呈现方式，尽管这三种方式都可以通过同一句话来进行表述——"一直玩游戏"：

（1）一直停留在一个游戏之中，始终根据一个游戏内文本参与书写一个游戏文本；（2）重复参与一个游戏，不断根据同一个游戏内文本来构建相似但绝不相同的多个游戏文本；（3）（单次/重复）参与多个游戏。

第一种情况要求游戏内文本必须具有足够的容量。简单说，就是此游戏内文本在游戏时间的设定上趋于无限，一场游戏始终在进行之中，但却无法分出胜负，能一直被"玩"下去。

网络游戏（尤其是那些大型的在线 RPG 游戏）当然是拥有这种"延宕"能力的游戏中最好的例证。我们通常认为，电子计算机的"存储"技术是使得游戏在时间上得以绵延的最重要契机，事实上，决定游戏"长短"的并非技术因素，而是存储媒介本身。"文字""图表"甚至"记忆""约定"都可以作为游戏的存储媒介而存在，只要游戏中的"玩者"认同，游戏进程就可以通过某种方式暂时封存，在适当的时候继续游戏，这并不是电子游戏的专利。在电子游戏出现之前，就有很多"不会结束的游戏"或"玩不完的游戏"：我们今天仍能看到不少"残局"棋谱（注意：它们并没有完成，胜负仍悬而未决，玩者仍然可以尝试去破解它），即是通过文字和图表对游戏进行存储，等待自己或其他的玩者继续参与，如金庸的武侠小说《天龙八部》中，逍遥派掌门人无崖子创立的"珍珑棋局"，几十年间无人能破，就是没有完结的游戏。再如古典小说中经常有"阵前大战三百回合，胜负未分""易地再战"等说法，无非都是在无法得到结果的情况下将游戏暂时"存储"起来，在"玩者"方便的时候再次进行。

第二种情况则要求游戏内文本具有足够的"弹性"。前文已经论证过，所有的游戏内文本都具有能够被重复"阅读"和反复"书写"的特性，这也就是说，"游戏内文本"都是可重复的，而"游戏文本"又都是不可重复的。

内文本虽然具有可重复性，但它的内在稳定性保证了游戏的基本样态不会改变，国际象棋不会因重复而变成跳棋或扑克；而每次玩耍所形成的游戏进程都略有区别，则意味着即便是针对同一款游戏，多次参与也不可能形成完全相同的游戏文本。

第三种情况关乎玩者的心态。玩与不玩，这个选择是由玩者自己做出的。吕底亚人为了忘却饥饿而"游戏"，但倘若游戏中没有那些令他废寝忘食的力量，真实的生理反应会立刻战胜虚拟的心理反应。吕底亚人依靠游戏抵御饥饿长达十八年，游戏一定提供了一些与现实世界与众不同的东西才令玩者沉迷其中，无法自拔。

"人为何会沉迷游戏"与"游戏如何能百玩不厌"是"一个硬币的两面"，但对于不同的人群而言，具有完全不同的意义。教育学家希望玩者能理性对待游戏，不再"沉迷"，明确区分虚拟世界与现实世界的差别，不再因混淆二者而造成扰乱社会秩序甚至有违人伦的惨剧（近年来许多青少年犯罪都直接或间接地与含有色情、暴力成分的电子游戏有关）。游戏设计者则希望自己的"作品"能被广大的玩者所接受，"百玩不厌"。

这个问题当然和玩者的参与心理有关。但游戏设计本身为发酵这些心理因素提供了土壤和养分。我们在此关注的，也恰恰是游戏内文本设计中的此类因素。

因为玩家的心理体验直接影响到一个游戏产品的设计和发行销量，所以电子游戏研究者在这个问题上投入的精力最多，也取得了丰富的成果。

身在芝加哥的捷克心理学研究者米哈里·契克森米哈伊（Mihaly

Csikszentmihalyi）提出了"心流"理论，用以指"人类体验中的积极因素——也就是在生活中我称之为'心流'的快乐的过程"①。（见图 9-1）他认为，电子游戏比电视更具有吸引力："电子游戏与电视最大的区别在于互动性。电子游戏的难度会随着玩家能力的提升而增长，而相关的影像也会发生变化。在现实中，一个人可能要花上好几个月时间才能找到一个与自己旗鼓相当的网球或象棋对手，但电子游戏却可以几乎在一瞬之间就帮你完成这一选择，提供一个在技巧和能力上都与你完美匹配的对手。电子游戏能提供一种精神上的愉悦——'心流'，并随着大多数人控制能力的增强而不断提高。"② 契克森米哈伊的"心流"理论被广泛应用到游戏设计领域。

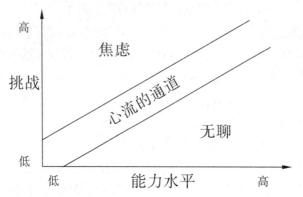

图 9-1 米哈里·契克森米哈伊提出的"心流"理论示意图③

我们都知道，事物的难易程度与参与者的能力息息相关，所谓"会者不难，难者不会"正是此理。"心流"理论提示我们，人们接受挑战，同时又力所能及的时候可以获得最大的愉悦。换句话说，如果太困难了，"踏破铁鞋无觅处"，无法完成就会充满挫败感，从而变得焦虑；但如果太容易了，"得来全不费工夫"，轻松实现，就会感到无聊。"难度"是令参与者感到愉悦与否的最重要因素。

在传统游戏中，"难度"从来不是一个可以量化的数值，游戏或因互动对象的不同，或因个人能力的限制，而具有不同的难易程度，"高手"与

---

① Mihaly Csikszentmihalyi, *The Psychology of Optimal Experience*, New York: Haper Collins Publishers, 1991, p. xi.

② Robert Kubey & Mihaly Csikszentmihalyi, "Television Addiction Is No Mere Metaphor", from: http://www.wu-wien.ac.at/usr/h99c/h9951826/television.pdf.

③ Ibid, p. 74.

"初学者"对弈，只能是带有半"教学"性质的演练；只有"棋逢对手"，胜负未卜，对弈才具有真正的挑战性。如果没有相关的伴随文本作为参考，"难易程度"很难提前预知。

1971年，麻省理工学院的学生诺兰·布什内尔（Nolan Bushnell）设计了世界上第一台投币式业务用游戏机《电脑空间》（Computer Space），游戏虚拟出一场围绕着具有强大引力的星球所进行的太空战舰之间的对战。玩家可以选择与游戏机对战或与其他玩家对战，他/她需要通过控制柄来操纵屏幕上的太空战舰（见图9-2），以击中对方的太空战舰为胜。一方面，玩者要选择恰当的时机发射导弹进行攻击；另一方面，玩家要克服游戏中虚拟出的"引力"，避免在战舰运行的过程中因引力过大失去控制而坠毁。①

图9-2　世界上第一台投币式业务用游戏机《电脑空间》，输入设备包括两个独立的游戏控制杆和两枚按键，可由两个人分别控制

这台游戏机被置放在一间酒吧中，但很遗憾，它并没有受到人们的欢

① Marvin Yagoda. "1972 Nutting Associates Computer Space", Archived from the original on January 30, 2009.

迎，与当时美国流行的"弹子球"游戏相比，这个游戏太"难"了。1972年，布什内尔重新设计了一款游戏《乒乓》（Pong），这个游戏仅仅是以非常粗陋的形式（画面为黑色，中间的一条白色长线为"球网"，画面两端各有一白色短线为"球拍"，一白色圆点为"乒乓球"）模拟了乒乓球比赛，因操作简单，大受欢迎（在美国，乒乓球运动一直未在学校和普通民众中得到推广）。

传统游戏被移植到电子媒介上之后，"难"与"易"由一个完全主观的判断，转移到对"大多数人"感觉的数据汇总和分析，依托商业活动的广泛推广和电子媒介的信息收集能力，"难度"逐渐成为一个可以被量化的标准。

XEO 设计公司（XEO Design, Inc.）的创建人和总裁妮可·拉扎罗（Nicole Lazzaro）毕业于斯坦福大学心理学系，她与她的公司长期致力于研究玩家的心理经验。她的论文《我们为什么玩游戏——故事之外带来更多情感的四种关键因素》（Why We Play Games：Four Keys to More Emotion Without Story）指出了，在故事之外，游戏设计者应该创造哪些情感来抓住玩家：

（1）困难之乐（Hard Fun）：这种情感来自于意义丰富的挑战、策略和困境。

（2）简单之乐（Easy Fun）：用模糊、碎片和细节来引人入胜。

（3）变更状态（Altered States）：通过感知、思想、行为和其他人生成情感。

（4）人的因素（The People Factor）：为玩者创造竞争、协作、展示和表演的机会。[①]

拉扎罗所开列的"四要素"是针对游戏设计者的，也就是说，她希望游戏设计者能够关注这四点，并在具体的游戏内文本渗透这些意图，将它们呈现出来。"沉迷"并不是电子游戏的专利，传统游戏一样令人沉迷，阿城笔下就有"何以解忧，唯有象棋"的"棋王"王一生。

然而，电子游戏因其技术性优势更容易令人走入无法自拔的沉迷状态，它的确可以做到许多传统游戏做不到的事情：创造或破坏一个城市，控制或

---

① Nicole Lazzaro：Why We Play Games：Four Keys to More Emotion Without Story，from：http://www. xeodesign. com/xeodesign _ whyweplaygames. pdf.

毁灭一个军队，养育或杀戮一个人，回到过去或走向未来……日益强大的三维技术和声像系统能够制造出亦真亦幻的光影与声波，动态传感器和力反馈系统带来逼真的身体和情感体验。尽管仅仅是依赖"屏幕"这样一个视觉转换装置（互动性是所有游戏都具有的，而旧有的输入方式，如键盘、数遍等在随着技术条件的变化而不停地改变），电子游戏就一跃成为游戏领域最备受关注的"明星"。丹尼尔·贝尔称："目前占统治地位的是视觉观念。声音和影像，尤其是后者，组织了美学，统率了观众。在一个大众社会里，这几乎是不可避免的。"① 在书中，丹尼尔·贝尔还没有意识到"视觉文化"会从市民阶层的广场喜剧、现代艺术家的艺术实践、电视和电影逐步走向电子游戏这种视觉艺术的盛大狂欢，但他已经洞悉到："视觉媒介——我这里指的是电影和电视——则把他们的速度强加给观众。由于强调形象，而不是强调词语，引起的倒不是概念化，而是戏剧化。"② 在视觉文化那里，那仰赖"语言"建立起来的话语霸权被隐藏起来，人们在图像那里获得戏剧性、多义性，并将自我投射进去，无法自拔。

第二节 屏幕世界与虚拟世界

在西方，明确的游戏设计史可以追溯至荷马时代甚至更早，柏拉图就曾经试图通过经改造后的游戏来巩固"理想国"式的城邦。在中国则可以追溯至"三皇五帝"时期，据说黄帝发明了"象棋"，而"早在战国史官撰写的《世本·作篇》中，就有了'尧造围棋，丹朱善之'的记载"③。在商业文明没有展开的时期，传统游戏的设计者并没有想过要通过自己设计的游戏牟利。相比之下，今天的游戏设计者通常保持着一种高傲的姿态，可以高调地宣称自己或自己的团队就是游戏的"作者"，如前文中引述过的弗拉斯卡的"作者论"。当然，另有一些游戏研究者则持更为低调的态度。"但到底什么才是游戏设计呢？有一种定义能解答游戏涉及的特定领域，解答出有意义玩乐的设计吗？为了回答这个问题，我们必须先回答另一个：游戏设计中的'设计'到底是指什么呢？它和有意义玩乐的概念到底有怎么样的关联呢？

① ［美］丹尼尔·贝尔：《资本主义文化矛盾》，赵一凡等译，北京：三联书店，1989年版，第154页。
② ［美］丹尼尔·贝尔：《资本主义文化矛盾》，前引书，第156页。
③ 张如安：《中国围棋史》，北京：团结出版社，1997年版，第4页。

为此我们给出以下的通用定义：设计是设计者创造出游戏语境，让参与者融入其中，从而产生出意义的过程。"①

"发明"（created）和"设计"（design）略有区别，这也表明了传统游戏和电子游戏之间的差异，电子游戏更强调融合、调整、渲染、布置。对于当今的电子游戏而言，设计的确类似于创作，它创造出游戏中的人为事物、行为、视觉外观、交流、反射式过程、想法和改变，游戏设计者可以在游戏中植入期待、梦想，甚至一个宏大的世界观，这推动他们将各个设计领域作为一个整体去理解，而将自己看作整合一切的"导演"。而所有这些，在传统游戏那里，即便存在，也是没有铺展开来的。

在前面的论述中，笔者一直避免将电子游戏从游戏中分离出来，过分渲染传统游戏和电子游戏的差异。笔者所做的所有论述都是适用于所有符合我们定义的游戏活动的，既适用于传统游戏，又适用于电子游戏。

然而，电子游戏毕竟与传统游戏存在着不容忽视的差异。从纯技术的角度说明它对笔者来说太过繁难，而重述电子游戏的发展史并不是本书的重点。笔者试图从那些直观可见的区别入手，利用现有的符号学和叙述学理论资源从宏观上提供一些以供分辨的思路。

人工智能机器人是计算机为电子游戏设计提供的，与传统游戏区别最大的事物。传统游戏有真实的人的参与，因而也就根本就不存在也不需要人工智能的介入。人工智能机器人是为了弥补玩者无法找到与之共同参与游戏的竞争者而被安插进电子游戏的。智能机器人的模拟对象起初并不是人，而是具有规律、可以被直接数字化的机器运作，比如上文提到的"太空战舰"和其后出现的"模拟赛车"。模拟人类的行为和反应需要通过极其复杂的计算，相比之下，在技术条件的制约下，早期的游戏设计者通常采纳更容易捕捉的数据和更为简单的运算。

人工智能的设计原则正是弗拉斯卡所说的"拟真"，"在传统意义上，科学家通常因为阐释性的目的而使用拟真，尤其是用来预测复杂系统的运转状况。有大量论文是关于拟真理论的，但通常它们只是提供一条路径，并且这条路径因为技术性或目标指向性太强，对于我们理解为何将拟真理论作为再现论的替代品并没有什么帮助。现在这个定义是我提炼出来的，我参考了许

---

① Katie Salen & Eric Zimmerman, *Rules of Play：Game Design Fundamentals*, Cambridge and London：The MIT Press, 2004, p. 131.

多关于电脑拟真理论的论文，并将其与符号学原理相结合。我去掉了所有和电脑相关的内容，因为拟真也存在于非电子设备中，比如传统玩具。这一定义只是暂时的，它可能不够详尽，而且当我们对拟真符号学或'符号学'有所了解以后，它一定会有所变化。我们暂且可以这么说，拟真就是通过一个特殊的系统去模拟一个（本源性的）系统，而那一特殊的系统保留了人类源始系统中的部分运转方式。此处的关键词是'运转'（behavior）。拟真并不是简单地复制其对象的特征（通常是视听意义上的），而是包含了其运转的模式。这一模式会根据一系列状况对特定的刺激作出反应（如数据输入、按键操作、摇杆变动等"[①]。

　　人工智能机器人的出现改变了游戏的原有形态。竞争——本来只可能在玩家之间产生——现在被转移到了玩家与智能机器人之间，电子游戏出现之后，我们不得不承认，那些原本存在于玩家之间的对抗消失了，"合力征服大怪兽"取代了"征服对手"。这一现象甚至改变了我们对于一些娱乐活动的看法，需要将它们安置在"游戏"定义的边缘。比如登山，也具有协作达成目标的意味，但是登山活动与电子游戏不同的是，每个登山者都有自己的目的（有些人纯粹是为了猎奇或健身），登顶并不是所有人共同的目标；而在电子游戏中，目标太明确了。

　　随着计算机软硬件的发展，三维立体绘图在电子游戏中得到广泛应用，游戏中的图像设置得到大大的改观，环境更加细腻，人物更加逼真，在图像处理上今天的计算机甚至能够做到以假乱真的程度，游戏为构建属于自己的虚拟世界提供了条件。

　　"目标"取代"竞争"被引入电子游戏设计之后，比"目标"更小的单位"任务"理所应当地被引入进来，它将游戏目标分割成几个前后相继的部分。在早期的电子游戏中，任务与任务之间具有紧密的线性联系；随着技术能力的增强，则出现了"主线任务"和"副线任务"之分，副线任务提高了娱乐性，也令玩家在游戏世界中获得了更大的选择权。

　　任务系统变得愈加复杂，电子游戏就引入了"成长值"这样一个特殊的因素来平衡在游戏中投入的时间和精力不同的玩家。这也就是所有尝试过电子游戏的人都非常清楚的两个概念：经验值和等级。完成任务可以获得经验值，而经验值累积到一定程度时就可以增加等级，等级的增加意味着你可以

　　[①]　恭扎罗·弗拉斯卡：《拟真还是叙述：游戏学导论》，宗争译，前引书，第254页。

在面对人工职能机器人的时候拥有更高的"概率"战胜它，同时你也可以获得更多的与之匹配的游戏奖励。

为了将玩家留在游戏中，电子游戏最先设计了存储模式，比传统游戏的存储方式更进步的是，存储的节点甚至可以精确到毫秒。一场真实的足球赛绝不可能将所有的人定格在同一秒，一周后再从这个定格开始继续游戏，但是电子游戏可以做到。这为玩家"停留"在一个游戏中提供了技术上的可能性，他完全可以在空闲的时候"接着来"。"接着来"之外，则是游戏允许玩者在一定的条件限制下"重新再来"，早期的电子游戏常用的设计是赋予玩者"三条命"，意即玩者有三次"原地复活，继续游戏"的机会。这一设计后来被"血量"的设计所取代，也就是说，在游戏中，只要玩者及时"喝药"，保证血量的数值不会降为零，那么他/她所操控的角色就不会死。

我们在电子游戏中驻足片刻，并不仅仅是为了说明电子游戏对传统游戏的种种"革新"（在电子游戏研究者看来也许是革命，但在笔者看来，如果我们不是紧盯着游戏的话，会发现这些新元素其实大部分来自于现代社会给我们提供的"幻象"），而是为了展现电子游戏已经为我们提供了怎样的一个虚拟世界，它包含些什么因素。

弗拉斯卡特别提到了"拟真修辞学"，尽管他没有详细描述这门新学科的理论基础，但根据上下文意，他显然是更强调拟真在构建"系统"方面对结构主义符号学理论的借用。电子游戏作为一个人为制造的系统，追本溯源，是以数学作为其基础理论的（如果我们将计算机理论也看作数学理论的衍生物的话）。因此，当玩家通过输入设备或控制器参与游戏的时候，他/她的游戏行为实际上已经被数字化为一些指令，传导至计算机终端了。当然，这并不代表玩者本人的所有动作都具有意义，电子游戏还没有发展到能将玩者在屏幕前的每一个动作全部转化为数字化动作的程度，玩者服从于游戏内文本中"游戏者"的设定，但玩者"人"的因素总是会显现出来。

游戏设计的大部分工作都是在构建"修辞"，因为规则已经上于输入设备（鼠标、键盘、手柄）的样态而受到了一定程度的约束。电子游戏的"内文本"致力于创造出一个"屏幕世界"，这个世界可以拥有属于自己的历史、地理、人种、技术、人文环境。与传统游戏不同，屏幕世界是个"睚眦必报"的世界，在那个框架之内，玩者所选定的"角色"的所有动作都具有意义，即便是闲逛或静止不动。这一理念经由大型网络角色扮演游戏得到了升华，动作不仅有意义，而且会对其他玩者产生潜移默化的影响。在这个世界中，玩者任何"积极"的行为都受到奖励（经验值或一件"装备"），他会得到与自己的能力相匹配的"任务"，从而获得最大的"心流"快感。玩者的失败除了消耗时间上的成本，不需要在现实生活中负责，随时可以重新再来。

2010 年，詹姆斯·卡梅隆（James Cameron）将《阿凡达》（Avatar）搬上了银幕，电影中的"潘多拉星球"（Pandora）成为虚拟世界的代名词。这部电影让诸多人看到了一个直观的虚拟世界，虽然对于那些熟悉电子游戏的玩者来说，这根本算不上是一项创举。

相比弗拉斯卡的"作者论"，笔者更愿意接受塞伦和泽尔曼的"导演论"。然而，游戏毕竟与电影不同。游戏的交互性决定了，这个被创造出的世界是否能够成为一个真正的虚拟世界并不是由游戏设计者决定的，而是由游戏内文本与玩者共同决定的。假如你是一位演员，在参与电影《阿凡达》的拍摄时，你可以不承认电影中的"潘多拉星球"是个虚拟世界，从而退出表演或被剧组辞退，但你无法改变它最终要上映的事实；而在游戏中，没有一个耳提面命的导演要求你该如何行事，如果你退出游戏，那就意味着由你构建的这个游戏实例文本就此终结，游戏设计者构建虚拟世界的意图在你这里落空了。在电影拍摄过程中，演员是可以替代的，演员的更替不会影响最终的电影成片；而在游戏中，任何一个玩者都是一个不可替换的、有干预能力的演员，他们的抽身离去，将令游戏完全变样。

构成"虚拟世界"的一个重要前提是玩者的参与和认同，而各个玩者的参与度和认同度是各不相同的。在游戏中，每个玩者扮演的都是一个"阿凡达"（avatar 这个词在计算机领域早就出现了，指的是操作者的数字化的"替身"），你可以像电影中的"反派"一样，按照"地球思维"将"潘多拉星球"看作一块巨大的、待人来开采的矿山，也可以像电影的主人公一样，最终被这个星球所独有的世界观所吸引，并最终成为其中的一员。游戏中总会有"扫兴的人"（正如电影《楚门的世界》中发现真相，最终退出"游戏"的楚门），他们会带着"地球思维"进入屏幕世界，通过互动行为，他们时时提醒着其他玩者，这个虚拟世界中总是存在一些根本不相信它的人，因而虚拟世界的边界永远是模糊的。

所有的游戏设计者都期望着"屏幕世界"能够转变为一个真正的"虚拟世界"，也就是说，他们都期望：玩者与自己站在"同一战线"上，所有的玩者都能将设计者的期待转化为实际的游戏动作，接受设计者在游戏中所设定的世界观。与之形成悖论的是，他们亦希望，玩者可以最大限度地发挥自己的能动性，最大限度地拓展游戏潜在的能力，令他们的设计锦上添花。

然而，互动叙述的随机性、多样性、不可控制的特点决定了，最终形成的互动叙述文本总是存在跃出原有叙述框架的"杂质"，而清除"杂质"的方法主要有以下几种：

一是设置意图定点，防止无限衍义。比如前文提到的"故事主导"型，就是通过限制玩者的自发叙述而进行的人为框定。这种方式尽管看起来更为有效，但却有极大的风险，那些更喜欢在游戏中进行多种可能性尝试的玩者会认为这是一种束缚而放弃它。

二是多次互动，形成文化圈层，在内部保持阐释的相对稳定性。大型RPG 网络游戏几乎在时间上没有终结，玩者不仅在游戏中交往，甚至会自己进行线下的交流，在现实生活中形成特殊的文化圈，侧面维系了游戏本身的稳定性。

电子游戏设计者最大的目的就是让玩者留在游戏中，而无论何种方式，都让"玩游戏"看起来愈发成为一项"工作"（占用"闲暇时光"并需要投入体力、精力和财富），游戏对玩者有所要求和期待，这让"游戏者"逐渐成为一种特殊的"身份"。

第三节　游戏身份与自我

卡西尔称："人之为人的特性就在于他的本性的丰富性、微妙性、多样性和多面性。因此，数学绝不可能成为一个真正的人的学说、一个哲学人类学的工具。把人说成仿佛也是一个几何学命题，这是荒谬的。"[①] 符号学经常被比拟为文科中的数学，似乎对应着卡西尔的嘲讽对象。但实际上，"符号就是意义，无符号即无意义，符号学即意义学"[②]。人需要意义，需要符号，需要通过解读符号来认识自己，因此也就在自觉或不自觉的情况下使用符号学。因而，卡西尔的另一个著名论断是："所有这些文化形式都是符号形式。因此，我们应当把人定义为符号的动物（animal symbolicum）来取代把人定义为理性的动物。只有这样，我们才能指明人的独特之处，也才能

---

① ［德］恩斯特·卡西尔：《人论》，甘阳译，上海：上海译文出版社，1985 年版，第 15 页。
② 赵毅衡：《符号学原理与推演》，前引书，第 3 页。

理解对人开放的新路——通向文化之路。"①

关于"人"是否是符号的争论由来已久。

我们都不能否定："人不再生活在一个单纯的物理宇宙之中，而是生活在一个符号宇宙之中。"② 这个世界充满了意义，意义不会自己显现出来，必然需要通过符号，人必须通过理解、熟悉、应用这些符号才能够在世界中生存。"没有符号给予人的世界以意义，我们就无法作为人存在于世。符号就是我们的存在。"③

"符号是携带意义的感知：意义必须用符号才能表达，符号的用途是表达意义。"④ 询问人是否是符号，就是问人是否能够携带意义，能否被感知。苏珊·朗格称："没有符号，人就不能思维，就只能是一个动物，因此符号是人的本质……符号创造了远离感觉的人的世界。"⑤ 我们能够感知他人，能够解读他人所携带的意义，对于"我"而言，他人就是符号；但是，"人"却往往不愿意承认自己是个符号（确定的），不愿意成为某个确定意义的载体，更不愿意自己被曲解。

称人的本质是符号或人的存在是符号，并不是指"人"的全部都是符号。唐小林在论述"物"在何时成为符号的时候这样说："如果硬要给物找一个符号的起点，那就是：物成为符号之时，即是接收者对其进行意义解释之时。换种说法也对：当且仅当物获得意义解释之时，才成其为符号。当'石头'不是'石头'的时候，才是符号。也就是说：当'石头'被解释成'他者'的时候，即为符号。"⑥ 如同对"物"符号的判定一样，"人"在生存层面的事实、人的本能行为等，如果不被特别地审视，也很难称其为符号，或只能称为"潜在符号"。

但无论如何，人都具有被符号化的潜质，人的身体、人的言语、人的思想在某些特定的条件下都可以转化为符号。在具体的人类活动中，人要被理解，要理解他人，就需要将自己和他人作为意义的载体来看待，因而，也就

---

① ［德］恩斯特·卡西尔：《人论》，前引书，第 34 页。

② ［德］恩斯特·卡西尔：《人论》，前引书，第 33 页。

③ 赵毅衡：《符号学原理与推演》，前引书，第 5 页。

④ 赵毅衡：《符号学原理与推演》，前引书，第 1 页。

⑤ 苏珊·朗格：《哲学新解》，北京：北京广播学院出版社，2002 年版，第 28 页。

⑥ 唐小林：《石头不是石头才是符号——符号的起点：关于"物－符号"的一个讨论》，本文是唐小林本人根据 2011 年 6 月 20 日晚在"2011 年中国中外文艺理论学会年会暨'国外马克思主义与中国当代文论建构'国际学术会议"圆桌会议上的即兴发言整理、扩充而成的。

必须将自己或至少是部分的自己进行"符号化",而这种"符号化",就会形成一种特定的"身份"。

赵毅衡称:"任何符号活动,都有相应身份。身份不是孤立存在的,它必须得到对方的认可,如果无法做到这一点,表意活动就会失败。"① 人们同时指责那些"沉迷游戏的人"和"令人沉迷的游戏",这种指责拥有它内在的合理性,因为人只有在与游戏的互动中才会"沉迷"。游戏是个符号活动,意欲参与游戏的人只有通过将自己符号化才能够进入这个符号文本。而一旦他进入游戏,那些没有被刻意符号化的行为也会因此被当作一个符号文本,被人所接收和解读。塞伦和泽尔曼称:"一个游戏的语境会通过游戏空间、对象、叙事过程,以及各种行为等方式来表现。……玩家就是游戏的参与者。他们借助游戏过程来寄身、开拓和操纵这些语境。……游戏中的'意义'指的是'我们已经开始探索'。在游戏中,有意义的玩乐指的是玩家在游戏过程中的行为结果。"② 游戏中充满了符号,玩者会选择适当的方式来凝聚符号,取得"意义",在具体的游戏中,玩者与玩者之间,随着游戏参与经验的丰富,通过大量的互动进行符号和意义交换,也会形成符合游戏期待的符号"身份"。

里维斯·普斯弗(Lewis Pulsipher)举过几个有趣的例子:"象棋和跳棋都是鼓励长线规划的。而《大富翁》则是归功于其随机移动的机制和多人游戏的模式,显得更加随机应变。但游戏多于两个人参与时,更多的不确定性会引入游戏,而不确定性正是这种随机应变风格的核心。扑克在每一次换牌时都需要随机应变,但从长远来看,优秀的玩家会在多次的赌注中迷惑对手,从而借用其他玩家的性格和人格特征来取得优势。抽卡式的战争游戏在随机应变上也占了很大比重:你只能做当前你手上拿着的牌所允许的事,你也永远不知道接下来能拿到什么牌,你更不知道对手当前拿的是什么牌。通常来说,完全基于信息的游戏都会鼓励长线规划,而当不确定性因素增加时,随机应变就变得比规划更重要了。基于各种原因,随机应变在视频游戏中可能更为常见和常用。"③ 可见,游戏中的这个身份与游戏框架本身有关。

---

① 赵毅衡:《符号学原理与推演》,前引书,第 346 页。

② Katie Salen & Eric Zimmerman,*Rules of Play: Game Design Fundamentals*,Cambridge and London: The MIT Press,2004,p. 131.

③ Lewis Pulsipher,Why We Play,from: http://gamecareerguide. com/features/625/why _ we _ . php.

麦克卢汉的例子则为我们展示了游戏中"身份"的另一个维度："游戏可以给人多种多样的满足。我们在此考察的，是游戏在社会中用作传播媒介的总体情况。因此，人们常常以扑克为例，说它表现了竞争性社会中的一切复杂态度和未经说明的价值观念。它要求精明机敏、咄咄逼人、玩弄花招、不奉承人。据说女士们打不好扑克，因为扑克牌激起她们的好奇心，而好奇心又是打好扑克的致命伤。扑克是高度个人主义的东西，容不得丝毫的温情和体贴，只允许最高数字的最大好处——第一名。"[①]"身份"亦与即时参与游戏的玩者有直接的关系，与玩者之间的互动关系有关，与"争胜"的心态和方式有关。

这个"身份"是不是就是前文中提到的"游戏内文本"中的"游戏者"呢？"游戏者"是游戏内文本的一部分，是一个可以被度量、设计、规范甚至更改的符号值，而非现实中的人。它并不是一个有血有肉的组成，游戏对于参与者的体貌特征、生活习惯没有任何要求，而是游戏框架对参与者的最低要求，不同的游戏对"游戏者"的要求是不一样的。它们大致上有一些相同的特点，如必须理解游戏规则，听从违规惩罚，保证投入游戏的时间等。因而，这个身份并不像"职业"身份一样相对固定，而是具有相当的灵活性和更为丰富的内涵。

不过，"职业运动员"仍然是我们理解游戏身份的一条捷径。事实上，职业不仅仅代表游戏已经成为一种"工作"，也表明了玩者要接受更为严苛的规则约定。"身份不仅是表达任何符号意义所必须，也是接收符号文本的基本条件，而接收身份几乎是强加给我们的。"[②]一个职业运动员，必须在规定的场地、时间，以相对来说比较固定的方式参与游戏，并且还要遵从一系列维护游戏进程顺利进行的规则；他/她要尽可能地积极投入游戏，消极应战会被视为"违背游戏精神"甚至"缺乏职业素养"；他/她的先天条件和后天努力程度是他/她是否能够被职业游戏体系接纳的最重要条件，简言之，他/她必须是个游戏"高手"，或至少有极大的可能性成长为一个"高手"。一场游戏的胜与负则直接关系到他/她的生计问题，一旦接受这种身份，他/她就基本上失去了在游戏中自由选择的机会。

"职业"身份令游戏，至少是游戏的准备过程，变成了枯燥乏味的工作。

---

① ［加］马歇尔·麦克卢汉：《理解媒介——论人的延伸》，前引书，第 298 页。
② 赵毅衡：《符号学原理与推演》，前引书，第 347 页。

越是服膺于这样一个身份设定，在游戏中所能获得的乐趣就越少。游戏中的目标（取胜）与游戏外的目标（获取高额的报酬）相联系，令游戏之"虚拟作假"只存在于最基本的形式中。赫伊津哈对于职业运动员的态度几乎完全是批判性的。"如今，随着运动不断地系统化和体制化，纯粹游戏品质的某些东西已不可避免地失落了。我们在对业余和职业的正式区分中（或率直地说成是：'绅士和选手'），可以看得非常清楚。这意味着游戏团体选定那些玩（playing）的人不再是游戏的，他们比真正的游戏者低一档次，但又在能力上高出一头。职业化的精神再也不是真正的游戏精神，它丧失了自发性和关心投入（carelessness）。这也影响到业余者，他一开始就有某种自卑感。职业和业余都使运动远离了游戏之域，使之成为一桩 sui generisp（与众不同）的事情：既非游戏，又不一本正经。在现代社会生活中，运动在文化之外并依傍着文化占有一个位置。而古代文化中大型比赛总是成为神圣节庆的一部分，并且作为健康的、带来欢乐的活动而不可或缺。这一典仪的纽带如今已被完全解除，运动已变得世俗、'非神圣'，并于社会结构失去了有机联系，哪怕是受政府之强命也如此。现代社会的技术能力尽可能地在体育领域向大众展示，但这改变不了一个事实：无论奥林匹克运动会、美国各大学有组织的运动还是大力宣扬的国际比赛都不能——哪怕最小程度的——把运动提升到文化创造活动的水平上。尽管它也许对于选手或观众是重要的，但它仍然毫无成果。古老的游戏因素历经沧桑，几乎完全萎缩。"①

　　普通的"玩者"当然不会像"职业"玩者一样，他/她拥有更多选择的自由。"职业"是游戏中"身份"的最严苛的显现。它至少表明，游戏中的身份可以凝结为一个强有力的、具有约束性的形式。

　　有一则真实的笑话：一位公司经理沉迷于网络游戏，在游戏中是某个公会的领袖，一呼百应，其所在的公会在游戏中风生水起，非常活跃。后来，他因工作繁忙，决定不再染指游戏，专心事业。没想到他走后，游戏中的公会群龙无首，若一盘散沙，往日辉煌一去不返。游戏中的玩家找上门来，呼唤其重返游戏世界。经理经过一番思量，最终关闭了公司，专事游戏。

　　之所以称其为一个"笑话"，是因为在游戏与事业面前，大多数人不会作出像这位公司经理一样的选择；它之所以"真实"，是因为现实生活中绝对不缺乏这样的例子，我们亦可以理解这种选择背后的意识。游戏令人沉

---

　　① ［荷兰］约翰·赫伊津哈：《游戏的人》，前引书，第220～221页。

迷，很大程度上，是依赖于游戏赋予人的这种身份，会令人产生一种"找回自我"的感觉。

自我是身份集合而成的，赵毅衡称："所谓自我，是隐身在身份背后的意识，对他人来说不可捉摸，对自己来说也不一定很自觉。自我是一个人各种变动不居的身份累加而成的，却是一个复合整体。"① 复合整体意味着自我并不是身份的简单机械累加，而是经由自觉的反思之后逐渐融合而成的。"只有一部分身份，倾向于加强自觉意识，对保持自我有利。其余有不少是无可奈何采取的。"②

利奥塔说："'自我'是微不足道的，但它并不孤立，它处在比过去任何时候都更复杂、更多变的关系网中。"③ 自我并不是一个拥有谜面而等待被破解的谜题，它随着身份的变化、反思的程度等不断变化。自我永远是构建中的自我。"自我必须在与他人、与社会的符号交流中确定自身。自我是一个社会构成、人际构成。而确定自我的途径，是通过身份。自我的任何社会活动，不管是作为思索主体的表意与解释，还是作为行为主体的行为与反应，都必须从一个个具体身份出发才能进行。"④ 人们在游戏中流连忘返，很大程度上是因为游戏给予了参与者以特殊的体验，并在体验中获得了成就自我的快感。玩者在游戏中所持有的身份，常常被认定为最靠近"自我"的身份。

第一，游戏身份最为稳定。游戏提供了一个稳定的互动环境，为玩者提供了人际交往的空间。游戏需要占据一定的时间，在时间段之内，玩者需要遵循一致的规则。人是在完全无压迫的前提下自愿参与游戏，"游戏者"并没有规定地位、权势等外部条件，只要符合基本的游戏要求，所有人都可以平等地参与游戏，为"玩者"自我身份的塑造提供了一个良好的基础。游戏中的身份是玩者自己确定的，是平等的，无必然的尊卑关系，最能为玩者自己所认同。

第二，游戏身份认同感最强。游戏提供了竞争或目标，但同时也提供了"虚拟作假"的环境。游戏隔绝出"虚拟作假"的环境，允许人们以"虚假"的身份参与游戏，掩盖"真实"，无论是在竞争环境还是合作环境中，玩者与

---

① 赵毅衡：《符号学原理与推演》，前引书，第352页。
② 赵毅衡：《符号学原理与推演》，前引书，第352页。
③ ［法］让·弗朗索瓦·利奥塔尔：《后现代状态：关于知识的报告》，车槿山译，北京：三联书店，1997年版，第32页。
④ 赵毅衡：《符号学原理与推演》，前引书，第346页。

玩者之间并无实际的利益冲突，游戏中的胜负结果不会影响现实生活。故而，游戏中所形成的身份与玩者的其他身份不构成冲突。游戏提供了明确的胜负判定标准，并给予了明确的价值观。在游戏中，取胜是最重要的目标之一，胜者能够获得满足与愉悦，这不仅仅是一种个人的心理感受，它也由游戏框架本身予以确定。借由游戏经验的累积，玩者可以得到一个相当稳定的身份。

第三，游戏身份容量最大。理论上讲，游戏身份具有无限的容量。游戏所提供的互动环境是极其宽松的，游戏中，玩者之间不仅仅可以通过言语或动作进行竞争性的互动，也可以交流游戏外的经验与体悟。玩者可以最大限度地将自己的"个性"带入游戏身份的建构中。四川人酷爱打麻将，不仅是因为麻将之中包含的"智斗"因素，更多的是，玩者们可以在麻将桌上倾心交谈，交流生活见闻。

"假作真时真亦假"，"身份"犹如一把双刃剑，在"找回自我""建构自我"的同时，也会"破坏自我"。游戏对身份没有过多的硬性要求，也就意味着：玩者可以选择这一身份的最低标准，甚至彻底沦为一个符号化的"游戏者"。而这种沉沦并不影响他在游戏中获得取胜后的愉悦和快感。一旦玩者将此"身份"视为其"自我"的全部内容，他/她就会舍弃其他身份对于"自我"的构建，忽视社会环境（法律、道德）对他的基本约束，从而成为社会基本秩序的破坏者。

然而，游戏身份所面临的最大危险就是：它随时可能被破解和拆穿。

詹明信在《晚期资本主义的文化逻辑》一文中描述了一种文化上的"精神分裂"现象："一个意符在移向另一个意符时会产生特殊的效果，而这种活动最后便构成所谓'意义'的诞生了。我们也可以说这是一种'意义的效果'——即由不同意符之间的相互关系所投射及衍生出来的客观化的一种表意幻景。这种意符之间的关系一旦分解了，表意的锁链一旦折断了，呈现在我们眼前的就只能是一堆支离破碎、形式独特而互不相关的意符；这种情形一旦出现，所谓精神分裂的感觉便由此而生。"[1] 在玩者与游戏的互动中，他/她一方面满足于电子游戏制造的巨大的"表意幻景"；一方面又要清楚地认识到，一旦退出游戏，这一表意的链条就断裂了。他/她不可能通过在现实生活中与（没玩过这款游戏）他人的交往来重构这种意义。一旦这个意义

---

① ［美］詹明信：《晚期资本主义的文化逻辑》，张旭东编，陈清侨等译，北京：三联书店，1997年版，第471页。

对于玩者过于重要以至于难以割舍，他/她就要承受"精神分裂"的压力。然而，游戏产业的发展似乎给了类似的"玩者"一个继续延续其表意链条的机会，通过不断的游戏产品生产，这种幻觉得以维系，而后果则是，世界被数字化、虚拟化了。波德里亚说："事物本身并不真在。这些事物有其形而无其实，一切都在自己的表象后面退隐，因此从来不与自身一致，这就是世界上具体的幻觉。而此幻觉实际上仍是一大谜，它使我们陷入恐惧之中，而我们则对以实情表象产生的幻觉来避免自己恐惧。"① 但是，吊诡的是，"影像不再能让人想象现实，因为它就是现实。影像也不再能让人幻想实在的东西，因为它就是虚拟的实在"②。消费社会，游戏与现实的界限正在逐渐模糊，因为两者都是幻境，也同时都是"真实"，或者，如波德里亚所说："真实是从微观化的装置中产生的，是从铸型、存储体和控制模型中产生的——通过这些，真实可以无限次地被复制出来。它不再必须是合理的，因为它不再被作为反对理想的或否定性事实的尺度。它只不过就是一种操作。实际上，因为它不再被意象包裹着，它根本就不再是真实的。它是超真实：用 X 光合成的产品是在没有空气的超空间制作出来的。"③

穿越幻象是可能的吗？这个问题并不是笔者最先提出来的。事实上，它来自于斯洛文尼亚哲学家齐泽克的一篇论文，题为《在赛博空间中穿越幻象是可能的吗?》在文章中，他痛斥"电子宠物"为"撒旦的最新化身"："电子宠物使得我们拥有了满足我们欲望的他者，但前提是把这个他者化约成一系列的纯粹要求。"而"这个他者是纯粹虚拟性的。他者不再是真实的、活生生的、主体间的他者，而是无生命的屏幕……它只是发出信号，向我们提出种种要求"④。

波德里亚曾对"自动木偶和机器人"之间的差异做出过论述。他称："前者是对人的戏剧性、机械性、钟表性的仿造，其中的技术完全屈从于类比和仿象效果。后者则受到技术原则的支配，是极其占有优势，随着机器而建立的是等价关系。"⑤ 对于波德里亚而言，玩偶是对人的"第一级仿象"，

---

① ［法］让·博德里亚尔：《完美罪行》，王为民译，北京：商务印书馆，2002 年版，第 7 页。
② ［法］让·博德里亚尔：《完美罪行》，前引书，第 8 页。
③ 参见 ［法］鲍德里亚：《生产之镜》，仰海峰译，北京：中央编译出版社，2005 年版。
④ ［斯洛文尼亚］斯拉沃热·齐泽克：《实在界的面庞——齐泽克自选集》，季广茂译，北京：中央编译出版社，2004 年版，第 281~282 页。
⑤ ［法］让·波德里亚：《象征交换与死亡》，车槿山译，南京：译林出版社，2012 年版，第 67 页。

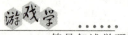

"永远不能消除差异：它意味着仿象和真实之间永远都有可以感觉到的争吵"，而机器人则"通过吸收表象或清除真实"建立了"第二级仿象"，"建立了一种没有形象、没有回声、没有镜子、没有表象的现实：这正是劳动，正是机器，正是与戏剧幻觉原则根本对立的整个工业生产系统。不再有与上帝或人类的相似性或相异性，但有一种操作原则的内在逻辑"①。波德里亚洞悉到拟真的两个层次：第一级的仿象还拥有一个清晰的对象，还能够激起真实与虚构的论争；而第二级仿象则是对符号的再制作，其间，已无真假之辨，有的只是痛恨或狂喜。这之中包含着人们对曾经可以触碰到的真实生活的遗忘，亦包含着对强大符号帝国的屈从。

而电子游戏的可怕之处在于，它可以利用不断的技术革新来包装自己，曾经风靡一时的"电子宠物"已然过气，人们已经不满足于那个由模糊的二维像素拼贴而成的"似狗非狗"的东西，尽管规则全都没有变，但新的"电子宠物"被制造出来，在计算机屏幕上看起来，它与一条真正的狗并无二致。我们不能否认，终会有一天，会有一条真正拥有毛发的电子狗出现，人类对于生物的辨识能力将会成为一项奢侈的能力。这是一种灾难吗？假如是，西方马克思主义对资本主义和消费社会暴风骤雨式的抨击并没能让我们得到丝毫的安慰，我们仍然患着"怀乡病"，困在现实与虚拟之中。

"幻象并不单纯处于想象的一边；幻象是一小块想象，只有通过它我们才能接近现实，它是保证我们能够接近现实的框架，是我们获得'现实感'的框架（一旦我们的基本幻象破碎了，我们就会体验到'丧失现实'）。"②人们不能允许"无意义"，因此，在投身进入那巨大的符号世界的时候，他总是试图制造另一个"解释项"的世界来使意义得以呈现。人也不能允许意义无限衍生下去，因而，总要在某个"解释项"上停留下来，停留的理由是多种多样的，但总有一个理由与"交往"相关，因为人并非生活在真空中，不能仅仅借由自己来确定意义。无论是在游戏中还是在现实中，只要存在互动、对话与交往，真假之争就永远不会停止。因此，只要参与游戏仍然出于自愿，退出游戏仍然具有自由，就大可不必"杞人忧天"。

---

① ［法］让·波德里亚：《象征交换与死亡》，前引书，第68页。
② ［斯洛文尼亚］斯拉沃热·齐泽克：《实在界的面庞——齐泽克自选集》，前引书，第298页。

结　论

关于游戏的探讨不可能像玩游戏一样轻松，它必定构成一种游戏元语言的书写。如同其他游戏研究者一样，笔者扮演的也是游戏中"扫兴的人"这一角色。意外的是，这项工作并不像看起来那么枯燥乏味，反倒充满了乐趣。

笔者在本书中所做的工作，并不仅仅是在符号学的理论框架之内所进行的对象性分析，因为在符号学应用理论中，并不存在一门专门对应"游戏"这一对象的"游戏符号学"。游戏从未被如此审视过，因而，对游戏进行符号学和叙述学的探索势必是"摸着石头过河"。值得庆幸的是，摸索有了结果，并且有了成果。

游戏研究的第一步就是艰难的。维特根斯坦曾认为，给游戏一个定义是不可能的，只能称其为具有"家族相似性"的一个整体。在检索了一系列游戏概念之后，我们发现了定义游戏的恰当方式：不以因人而异的特点作为定义游戏的要素。因而，我们最终为游戏给出的定义是："游戏是受规则制约、拥有不确定结局、具有竞争性、虚拟作假的人类活动。"这个定义也许会被后来人推翻。但就我们已经完成的工作来看，它仍然还经得住考验。在这个基础上，我们展开了对游戏的分析。

游戏文本的传播具有非常显著的二重性，它符合"游戏设计者—玩者—观者"的互动架构。这迫使我们不得不重新构建新的理论框架以适应它。因为我们发现，过去用在文学批评或文化研究上的"旧法子"已经不管用了。笔者引入了游戏内文本的概念，利用它发现了游戏的表意机制。游戏内文本的表意是面向玩者的，因而它以简明经济为原则，力求令玩者"读懂"；游戏文本的表意是面向观者的，因而它具有开放性和多义性，可以容纳各种各样的阐释。

根据符号学的基本原理，我们根据游戏内文本的编码方式，为游戏进行了再次分类，我们发现，游戏规则以动作的"初始状态—结束状态"为对

象，进行强制编码，而在两种状态之间，规则为游戏者留下了"发挥"的余地。

"扫兴的人"令我们关注到"游戏性"的多个维度。在他的指引下，通过梳理，我们得到了游戏性的五个方面：规则性、竞争性、可能性、虚拟性与交互性。我们注意到游戏框架与玩者之间丰富的关系，游戏并不是只提供了一个二元对立的竞争场域，在竞争之外，它提供了更多的体验，这也恰恰是游戏发展到今天，逐渐趋于个人化的原因。

在游戏与叙述这个问题上，笔者与当代的游戏学家弗拉斯卡进行了论战，指出了在"广义叙述学"理论的指导下解决游戏叙述问题的可能性和可行性。游戏能够并且可以进行复杂的叙述。作为演示性叙述的一种，游戏以其双重互动性与戏剧、电影等形式形成了对照。游戏的叙述文本至少存在两个叙述分层：主叙述层和次叙述层。主叙述层的叙述者在逻辑上存在，但在叙述文本中隐身。"主叙述者"会在"次叙述层"寻找一个代理者，在游戏中以"指令"的方式出现，以第二人称的口吻向受述者说话。游戏中的"玩者"互动，在"次叙述层"形成叙述文本，所有的玩者都身兼"次叙述者＋次受述者"两个身份。"观者"既是"次叙述层"的"受述者"，也是"主叙述层"的"受述者"，但他/她亦可以通过互动行为干预叙述文本的形成，因此，他们是"主受述者＋次叙述者"。

玩者在游戏中的沉迷与游戏所构筑的虚拟世界有关，但同时亦与玩者通过获取游戏身份而对自我进行的重构有关。真实世界与虚拟世界之分本就是复杂的符号运作，一旦游戏中的身份在现实中获得认可，它一样是构建自我意识的重要元素。电子游戏的幻象，作为我们认识现实的重要参照，无须戳破，也不能戳破。

我们的工作是开启一种可能性——为有朝一日终会出现的"游戏学"提供一个适合的理论框架和研究语境。从这个意义上讲，工作才刚刚开始，而不是已经结束了。最后，笔者想借用赫伊津哈的这段话作为本书的结语：

> 真正的文明不能缺少游戏成分，因为文明先天地蕴有自身的局限和能力，这种能力不应把自身的发展去世与最终极的、最高的目标相混淆，它应认识到自身是处于某种公认的界限之内。在某种意义上，文明总是依据确定的规则游戏，而真正的文明正是需要公平游戏（fair play）。公平游戏至少是以游戏术语表达的公正信仰（good faith）。因此，欺骗或败兴者毁坏的正是文明自身。如要成为必然的文化创造力

量，这一游戏成分必须是纯粹的，它不能抹煞或贬损理性、信仰或人道的标准，它不能是虚假的表面之物，不能是以真实游戏形式的错觉作为面具的政治企图。真正的游戏不是宣传，它的目的就在它的自身之中，它那平易的精神是幸福的真谛。①

---

① ［荷］约翰·赫伊津哈：《游戏的人》，前引书，第 235 页。

参考文献

外文文献:

BARRY A M S. Visual Intelligence: Perception, Image and Manipulation in Visual Communication [M]. New York: State University of New York Press, 1997.

BIGNELL J. Media Semiotics: An Introduction [M]. Manchester: Manchester University Press 1997.

BOOTH W. The Rhetoric of Fiction [M]. Chicago: Chicago University Press, 1983.

BORDWELL D. Narration in the Fiction Film [M]. Madison: University of Wisconsin Press, 1985.

BOUISSAC P. Encyclopedia of Semiotics [M]. Oxford: Oxford University Press, 1998.

BRANIGAN E. Narrative Comprehension and Film [M]. London: Routeledge, 1992.

BRAUDY L. Narrative Form in History and Fiction [M]. Princeton: Princeton University Press, 1970.

BROOKS P. Reading for the Plot: Design and Intention in Narrative [M]. New York: Vintage, 1985.

BUCHER C J. Three Models on a Rocking Horse, A Comparative Study of Narratology [M]. Tubingen: G Narr, 1990.

BURGELIN O. "Structural Analysis and Mass Communication". In DENIS M. Sociology of Mass Communications [M]. Harmondsworth: Penguin, 1972.

CHANDLER D. Semiotics: The Basics [M]. London: Routledge, 2001.

-1

CHATMAN S. Story and Discourse: Narrative Structure in Fiction and Film [M]. Ithaca: Cornell University Press, 1978.

COBLEY P, LITZA J. Introducing Semiotics (originally entitled Semiotics for Beginners) [M]. Cambridge: Icon, 1999.

COHN D. Transparent Mind: Narrative Modes for Presenting Consciousness in Fiction [M]. Princeton: Princeton University Press, 1978.

COOK G. The Discourse of Advertising [M]. London: Routledge, 1992.

COWARD R, JOHN E. Language and Materialism: Developments in Semiology and the Theory of the Subject [M]. London: Routledge & Kegan Paul, 1977.

CRAWFORD C. Chris Crawford on Game Design [M]. Indianapolis: New Riders Publishing, 2003.

CRAWFORD C. The Art of Computer Game Design [EB/OL]. http://www.vancouver.wsu.edu/fac/peabody/game-book/Coverpage.html.

CULLER J. The Pursuit of Signs: Semiotics, Literature, Deconstruction [M]. London: Routledge & Kegan Paul, 1981.

DANESI M. Messages and Meanings: An Introduction to Semiotics [M]. Toronto: Canadian Scholars' Press, 1994.

DANESI M. Of Cigarettes, High Heels and Other Interesting Things: An Introduction to Semiotics [M]. London: Macmillan, 1999.

DANESI M. Understanding Media Semiotics [M]. London: Arnold, 2002.

DE LAURETIS T. Alice Doesn't: Feminism, Semiotics, Cinema [M]. London: Macmillan, 1984.

DEELY J. Basics of Semiotics [M]. Bloomington, IN: Indiana University Press, 1990.

EATON M. Cinema and Semiotics (Screen Reader 2) [M]. London: Society for Education in Film and Television, 1981.

EVANS J, DAVID H. Understanding Media: Inside Celebrity [M]. London: Open University Press, 2005.

FEHN A et al. Neverending Stories, Toward a Critical Narratology [M].

Princeton: Princeton University Press, 1992.

FLUDERNIK M. Towards a "Natural" Narratology [M]. London: Routledge, 1996.

FORSTER E. M.. Aspects of the Novel [M]. London: Edward Arnold, 1927.

FRASCA G. Videogame of the Oppressed: Videogames as a Means for Critical Thinking and Debate [EB/OL]. www. ludology. org/articles/thesis/FrascaThesisVideogames. pdf.

GENETTE G. Fiction and Diction [M]. Ithaca: Cornell University Press, 1993.

GENETTE G. Narrative Discourse [M]. Oxford: Blackwell, 1980.

HODGE R, DAVID T. Children and Television: A Semiotic Approach [M]. Cambridge: Polity Press, 1986.

HODGE R, GUNTHER K. Social Semiotics [M]. Cambridge: Polity, 1988.

HOLLOWELL J. Fact and Fiction, The New Journalism and the Nonfiction Novel [M]. Chapell Hill: University of North Carolina Press, 1977.

HORROCKS C. Baudrillard and the Millenium [M]. London: Icon Books, 2000.

JENSEN K B The Social Semiotics of Mass Communication [M]. London: Sage, 1995.

JOHANSEN J D, SVEND E L. Signs in Use [M]. London: Routledge, 1988.

JUUL J. Half-Real: Video Games between Real Rules and Fictional Worlds [M]. Cambridge: The MIT Press, 2005.

KETNER K L. Peirce and Contemporary Thought [M]. New York: Fordham University Press, 1995.

LANGHOLZ L V. Hidden Myth: Structure and Symbolism in Advertising [M]. New York: Basic Books, 1975.

LANSER S S. The Narrative Act: Point of View in Prose Fiction [M]. Princeton: Princeton University Press, 1981.

LÉVI–STRAUSS C. Structural Anthropology [M]. Harmondsworth:

Penguin, 1972.

LOTMAN Y. Universe of the Mind: A Semiotic Theory of Culture [M], trans. Ann Shukman, Bloomington, IN: Indiana University Press, 1990.

METZ C. Film Language: A Semiotics of the Cinema [M]. New York: Oxford University Press, 1974.

MEZEI K. Ambiguous Discourse: Feminist Narratology and British Women Writers [M]. Chapel Hill: University of North Caroline Press, 1996.

MIHAILESCU C. Fiction Updated: Theories of Fictionality, Narratology and Poetics [M]. Toronto: University of Toronto Press, 1996.

MILLER J, et al. Peirce, Semiotics, and Psychoanalysis [M]. Baltimore: The Johns Hopkins University Press, 2000.

MURRAY J. Hamlet on the Holodeck: The Futuer of Narrative in Cyberspace [M]. New York: Free Press, 1997.

NÖTH W. Semiotics of the Media: State of the Art, Projects and Perspectives [M]. Berlin: Mouton de Gruyter, 1990.

ORDESHOOK P C. Game Theory and Political Theory [M]. New York: Cambridge University Press, 1986.

PERRON B, WOLF M J P. The Video Game Theory Reader 2 [M]. New York: Routledge, 2009.

PRINCE G. Narratology. The Form and Functioning of Narrative [M]. Berlin: Mouton, 1982.

PUNDAY D. Narrative Bodies: Toward a Corporal Narratology [M]. New York: Palgrave Macmillan, 2003.

RICOEUR P. Time and Narrative, vol. 2 [M]. Chicago: The University of Chicago Press, 1985.

RICOEUR P. Time and Narrative, vol. 3 [M]. Chicago: The University of Chicago Press, 1988.

RIMMON — KENAN S. Narrative Fiction [M]. London: New Accent, 1983.

RUTHHOF H. The Readers's Construction of Narrative [M]. London: Routledge, 1981.

RYAN M L. Beyond Myth and Metaphor—The Case of Narrative in Digital Media [EB/OL]. http://www.gamestudies.org/0101/ryan/.

SLESS D. In Search of Semiotics [M]. London: Croom Helm, 1986.

SOLOMON J. The Signs of Our Time: The Secret Meanings of Everyday Life [M]. New York: Harper & Row, 1988.

STAM R, ROBERT B, SANDY F L. New Vocabularies in Film Semiotics: Structuralism, Post—Structuralism and Beyond. London: Routledge, 1992.

STANZEL F K. A Theory of Narrative [M]. Cambridge: Cambridge University Press, 1984.

STANZEL F K. Narrative Situations in the Novel [M]. Bloomington: Indiana University Press, 1991.

THWAITES T L D, WARWICK M. Introducing Cultural and Media Studies: A Semiotic Approach [M]. London: Palgrave, 2002.

UMIKER—SEBEOK J. Marketing and Semiotics [M]. Amsterdam: Mouton de Gruyter, 1987.

WARDRIP—FRUIN N, HARRIGAN P. First Person: New Media as Story, Performance, and Game [M]. Cambridge: The MIT Press, 2004.

WILLIAMSON J. Decoding Advertisements [M]. London: Marion, 1978.

WOLF M J P, PERRON B. The Video Game Theory Reader [M]. New York and London: Routledge, 2003.

WOLLEN P. Signs and Meaning in the Cinema [M]. London: Secker & Warburg, 1969.

Zhao, Henry Y H. Uneasy Narrator: Chinese Fiction from the Traditional to the Modern [M]. Oxford: Oxford University Press, 1995.

译著：

阿恩海姆. 视觉思维：审美直觉心理学 [M]. 滕守尧，译. 成都：四川人民出版社，1998.

阿米斯. 小说美学 [M]. 傅志强，译. 北京：燕山出版社，1987.

艾柯. 开放的作品 [M]. 刘儒庭，译. 北京：新星出版社，2005.

艾柯. 误读 [M]. 吴燕莛，译. 北京：新星出版社，2006.

艾柯. 符号学与语言哲学 [M]. 王天清，译. 天津：百花文艺出版社，2006.

艾柯. 美的历史 [M]. 彭淮栋，译. 北京：中央编译出版社，2011.

艾柯. 符号学概论 [M]. 卢德平，译. 北京：中国人民大学出版社，1990.

艾柯. 符号学理论 [M]. 卢德平，译. 北京：中国人民大学出版社，1990.

巴尔. 叙述学 [M]. 谭君强，译. 北京：中国社会科学出版社，1995.

巴尔特. 符号帝国 [M]. 孙乃修，译. 北京：商务印书馆，1994.

巴尔特. 符号学历险 [M]. 李幼蒸，译. 北京：中国人民大学出版社，2008.

巴尔特. 符号学原理 [M]. 李幼蒸，译. 北京：中国人民大学出版社，2008.

巴尔特. 流行体系：符号学与服饰符码 [M]. 敖军，译. 上海：上海人民出版社，2000.

巴尔特. 明室 [M]. 赵克非，译. 北京：中国人民大学出版社，2011.

巴尔特. 神话：大众文化诠释 [M]. 许蔷蔷，等，译. 上海：上海人民出版社，1999.

巴尔特. 神话修辞术：批评与真实 [M]. 屠友祥，温晋仪，译. 上海：上海人民出版社，2009.

巴尔特，罗兰. 文之悦 [M]. 屠有祥，译. 上海：上海人民出版社，2009.

巴尔特. 形象的修辞：广告与当代社会理论 [M]. 吴琼，等，编. 北京：中国人民大学出版社，2008.

巴赫金. 陀思妥耶夫斯基诗学问题 [M]. 刘虎，译. 北京：三联书店，1988.

巴赫金. 小说理论 [M]. 语冰，译. 石家庄：河北教育出版社，1998.

柏拉图. 柏拉图全集：三 [M]. 王晓朝，译. 北京：人民出版社，2003.

波德里亚. 符号政治经济学批判 [M]. 夏莹，译. 南京：南京大学出版社，2009.

波德里亚. 生产之镜 [M]. 仰海峰，译. 北京：中央编译出版社，2005.

波德里亚. 象征交换与死亡 [M]. 车槿山，译. 南京：译林出版社，2006.

波德里亚. 消费社会 [M]. 刘成富，全志钢，译. 南京：南京大学出版社，2001.

波兹曼. 娱乐至死·童年的消逝 [M]. 章艳，吴燕莛，译. 桂林：广西师范大学出版社，2009.

伯杰. 通俗文化，传媒和日常生活中的叙事 [M]. 姚媛，译. 南京：南京大学出版社，2000.

博格斯特. 艺术判断 [M]. 刁成俊，等，译. 北京：三联书店，1988.

布尔迪厄. 文化资本与社会炼金术：布尔迪厄访谈录 [M]. 包亚明，译. 上海：上海人民出版社，1997.

布鲁克斯. 身体活：现代叙述中的欲望对象 [M]. 朱生坚，译. 北京：新星出版社，2006.

布斯. 小说修辞学 [M]. 周宪，等，译. 北京：北京大学出版社，1987.

池上嘉彦. 符号学入门 [M]. 林璋，译. 北京：北京国际文化出版社，1986.

德里达. 声音与现象：胡塞尔现象学中的符号问题导论 [M]. 杜小真，译. 北京：商务印书馆，1999.

德曼. 符号学与修辞 [M]. 李自修，等，译. 北京：中国社会科学出版社，1998.

方丹. 诗学——文学形式通论 [M]. 陈静，译. 天津：天津人民出版社，2003.

费伦. 作为修辞的叙事 [M]. 陈永国，译. 北京：北京大学出版社，2002.

费伦，等. 当代叙事理论指南 [M]. 申丹，等，译. 北京：北京大学出版社，2007.

费斯克. 传播符号学理论 [M]. 张锦华，译. 北京：新华出版社，2004.

弗兰克. 现代小说中的空间形式 [M]. 秦林芳，编，译. 北京：北京大学出版社，1991.

福勒. 语言学与小说 [M]. 昌切，等，译. 重庆：重庆出版社，1991.

高概. 话语符号学 [M]. 王东亮，编，译. 北京：北京大学出版社，1997.

戈德罗. 什么是电影叙事学. 刘云舟，译. 北京：商务印书馆，2005.

格雷马斯. 结构语义学 [M]. 蒋梓骅，译. 天津：百花文艺出版社，2001.

格雷马斯. 论意义：符号学论文集 [M]. 冯学俊，吴泓缈，译. 天津：百花文艺出版社，2005.

贡布里希. 艺术与错觉：图画再现的心理学研究 [M]. 范景中，等，译. 杭州：浙江摄影出版社，1987.

贡布里希. 秩序感：装饰艺术的心理学研究 [M]. 范景中，等，译. 杭州：浙江摄影出版社，1987.

哈贝马斯. 哈贝马斯精粹 [M]. 曹卫东, 译. 南京：南京大学出版社, 2004.

海德格尔. 形而上学导论 [M]. 熊伟, 译. 北京：商务印书馆, 1996.

海德格尔. 存在与时间 [M]. 陈嘉映, 译. 北京：三联书店, 2006.

海德格尔. 林中路 [M]. 孙周兴, 译. 上海：上海译文出版社, 2004.

海姆. 从界面到网络空间——虚拟实在的形而上学 [M]. 金吾伦, 刘钢, 译. 上海：上海科技教育出版社, 2000.

赫尔曼. 新叙事学 [M]. 马海良, 译. 北京：北京大学出版社, 2002.

赫伊津哈. 游戏的人 [M]. 多人, 译. 杭州：中国美术学院出版社, 1996.

怀特. 后现代历史叙事学 [M]. 陈永国, 等, 译. 北京：中国社会科学出版社, 2003.

霍克斯. 解构主义与符号学 [M]. 翟铁鹏, 译. 上海：上海译文出版社, 1997.

吉罗. 符号学概论 [M]. 怀宇, 译. 成都：四川人民出版社, 1988.

贾维. 游戏 [M]. 王蓓华, 译. 成都：四川教育出版社, 1996.

卡尔韦. 结构与符号：罗兰·巴尔特传 [M]. 车槿山, 译. 北京：北京大学出版社, 1997.

卡勒. 结构主义诗学 [M]. 盛宁, 译. 北京：中国社会科学出版社, 1991.

卡什诺. DOOM 启示录 [M]. 孙振南, 译. 北京：电子工业出版社, 2004.

卡西尔. 人论 [M]. 甘阳, 译. 上海：上海译文出版社, 1985 年.

柯里. 后现代叙事理论 [M]. 宁一中, 译. 北京：北京大学出版社, 2002.

克默德. 结尾的意义：虚构理论研究 [M]. 刘建华, 译. 沈阳：辽宁教育出版社, 2000.

库尔泰. 叙述与话语符号学 [M]. 怀宇, 译. 天津：天津社会科学出版社 2001.

昆德拉. 小说的艺术 [M]. 孟湄, 译. 北京：三联书店, 1992.

拉什, 等. 符号经济与空间经济 [M]. 王光之, 等, 译. 北京：商务印书馆, 2006.

朗格. 哲学新解 [M]. 北京：北京广播学院出版社, 2002.

雷班. 现代小说写作技巧 [M]. 戈木, 译. 西安：陕西人民出版社, 1984.

里蒙凯南. 叙事虚构作品 [M]. 姚锦清, 等, 译. 北京：三联书店, 1989.

利奥塔尔. 后现代状态：关于知识的报告［M］. 车槿山，译. 北京：三联书店，1997 年.

列维－斯特劳斯. 野性的思维［M］. 李幼蒸，译. 北京：商务印书馆，1987.

洛奇. 小说的艺术［M］. 卢丽安，译. 北京：作家出版社，1998.

略萨. 中国套盒——致一位青年小说家［M］. 赵德明，译. 天津：百花文艺出版社，2000.

马丁. 当代叙事学［M］. 伍晓明，译. 北京：北京大学出版社，1990.

马库斯，等. 可能世界的逻辑［M］. 康宏逵，编，译. 上海：上海译文出版社，1993.

麦茨，等. 电影与方法：符号学文选［M］. 李幼蒸，译. 北京：三联书店，2002.

麦戈尼格尔. 游戏改变世界［M］. 闾佳，译. 杭州：浙江人民出版社，2012.

麦克盖根. 文化民粹主义［M］. 桂万先，译. 南京：南京大学出版社，2001.

麦克卢汉. 理解媒介：论人的延伸［M］. 何道宽，译. 北京：商务印书馆，2001.

麦克卢汉，秦格龙. 麦克卢汉精粹［M］. 何道宽，译. 南京：南京大学出版社，2000.

米勒. 解读叙事［M］. 申丹，译. 北京：北京大学出版社，2002.

尼葛洛庞帝. 数字化生存［M］. 胡泳，译. 海口：海南出版社，2000.

潘诺夫. 信号，符号，语言［M］. 王仲宣，等，译. 北京：三联书店，1988.

皮埃尔. 符号学概论. 怀宇，译. 成都：四川人民出版社，1988.

皮尔斯. 皮尔斯文选［M］. 涂纪亮，等，编，译. 北京：社会科学文献出版社，2006.

浦安迪. 中国叙事学［M］. 北京：北京大学出版社，1996.

齐泽克. 实在界的面庞——齐泽克自选集［M］. 季广茂，译. 北京：中央编译出版社，2004.

热奈特. 热奈特论文集［M］. 史忠义，译. 天津：百花文艺出版社，2001.

热奈特. 叙事话语，新叙事话语［M］. 王文融，译. 北京：中国社会科学出版社，1990.

萨摩瓦约. 互文性研究［M］. 邵炜，译. 天津：天津人民出版社，2003.

塞米利安. 现代小说美学［M］. 宋协力，译. 西安：陕西人民出版社，1987.

斯特罗克. 结构主义以来［M］. 渠东，等，译. 沈阳：辽宁教育出版社，1998.

索绪尔. 普通语言学教程［M］. 高名凯，译. 北京：商务印书馆，1999.

特里锡德. 象征之旅［M］. 石毅，等，译. 北京：中央编译局，2001.

托多罗夫. 象征理论［M］. 王国卿，译. 北京：商务印书馆，2004.

托马塞. 新小说新电影［M］. 李华，译. 天津：天津人民出版社，2003.

瓦特莱. 小说——文学分析的现代方法与技巧［M］. 陈艳，译. 天津：天津人民出版社，2003.

维特根斯坦. 哲学研究［M］. 陈嘉映，译. 上海：上海世纪出版集团，2001.

席勒. 美育书简. 缪灵珠美学译文集（二）［M］. 章安祺，编. 北京：中国人民大学出版社，1998.

尤利. 艺术文本的结构［M］. 长沙：湖南文艺出版社，1990.

詹姆逊. 快感：文化与政治［M］. 王逢振，等，译. 北京：中国社会科学出版社，1998.

詹姆逊. 时间的种子［M］. 王逢振，译. 桂林：漓江出版社，1997.

詹姆逊. 语言的牢笼/马克思主义与形式［M］. 李自修，译. 南昌：百花洲文艺出版社，1995.

詹姆逊. 政治无意识［M］. 王逢振，译. 北京：中国社会科学出版社，1998.

国内论著：

藏策. 超隐喻与话语流变［M］. 天津人民出版社，2007.

曹文轩. 小说门［M］. 北京：作家出版社，2010.

陈平原. 中国小说叙事模式的转变［M］. 上海：上海人民出版社，1988.

陈宗明. 符号世界［M］. 武汉：湖北人民出版社，2004.

陈宗明. 汉字符号学［M］. 南京：江苏教育出版社，2001.

陈宗明，黄新华. 符号学导论［M］. 郑州：河南人民出版社，2004.

丁尔苏. 超越文本：马克思主义意义理论研究 ［M］. 苏州：苏州大学出版社，1994.

丁尔苏. 语言的符号性 ［M］. 上海：外语教学与研究出版社，2000.

丁乃通. 中西叙事文学比较研究 ［M］. 武汉：华中师范大学出版社，1994.

董小英. 叙述学 ［M］. 北京：社会科学文献出版社，2001.

傅修延. 讲故事的奥秘——文学叙述论 ［M］. 南京：百花洲文艺出版社，1993.

傅修延. 叙事：意义与策略 ［M］. 南昌：江西高校出版社，1999.

高小康. 市民、士人与故事：中国近古社会文化中的叙事 ［M］. 北京：人民出版社，2001.

高亚春. 符号与象征：波德里亚消费社会理论批判研究 ［M］. 上海：上海人民出版社，2007.

格非. 塞壬的歌声 ［M］. 上海：上海文艺出版社，2001.

格非. 小说叙事研究 ［M］. 北京：清华大学出版社，2002.

耿占春. 叙事美学：探索一种百科全书式的小说 ［M］. 郑州：郑州大学出版社，2003.

耿占春. 叙事美学 ［M］. 郑州：郑州大学出版社，2002.

龚鹏程. 文化符号学 ［M］. 台北：学生书局，1992.

苟志效. 从符号的观点看：一种关于社会文化现象的符号学阐释 ［M］. 广州：广东人民出版社，2003.

苟志效. 意义与符号 ［M］. 广州：广东人民出版社，2003.

顾嘉祖，辛斌. 符号与符号学新论 ［M］. 南京：东南大学出版社，1989.

何云波. 围棋与中国文化 ［M］. 北京：人民出版社，2001.

胡妙胜. 戏剧演出符号学引论 ［M］. 北京：中国戏剧出版社，1989.

胡全生. 英美后现代主义小说叙述结构研究 ［M］. 上海：复旦大学出版社，2002.

胡亚敏. 叙事学 ［M］. 武汉：华中师大出版社，1998.

黄亚平，孟华. 汉字符号学 ［M］. 上海：上海古籍出版社，2001.

李纪祥. 时间 历史 叙事 ［M］. 兰州：兰州大学出版社，2004.

李建军. 小说修辞研究 ［M］. 北京：中国人民大学出版社，2003.

李思屈. 东方智慧与符号消费 ［M］. 杭州：浙江大学出版社，2003.

李思屈. 数字娱乐产业 ［M］. 成都：四川大学出版社，2006.

李松福. 象棋史话 [M]. 北京：人民体育出版社，1981.

李显杰. 电影叙事学：理论和实例 [M]. 北京：中国电影出版社，2000.

李幼蒸. 理论符号学导论 [M]. 北京：社会科学文献出版社，1996.

李幼蒸. 历史符号学 [M]. 桂林：广西师范大学出版社，2003.

罗刚. 叙事学导论 [M]. 昆明：云南人民出版社，1999.

马原. 虚构之刀 [M]. 上海：上海文艺出版社，2001.

戚海峰. 符号营销 [M]. 上海：上海财经大学出版社，2006.

申丹. 叙事学与小说文体学研究 [M]. 北京：北京大学出版社，2004.

申丹，韩加明. 英美小说叙事学研究 [M]. 北京：北京大学出版社，2005.

史忠义. 20 世纪法国小说诗学 [M]. 天津：百花文艺出版社，1998.

苏军，燕平. 符号与教育 [M]. 上海：上海三联书店，2006.

孙先科. 颂祷与自诉：新时期小说的叙述特征及文化意识 [M]. 上海：上海文艺出版社 1998.

谭君强. 叙事理论与审美文化 [M]. 北京：中国社会科学出版社，2002.

谭君强. 叙述的力量：鲁迅小说叙事研究 [M]. 昆明，云南大学出版社，2000.

王丽. 符号化的自我：大学生服装消费行为 [M]. 北京：中国社会科学出版社，2006.

王铭玉. 语言符号学 [M]. 北京：高等教育出版社，2004.

王铭玉，李经纬. 符号学研究 [M]. 北京：军事谊文出版社，2001.

王强，李玉波. 图形语境 [M]. 上海：上海三联书店，2007.

王泰来. 叙事美学 [M]. 重庆：重庆出版社，1990.

王阳. 小说艺术形式分析——叙事学研究 [M]. 北京：华夏出版社，2002.

项晓敏. 零度写作与人的自由：罗兰. 巴尔特美学思想研究 [M]. 上海：复旦大学出版社，2003.

徐岱. 边缘叙事：20 世纪中国女性小说个案批评 [M]. 上海：学林出版社，2002.

徐岱. 小说叙事学 [M]. 北京：中国社会科学出版社，1992.

杨春时. 艺术符号与解释 [M]. 北京：中国社会科学出版社，1992.

杨鹏湖. 卡通叙事学 [M]. 北京：少年儿童出版社 ，2003.

杨习良. 修辞符号学 [M]. 哈尔滨：黑龙江教育出版社，1993.

杨义. 杨义文存第一卷，中国叙事学 [M]. 北京：人民出版社 1997.

易思羽. 中国符号 [M]. 南京：江苏人民出版社，2005.

余建章，叶舒宪. 符号：语言与艺术 [M]. 上海：上海人民出版社，1988.

余志鸿. 传播符号学 [M]. 上海：上海交通大学出版社，2007.

张大春. 小说稗类 [M]. 桂林：广西师范大学出版社，2004.

张平，张晓晶. 直面符号经济 [M]. 北京：社会科学文献出版社，2003.

张如安. 中国围棋史 [M]. 北京：团结出版社，1997.

张绍杰. 语言符号任意性研究：索绪尔语言哲学思想探索 [M]. 上海：上海外语教育出版社，2004.

张宪荣. 设计符号学 [M]. 北京：化学工业出版社，2003.

张新军. 可能世界叙事学 [M]. 苏州：苏州大学出版社，2011.

张寅德. 叙述学研究 [M]. 北京：中国社会科学出版社，1989.

赵毅衡. 当说者被说的时候——比较叙述学导论 [M]. 北京：中国人民大学出版社，1998.

赵毅衡. 符号学：原理与推演 [M]. 南京：南京大学出版社，2011.

赵毅衡. 苦恼的叙述者 [M]. 北京：十月文艺出版社，1994.

赵毅衡. 文学符号学 [M]. 北京：中国文化出版公司，1990.

赵毅衡. 意不尽言：文学的形式－文化论 [M]. 南京：南京大学出版社，2009.

赵毅衡. 重访新批评 [M]. 天津：百花文艺出版社，2009.

赵毅衡. 符号学文学论文集 [M]. 天津：百花文艺出版社，2004.

赵卓. 鲁迅小说叙事研究 [M]. 长春：吉林文史出版社，2001.

朱玲. 文学符号的审美文化阐释 [M]. 合肥：安徽大学出版社，2002.